Biographien bedeutender Astronomen

Biographien bedeutender Astronomen

Eine Sammlung von Biographien

Herausgegeben von
Prof. Dr. Dieter B. Herrmann

Volk und Wissen Verlag GmbH
Berlin

Die Manuskripte für dieses Buch verfaßten:

Dr. Wolfgang Dick (Bessel, Encke, Mädler)
Dietmar Fürst (Brahe, Galle und Leverrier, Kirchhoff und Bunsen, Schwarzschild, Personenverzeichnis)
Dr. Fritz Gehlhar (Halley, Laplace, Newton)
Dr. Jürgen Hamel (Galilei, Herschel, Kant, Kepler)
Prof. Dr. Dieter B. Herrmann (Copernicus, Eddington, Hertzsprung, Hubble, Ptolemäus, Russell, Zöllner, Die Entwicklung des geozentrischen Weltbildes, Die Revolution des Copernicus. Himmelsmechanik und Positionsastronomie, Von der Astrophysik zur Kosmosforschung)
Dr. Gerhard Jackisch (Hoffmeister)
Dr. Gotthard Strohmaier (Al Biruni)
Dr. Klaus-Harro Tiemann (Foerster)
Dr. Renate Tobies (Regiomontanus)

ISBN 3-06-082502-5

1. Auflage 1991

Printed in Germany
Satz und Druck: INTERDRUCK Leipzig GmbH
Redaktion: Bettina Rosenkranz
Einband: Werner Fahr
Typographische Gestaltung: Atelier vwv

Inhalt

Vorwort

Das heutige Gebäude der Wissenschaften ist das Ergebnis eines langen historischen Prozesses, an dem viele Forscher verschiedener Zeitepochen und Nationen mitgewirkt haben. Im geschichtlichen Werdegang einer Wissenschaft tauchen immer wieder Namen von besonderem Glanz auf, Forscher, deren Leistungen in besonders herausragendem Maße zur Entwicklung unseres Kenntnissystems beigetragen haben. In ihrem Werk manifestieren sich sozusagen die historischen Vorgänge besonders eindringlich. Ihre Lebensbeschreibungen behalten daher Interesse weit über ihre Zeit hinaus als Dokumente der Wissenschaftsgeschichte selbst, aber auch als Einblicke in den Mechanismus der Wissenschaft, in die persönlichen Motive, die individuellen Voraussetzungen, die gesellschaftlichen Bedingungen, ebenso jedoch in die charakterlichen Eigenschaften der Forscher, die erforderlich sind, damit hervorragende wissenschaftliche Leistungen entstehen können. Eine historisch orientierte Sammlung von Biographien ist insofern ein lebendiges und einprägsames Instrument zur Veranschaulichung wissenschaftsgeschichtlicher Prozesse. Natürlich darf die vergleichsweise kleine Anzahl sogenannter berühmter Forscher nicht darüber hinwegtäuschen, daß sie allein das Gesamtgebäude der Wissenschaft nicht errichtet haben. Eine weitaus größere Anzahl von Wissenschaftlern ist heute namenlos und doch unentbehrlich gewesen für den Vorgang unseres immer tieferen Eindringens in die objektive Wirklichkeit der Natur. Speziell für die Astronomie gilt darüber hinaus, daß auch Gelehrte anderer Disziplinen wesentliche Beiträge zur Erkenntnis geleistet haben. Dies wird umso deutlicher, je mehr wir uns der Gegenwart nähern. Philosophische Voraussetzungen, mathematische und physikalische Forschungen flossen von altersher in unsere Vorstellungen vom Universum und seinen Objekten ein. In der jüngeren Vergangenheit gesellen sich zunehmend andere Wissenschaften wie Chemie, Spezialdisziplinen der Physik und vor allem zahlreiche technische Disziplinen hinzu.

Differenzierung und Integration durchdringen sich besonders in der Kosmosforschung unserer Tage. Die Raumfahrt gewinnt zunehmend an Bedeutung für die Erforschung des Weltalls.

Diese komplizierten Vorgänge in einer Biographiensammlung widerzuspiegeln, ist eine schwierige Aufgabe, deren Problematik schon bei der Auswahl der Biographien beginnt. Für die weiter zurückliegenden Zeiträume herrscht noch weitgehend Einigkeit darüber, welche Persönlichkeiten zu jenen Forschern gehören, denen das Prädikat „bedeutend“ zukommt. Je mehr wir uns jedoch der Gegenwart nähern, umso größer wird einerseits die Anzahl bedeutender Forscher, umso mehr aber verschmelzen andererseits die Ergebnisse auch mit jenen, die weniger durch bedeutende Einzelpersonen als vielmehr von Forscherteams gewonnen werden. Dieser Umstand spiegelt sich bereits in der Tatsache wider, daß die Anzahl der von mehreren Autoren verfaßten Arbeiten zunimmt. Wir haben es daher als eine unabdingbare Notwendigkeit angesehen, den einzelnen Zeitababschnitten Einführungskapitel voranzustellen, die den Zusammenhang des Gesamtprozesses charakterisieren, den Stellenwert der Individualergebnisse darin verdeutlichen und auch jene historischen Abläufe wenigstens andeuten.

Herausgeber und Redaktion

1 Die Entwicklung des geozentrischen Weltbildes

In vielen Darstellungen über die Geschichte des menschlichen Forschens wird die Astronomie als die älteste aller Naturwissenschaften bezeichnet. Hierin liegt vielleicht eine Übertreibung, zumindest dürfte die Behauptung schwer zu beweisen sein, denn: Wo beginnt die Astronomie als Wissenschaft und wann begannen die anderen Naturwissenschaften zu existieren? Sicher dürfte hingegen sein, daß Sonne, Mond und Sterne für die Menschen sehr früher Epochen ebenso existentieller Teil der sie umgebenden Natur und folglich auch ihrer Aufmerksamkeit waren wie Wasser, Wind oder Bäume und Wolken. Und ebenso gewiß können wir behaupten, daß sich aus dieser Aufmerksamkeit des Menschen gegenüber dem Geschehen am Himmel (wobei zunächst zwischen Wolken und Sternen sicher kein wesentlicher Unterschied gesehen wurde) im Laufe langer Zeit die Wissenschaft entwickelt hat, die wir heute Astronomie nennen.

Für die sehr frühe Beschäftigung der Menschen mit dem Lauf der Sonne, des Mondes und dem Stand der Sterne sprechen mannigfache Zeugnisse aus Epochen, in denen es noch keine Schrift und folglich auch keine Aufzeichnungen im heutigen Sinne gegeben hat. Ein ganzer Zweig der historischen Forschung, interdisziplinär in seinem methodischen Instrumentarium, widmet sich in den letzten Jahrzehnten mit großer Intensität diesem Problemkreis: die Archäoastronomie. Seit etwa 1968 haben Astronomen, Mathematiker und Ingenieure unter Benutzung von Forschungsergebnissen der Archäologie das Wissensgebäude der megalithischen Astronomie errichtet und sind dabei zu der Überzeugung gekommen, daß die Menschen der Steinzeitkulturen im westlichen und nördlichen Europa vor etwa 5 000 Jahren bereits astronomische Kenntnisse besaßen, die mit denen der klassischen Hochkulturen Ägyptens und Mesopotamiens durchaus verglichen werden können. Die Zeugnisse der intensiven Himmelsbeobachtungen der Menschen der Stein- und frühen Bronzezeit, vor allem ihre detaillierten Kenntnisse über die Bewegung von Sonne und Mond, sind in großen Steinsetzungen manifestiert, von denen Stonehenge in Mittelengland, Morbihan in der Bretagne und die Steinkreise im Südwesten von Irland die bekanntesten und am gründlichsten untersuchten sind.

Steinzeitliche „Sternwarte" in Stonehenge (Mittelengland)

Es muß allerdings darauf hingewiesen werden, daß die Ergebnisse der Archäoastronomie auch ernsthafter Kritik ausgesetzt wurden, weil sowohl ihre Methoden als auch die in ihrem Rahmen vorgebrachten Deutungen das kultisch-religiöse Wesen der Megalithbauten meist außer acht lassen. Insgesamt dürfte zutreffen, daß man einerseits aus diesen steinernen Zeugnissen wohl das Vorhandensein astronomischer Aktivitäten ihrer Erbauer, nicht aber das Bestehen einer eigenständigen Astronomie erschließen kann. Andererseits machen diese Zeugnisse vorschriftlicher Kulturen deutlich, daß religiös-kultische Handlungen und astronomische Beobachtungen eng miteinander verwoben waren, wie dies auch von den Anfängen der babylonischen und ägyptischen Astronomie in anderer Weise gesagt werden kann. Der grundsätzliche Unterschied zwischen den Anfängen der Astronomie bei den Erbauern der Steinsetzungen und den ägyptischen, babylonischen und chinesischen Hochkulturen dürfte jedoch darin bestehen, daß bei letzteren stärker theoretische Zielstellungen dominieren. Die Motive dieser Ziele sind mehrfacher Natur: einerseits erweisen sich Kenntnisse der Bewegungen von Sonne und Mond für die entwickelte Ackerbaugesellschaft als unabdingbar (Kalender), andererseits erfordert die Auffassung vom Einfluß der Gestirne (insbesondere der Planeten und der ekliptiknahen Sterne) auf das irdische Geschehen (Astrologie) eine sorgfältige Beobachtung ihrer Bewegungen. Insgesamt läßt sich also für den Beginn der wissenschaftlichen Astronomie eine enge gegenseitige Durchdringung mit Sternreligion und Astrologie feststellen. Es ist allerdings ein Wesenszug der Entwicklung der Astronomie als Naturwissenschaft, daß ein ständig andauernder Prozeß der Entmythologisierung stattfindet.

Der Beginn der wissenschaftlichen Astronomie wird von den Historikern für jene Zeit angenommen, in der die Sternkundigen etwa 2000 v. Chr. dazu übergingen, systematische Listen von Sternbildern anzulegen, die bei den Ägyptern später als Dekane bezeichnet wurden. Der heliakische Aufgang der jeweiligen Dekane (insgesamt 36 Sterne oder Sternbilder) gestattete die Bestimmung der Jahreszeit. Die Beobachtung der Dekane während der Nachtstunden diente der Zeitbestimmung zwischen Sonnenuntergang und -aufgang. Hierauf geht auch die Einteilung des

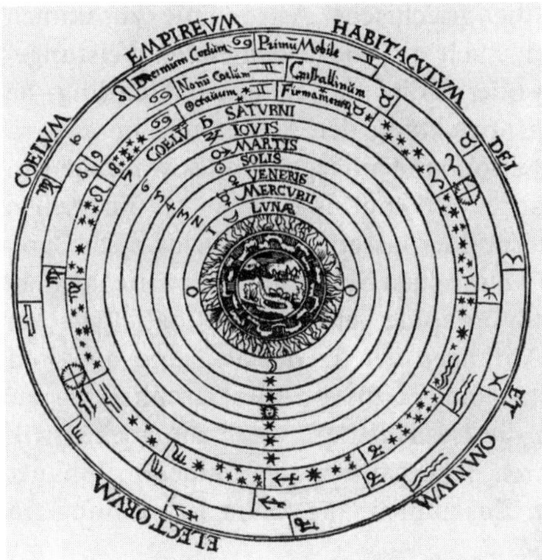

Geozentrisches Weltbild in einer mittelalterlichen Darstellung

Tages (Tag und Nacht zusammengenommen) in 24 Stunden zurück. Die Dekane sind auf der Ekliptik angeordnet und vom heliakischen Aufgang eines Dekans zu dem des nächsten vergehen 10 Tage. Daraus folgt eine Jahreseinteilung in 36 „Wochen". Innerhalb einer Nacht gehen nacheinander 12 Dekane auf; dadurch wird die Nacht in 12 Stunden geteilt.

Bei den Babyloniern weisen vor allem Planetenbeobachtungen auf eine systematisch betriebene Astronomie hin. So finden wir in der aus dem 2. Jahrtausend v. Chr. stammenden altbabylonischen Serie „Enuma Anu Enlil", die als ein Kompendium der Astrologie jener Zeit gilt, eine Serie von Venusbeobachtungen, die über 21 Jahre fortgeführt wurde und alle wesentlichen Erkenntnisse über die Periodizität der Venuserscheinungen enthält.

Für die Kalenderrechnung hatten diese Beobachtungen sicher keine wesentliche Bedeutung. Das alte babylonische Mondjahr aus der HAMMURAPI-Dynastie (2. Jahrtausend v. Chr.) mit 354 Tagen (12 Monaten mit abwechselnd 30 und 29 Tagen Länge) war für die Zwecke der Landwirtschaft nicht geeignet, weil es den Realitäten deutlich widersprach. Wegen der ungenauen Jahreslänge trat eine ständige Verschiebung der Daten gegenüber der Jahreszeit auf, was zu zahlreichen recht willkürlichen Schaltungen führte.

Erst etwa im 2. Jahrhundert v. Chr. kam in der babylonischen Zeitrechnung infolge der besseren Kenntnis der Sonnen- und Mondbewegung ein Lunisolarjahr in Gebrauch, in dem ein 19jähriger Zyklus von 12 Jahren mit 12 und 7 Jahren mit 13 Monaten Länge auftrat, entsprechend der Erkenntnis, daß 235 synodischen Monaten ($= 12 \times 12 + 7 \times 13$) recht genau 19 tropischen Jahren entsprachen.

Insgesamt war es ein charakteristischer Zug der babylonischen Astronomie, daß sie auf sorgfältig gesammelten Fakten fußte und diese zu Rechenregeln verarbeitete. Dieser arithmetische Grundcharakter der babylonischen Astronomie führte zu erstaunlichen Leistungen, so z. B. zu der Möglichkeit, Sonnen- und Mondfinsternisse vorherzubestimmen, ohne daß die tatsächlichen Zusammenhänge des Geschehens bekannt gewesen wären. Daß die babylonische Astronomie in historischem Kontext besondere Beachtung verdient, hängt vor allem mit der Wirkung der babylonischen Wissenschaft auf die griechische Astronomie zusammen. Grundsätzlich wäre ansonsten natürlich auch auf die bedeutenden Leistungen der älteren Astronomie in China, Japan oder Indien zu verweisen. Allerdings beeinflußten diese Kenntnisse kaum die Entwicklung der Astronomie im europäischen Abendland. In der griechischen Astronomie hingegen sind sowohl die Einflüsse ägyptischer als auch babylonischer Erkenntnisse nicht zu übersehen. Manche der klassischen griechischen Sternbilder lassen sich mühelos nach Babylon zurückverfolgen. Die meisten der 44 klassischen Sternbilder der Griechen, die noch heute zum Bestand der Himmelstopographie gehören, sind babylonischen Ursprungs. Der direkte Weg von den Anfängen der ägyptischen und babylonischen Sternkunde zur griechischen Astronomie und von dieser schließlich zur modernen Astronomie ist letztlich auch die Ursache dafür, daß die hochentwickelten Erkenntnisse anderer alter Kulturen, insbesondere der Chinesen, Japaner, Inder und später der Mayas, in diesem Zusammenhang kaum Erwähnung finden.

Die griechische Astronomie unterscheidet sich allerdings in vielem ganz auffällig von der babylonischen. Zum einen zeigt sich bei den Griechen von Anbeginn an stark der Hang zur systematischen Darstellung des erworbenen Wissens, was zur Herausbildung eines rational begründeten Weltbildes führte, dem ersten in der Geschichte menschlichen Forschens. Hierbei spielten philosophische Prämissen und Forderungen eine wichtige Rolle. Insbesondere ist der Einfluß PLATONS und seines Kreises auf die Entwicklung der Astronomie unverkennbar. In den Himmelskörpern kam nach seiner Auffassung das Denken der „Weltseele“ zum Ausdruck. Die Himmelskörper sollten sich daher gleichförmig auf kreisförmigen Bahnen, die als geometrisch vollkommen galten, bewegen. Von den Astronomen wurde gefordert, die beobachteten Bewegungen der Himmelskörper mit ihren Eigenschaften in Übereinstimmung zu bringen.

Die Beobachtungen lehrten nun aber, daß keine gleichförmige Bewegung der Planeten existiert. Vielmehr vollführen die Himmelskörper recht ungleichmäßige Bewegungen mit veränderlicher Winkelgeschwindigkeit (Anomalien). Um die „Erscheinungen zu retten“, sollten spezielle Mechanismen der Bewegung herangezogen werden. Gerade diese Forderung bedingte einen zweiten Hauptzug der griechischen Astronomie: ihre geometrische Betrachtungsweise. Die Bemühungen um die Darstellung der beobachteten Planetenbewegungen reichen bis zu EUDOXOS AUS KNIDOS (407 bis 357 v. Chr.) zurück. Er war der erste Gelehrte, der die beobachteten Anomalien und die darüber bekannten Einzelheiten (Größe der Schleifen, Verhältnisse der Geschwindigkeiten, Periodizität) in einem Modell zu erklären versuchte und damit den eigentlichen Beginn der theoretischen Astronomie markiert. Das von ihm entwickelte kinematische System der homozentrischen Sphären führt die unterschiedlichen und recht verwickelten Bewegungen der Planeten auf Bewegungen dieser Himmelskörper an Kugelschalen zurück, die gleichförmig, jedoch um verschiedene Achsen und mit unterschiedlichen Geschwindigkeiten und Richtungen erfolgen. Die Kugelschalen sind konzentrisch ineinander geschachtelt. Das Modell der homozentrischen Sphären fand als kinematische Interpretation der nur scheinbar unregelmäßigen Planetenbewegung lange seine Anhänger. Es wurde durch KALLIPPOS verbessert und ging in dieser Form in die aristotelische Physik ein, die bis weit in die Renaissance hinein ihre Anhänger und Fürsprecher besaß.

Die antike Astronomie ist jedoch bald von den homozentrischen Sphären zu exzentrischen und epizyklischen Kreisen übergegangen, die vor allem von APPOLLONIOS VON PERGE (Schüler des EUKLID, um 262 bis 190 v. Chr.) und HIPPARCHOS AUS NIKAIA (um 190 bis 120 v. Chr.) geschaffen wurden. HIPPARCHOS zählt zu den bedeutendsten Astronomen der Antike und dürfte der entscheidende Wegbereiter jenes epochalen Werkes sein, das als „Almagest" in die Geschichte der Astronomie einging und von CLAUDIUS PTOLEMÄUS geschaffen wurde. Für die kinematische Darstellung der Planetenbewegung besaß vor allem die Idee des HIPPARCHOS große Bedeutung, die Bewegung der Planeten epizyklisch, aber doch zugleich exzentrisch anzunehmen. Bezüglich der (zu den Planeten gerechneten) Sonne ging er von der Annahme aus, daß die Sonnenbahn gleichförmig, d. h. mit konstanter Winkelgeschwindigkeit, durchlaufen wird. Den Bahnkreis der Sonne unterteilte er dann entsprechend der Dauer der Jahreszeiten. Es zeigte sich, daß die Erde unter diesen Umständen zwar in der Mitte der Welt, aber nicht im Mittelpunkt der Sonnenbahn steht. Die aus Beobachtungen folgende ungleichmäßige Sonnenbewegung war somit mittels exzentrischer Bewegung auf gleichförmige Bewegung zurückgeführt.

Schließlich wurden alle diese Erkenntnisse und kinematischen Deutungen zu einem großen systematischen Werk zusammengeführt, das heute gleichsam als Synonym für die klassische griechische Astronomie überhaupt gilt: die „Syntaxis mathematike" (Mathematische Zusammenstellung) des CLAUDIUS PTOLEMÄUS, dem „Almagest". Hier finden wir nicht allein das geozentrische Weltsystem qualitativ erläutert, sondern auch ein feinsinniges Ensemble von Theorien für die Bewegung jedes einzelnen Planeten. Das astronomische Hauptwerk des PTOLEMÄUS zählt zu den Höhepunkten wissenschaftlicher Erkenntnis der Antike und prägte für viele Jahrhunderte die Auffassungen über den Kosmos und die Stellung des Menschen im Weltganzen.

In der Antike gab es auch andere Meinungen über den Bau der Welt, die nicht auf der Annahme einer Mittelpunktstellung der Erde basierten. So lehrte schon PHILOLAOS VON KROTON (5. Jahrhundert v. Chr.), daß die Anomalien der Planetenbewegungen nur scheinbar und durch die Bewegung der Erde ausgelöst seien. Erde, Sonne und Planeten bewegen sich um ein unsichtbares Zentralfeuer. Auch HERAKLEIDES PONTIKOS (um 390 bis 310 v. Chr.) sprach von einer „irgendwie bewegten Erde" und einer „irgendwie ruhenden Sonne" und versuchte, die beobachteten Bewegungen der Objekte am Himmel unter dieser Voraussetzung zu erklären.

Am bekanntesten aber ist die heliozentrische Auffassung des ARISTARCH VON SAMOS (um 320 bis 250 v. Chr.). Leider sind uns seine diesbezüglichen Ausführungen nicht direkt erhalten geblieben. Dennoch wissen wir u. a. aus der „Sandrechnung" des ARCHIMEDES VON SYRAKUS (287 bis 212 v. Chr.), daß ARISTARCH die Mittelpunktstellung der Sonne lehrte und eine bewegte Erde annahm. Sicherlich wurde er zu dieser Hypothese durch seine berühmte (wenn auch quantitativ unzutreffende) Bestimmung des Verhältnisses der Entfernungen Erde–Mond zu Erde–Sonne veranlaßt, aus der hervorging, daß die Sonne einen weitaus größeren

Durchmesser haben muß als die Erde. Dennoch dürfte das System des ARISTARCH nicht mathematisch durchgearbeitet gewesen sein. Überhaupt bestanden unter den Bedingungen der Antike praktisch keine Chancen für eine Durchsetzung dieser Auffassung. Es hatte nicht allein den Augenschein gegen sich, sondern widersprach auch der Physik des ARISTOTELES (384 bis 322 v. Chr.). Entsprechend seiner Lehre vom „natürlichen Ort" mußte sich die schwere Erde in der Weltmitte befinden. Außerdem lieferten die ptolemäischen Theorien für die Bewegungen der einzelnen Planeten hervorragende Voraussagen ihrer Positionen im Rahmen der damaligen Beobachtungsgenauigkeit. So stützten sich aristotelische Physik und ptolemäische Astronomie gegenseitig. Zugleich lieferten beide noch die naturwissenschaftliche Begründung eines prinzipiellen Unterschiedes zwischen Himmel und Erde, wie er in die christliche Religion integriert wurde. Die Himmelskörper bewegen sich nämlich – wie die Beobachtungen zeigen – weder geradlinig zum Weltzentrum hin noch geradlinig zur Weltperipherie. Somit können sie weder zur Spezies der schweren noch jener der leichten Körper gehören. Zusätzlich zu den bekannten vier irdischen Elementen Erde, Wasser, Feuer und Luft führte ARISTOTELES deshalb ein fünftes Element ein, die „quinta essentia", die letztlich den grundsätzlichen Unterschied zwischen Himmel und Erde physikalisch definiert.

Das ptolemäische geozentrische Weltsystem und Weltbild war eine Glanzleistung antiker Wissenschaft und zugleich der krönende Abschluß mehrtausendjähriger Bemühungen um ein Verständnis der Vorgänge am gestirnten Himmel. Es handelte sich um die erste systematische Zusammenfassung des gesamten astronomischen Wissens und eine notwendige Stufe im historischen Erkenntnisprozeß.

Mit dem Zerfall der antiken Kultur kam auch der fruchtbare Prozeß des wissenschaftlichen Forschens auf allen Gebieten zum Stillstand. Daß wir heute dennoch davon sprechen können, die moderne Astronomie sei mit den einstigen Erkenntnissen der Chaldäer und Griechen genetisch verbunden, ist vor allem der arabischen Kulturwelt zu verdanken. Die Ausbreitung der arabischen Stämme und die Herausbildung eines einheitlichen arabischen Kulturgebietes führte dort auch zum Aufblühen der Wissenschaft. Dabei wurden die griechischen Werke im wesentlichen als die Grundlage weitergehender Untersuchungen betrachtet. Die von Kálif AL-MA'MŪN (813 bis 833) aus der Dynastie der Abāsiden in Bagdad gegründete Akademie („Haus der Weisheit"), sah eine ihrer wichtigsten Aufgaben darin, die Werke der griechischen Wissenschaft zu übersetzen. So entstanden zahlreiche sachverständige arabische Übertragungen der besten griechischen Werke, darunter auch eine Übersetzung der „Syntaxis mathematike" von PTOLEMÄUS, die in der arabisierten Fassung den später gebildeten Titel „Almagest" erhielt. Die arabischen Gelehrten leisteten auch eigenständige Beiträge zur Entwicklung der Wissenschaft, die allerdings an Bedeutung einerseits nicht mit dem bereits Überlieferten konkurrieren konnten und andererseits nicht bis zu den unter ganz anderen gesellschaftlichen Bedingungen entstandenen großen Leistungen der Renaissance vorzustoßen vermochten. Ihre wissenschaftsgeschichtliche Bedeutung liegt deshalb vor allem darin, daß sie die griechischen Werke vor dem Verfall bewahrten und so ein direktes Anknüpfen an die antiken Traditionen in der Renaissance ermöglichten.

Literaturverzeichnis

[1] Wußing, H.: Vorlesungen zur Geschichte der Mathematik. Deutscher Verlag der Wissenschaften, Berlin 1979

[2] Van der Waerden, B. L.: Erwachende Wissenschaft, Bd. 2. Die Anfänge der Astronomie. Birkhäuser-Verlag, Basel und Stuttgart 1968

[3] Neugebauer, O.: Astronomy and History, Selected Essays. Springer-Verlag, New York–Berlin–Heidelberg–Tokyo 1983

[4] Wußing, H.: Mathematik der Antike. B. G. Teubner-Verlagsgesellschaft, Leipzig 1962

[5] Teichmann, J.: Wandel des Weltbildes – Astronomie, Physik und Meßtechnik in der Kulturgeschichte. Deutsches Museum, München 1980

[6] Herrmann, D. B.: Entdecker des Himmels. Urania-Verlag, Leipzig–Jena–Berlin, 4. Auflage 1989

Claudius Ptolemäus (griechisch Klaudios Ptolemaios)

Ptolemäus gilt als Inbegriff der klassischen griechischen Astronomie. Sein Lebenswerk, das verschiedenen Wissenschaften gewidmet war, wirkte bis weit in das 16. Jahrhundert hinein und zählt zu den größten Errungenschaften der Wissenschaftsgeschichte. Herausragende Bedeutung jedoch besaß sein astronomisches Hauptwerk „Syntaxis mathematike“ (Mathematische Zusammenstellung). Es enthält das ausgearbeitete geozentrische Weltsystem der Antike und stellt insofern die erste systematische Zusammenfassung des gesamten Wissens auf diesem Gebiet in der Geschichte überhaupt dar.
Ptolemäus wurde um 90 n. Chr. in Ptolemais (Oberägypten) geboren und starb um 160 n. Chr. Über seine Lebensumstände sind uns keine Einzelheiten bekannt. Wir wissen lediglich, daß er im zweiten Drittel des 2. Jahrhunderts wahrscheinlich 4 Jahrzehnte hindurch in der Millionenstadt Alexandria wirkte, die als Zentrum des Handels, der Kunst und der Wissenschaft eine überragende Rolle in der hellenistischen Periode gespielt hat. Diese letzte Epoche der griechischen Kultur vor ihrem allmählichen Verfall ist durch das Wirken Alexanders des Grossen (356 bis 323 v. Chr.) bestimmt. Zu dessen Großreich zählten Griechenland, Persien und Ägypten.
Wahrscheinlich verlief das Leben des Ptolemäus friedlich und weitgehend unbeachtet von den einflußreichen Persönlichkeiten seiner Zeit, so daß es des Aufschreibens nicht für wert befunden wurde. Immerhin hat Plutarch (um 46 bis 120 n. Chr.) in seinen berühmten „Parallelbiographien“ vergleichende Lebensbeschreibungen namhafter Römer und Griechen, so z. B. auch über Aristoteles (384 bis 322 v. Chr.) und Archimedes (285 bis 212 v. Chr.) niedergeschrieben, aber von seinem Zeitgenossen Ptolemäus keine Notiz genommen. Auch mag der hohe technische Standard der Werke des Ptolemäus wenig dazu beigetragen haben, die Aufmerksamkeit der Literaten der Spätantike auf sich zu ziehen. Von Ptolemäus wissen wir aus dessen eigenen Erwähnungen, daß er auch astronomi-

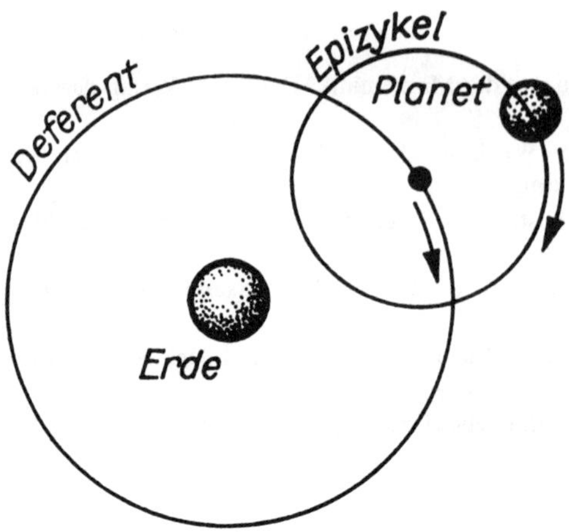

Darstellung der Planetenbewegung mit Epizykeln und Deferenten nach Ptolemäus

sche Beobachtungen angestellt hat, obwohl er darin nicht an die Leistungen des Hipparchos (um 190 bis um 120 v. Chr.) heranreichte.

Insofern trägt das astronomische Hauptwerk seinen Titel durchaus zurecht: es ist eine „große Synthese der Ergebnisse vielhundertjähriger Forschungen zur Astronomie und den für diese benötigten mathematischen Hilfswissenschaften. Ptolemaios' Syntaxis gibt sowohl die kritisch gesichtete und gewichtete Zusammenfassung der Beobachtungen und Messungen der griechischen und chaldäischen Astronomen als auch eine voll ausgearbeitete theoretische Astronomie, d. h. die mathematische Darstellung der scheinbaren Bewegungen der Sonne, des Mondes, der bekannten fünf Planeten sowie der Himmelskugel" (Treder). Die „Syntaxis mathematike" ist also das erste Handbuch der mathematischen Astronomie. Methodik und Aufbau beeinflußten die Astronomie bis in die Zeit des Copernicus nachhaltig.

Die ersten beiden Bücher enthalten eine Einführung in das geozentrische Weltbild, wobei Ptolemäus direkt auf der Physik des Aristoteles fußt. Die im allgemeinen Teil dargelegten Hauptsätze des geozentrischen Weltbildes lauten:

1. Das Himmelsgewölbe hat Kugelgestalt und dreht sich wie eine Kugel.
2. Ihrer Gestalt nach ist die Erde für die sinnliche Wahrnehmung, als Ganzes betrachtet, ebenfalls kugelförmig.
3. Ihrer Lage nach nimmt die Erde einem Zentrum vergleichbar die Mitte des ganzen Himmelsgewölbes ein.
4. Ihrer Größe und Entfernung nach steht die Erde zur Fixsternsphäre in dem Verhältnis eines Punktes.
5. Die Erde hat ihrerseits keinerlei Ortsveränderung verursachende Bewegung. [1]

Diesen Grundthesen des geozentrischen Weltsystems folgen dann die für seine mathematische Durcharbeitung erforderlichen geometrischen Lehrsätze mit den dazugehörigen Beweisen. Das dritte Buch ist der Bewegung der Sonne gewidmet. Dabei verweist Ptolemäus auf die Gleichwertigkeit einer epizyklischen Darstellung der Sonnenbewegung mit der exzentrischen und benutzt dann für seine

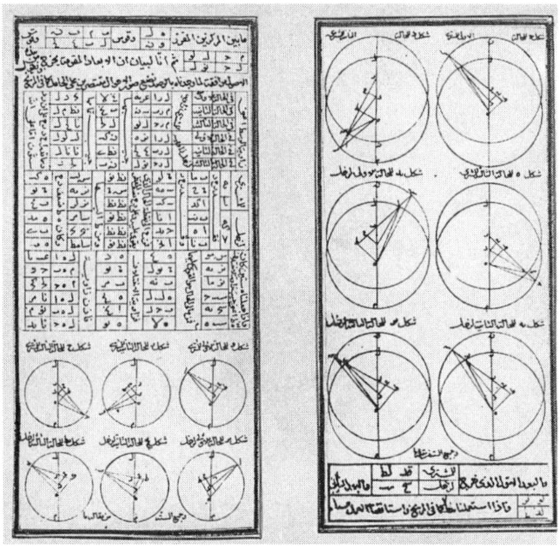

Arabische Ausgabe von PTOLEMÄUS' „Almagest" aus dem 13. Jahrhundert

Erörterungen die Exzentertheorie des HIPPARCHOS. Im vierten und fünften Buch werden die komplizierten Bewegungen des Mondes dargestellt. Dabei wird nun wieder die Epizykeltheorie als Rüstzeug gewählt. Das sechste Buch beschäftigt sich mit der Berechnung von Sonnen- und Mondfinsternissen. Das siebente und achte Buch gilt den Fixsternen des nördlichen und südlichen Sternhimmels (einschließlich des auf HIPPARCHOS fußenden Fixsternkataloges) und endlich in den Büchern neun bis dreizehn werden die Planetenbewegungen behandelt. Wegen der dort vorkommenden Anomalien gelang es PTOLEMÄUS nicht, mittels Epizykel und Exzentern allein die beobachteten Bewegungen darzustellen. Er war vielmehr gezwungen, einen Ausgleichspunkt (punctum aequans) einzuführen. Nur so konnte er die Forderung erfüllen, alle beobachteten Bewegungen auf gleichförmig durchlaufene Kreisbewegungen zurückzuführen. Der Mittelpunkt des jeweiligen Epizykels bewegt sich nach dieser Darstellung auf einem zur Erde exzentrischen Kreis. Die konstante Winkelgeschwindigkeit wird dabei auf einen Punkt außerhalb des Weltzentrums, in dem sich die Erde befindet, bezogen. Für jeden Planeten wird übrigens eine eigene Theorie entwickelt. Das Gesamtsystem ist rein kinematisch.

Die Darstellung der Planetenbewegung mittels Ausgleichspunkt ist das originale Verdienst des PTOLEMÄUS, da diese – im Unterschied zu Epizykel und Exzenter – vor ihm nicht vorhanden war. Angesichts der bedeutenden Schwierigkeiten, diese Aufgabe zu bewältigen, betont PTOLEMÄUS im 2. Kapitel des neunten Buches: „Wenn wir uns die Aufgabe gestellt haben, auch für die fünf Wandelsterne ... den Nachweis zu führen, daß ihre scheinbaren Anomalien alle vermöge **gleichförmiger Bewegungen auf Kreisen** (Hervorhebung von Ptolemäus) zum Ausdruck gelangen, weil nur diese Bewegungen der Natur der göttlichen Wesen entsprechen, während Regellosigkeit und Ungleichförmigkeit ihnen fremd sind, so darf man wohl das glückliche Vollbringen eines solchen Vorhabens als eine Großtat bezeichnen, ja in Wahrheit als das Endziel der auf philosophischer Grundlage beruhenden mathematischen Wissenschaft". [2] Damit bringt er nochmals zum Ausdruck, daß er sich einerseits von philosophischen Prinzipien leiten ließ und

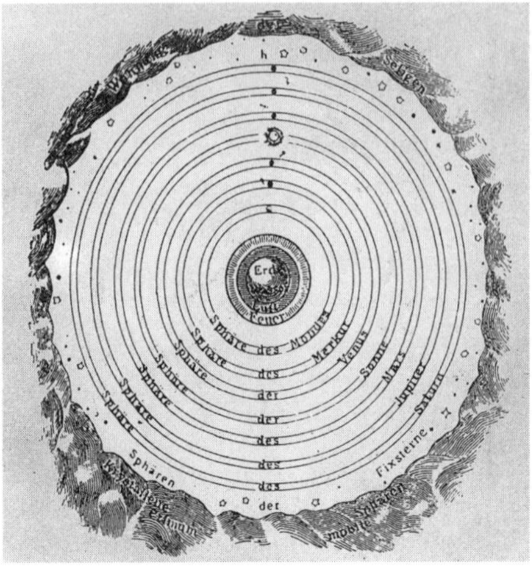

Weltsystem des Ptolemäus

andererseits der Schwierigkeiten des Vorhabens voll bewußt war. In Ergänzung seiner mathematischen Theorie versuchte Ptolemäus auch ein physikalisches System zu entwerfen. In den „Hypothesis phainomenon" („Hypothesen der Planeten") werden die im „Almagest" vorkommenden Kreise, denen keine reale physikalische Bedeutung zukommt, zu massiven Äthersphären aufgebaut, wobei die entstehenden Kugelschalen teilweise nichtkonzentrische Begrenzungsflächen aufweisen. Die Epizykel rollen in diesen Sphären durch einen freigelassenen Schlauch. Aus diesem System leitete Ptolemäus sogar Möglichkeiten von Entfernungsbestimmungen ab, da Sonne und Mond mit einbezogen waren und die Parallaxe des Mondes zur Verfügung stand. Die äußere begrenzende Fixsternkugel als Abschluß der Welt sollte sich unmittelbar an die Saturnsphäre anschließen. Als Durchmesser des Gesamtsystems ergaben sich insgesamt 20000 Erddurchmesser. Dieser Zahlenwert blieb bei allen Anhängern des geozentrischen Systems bis in das 17. Jahrhundert hinein anerkannt.
Der Weg des astronomischen Hauptwerkes von Ptolemäus in der Wissenschaftsgeschichte ist bemerkenswert. Wegen des hohen technischen Standards der 13 Bücher wurden bald zahlreiche Kommentare verfaßt. Als erster ist Pappus zu nennen, der gegen Ende des 3. Jahrhunderts einen Kommentar verfaßte, der später in andere übernommen wurde. Von den alexandrinischen Gelehrten wurde im 3. Jahrhundert eine Monographiensammlung erarbeitet, die vom sogenannten „Kleinen Astronomen" stammt, im Gegensatz zu Ptolemäus, dem „Großen Astronomen". Man nimmt an, daß damals der Zusatz „Megale" zur „Syntaxis" des Ptolemäus eingeführt wurde, der später für die Araber Anlaß war, für die Übersetzung des Werkes den Titel „Almagest" (Der Größte) zu wählen. Einzig der Blütezeit der arabischen Astronomie nach dem Verfall der griechischen Kultur ist es zu verdanken, daß die „Megale Syntaxis" im Mittelalter noch zur Verfügung stand und als Ansatz für die Revolution des Copernicus dienen konnte.
In der jüngeren Vergangenheit sind von mehreren Astronomiehistorikern Zweifel an der wissenschaftlichen Redlichkeit des Ptolemäus geäußert worden; von einigen wurde er gar als ein „Betrüger" bezeichnet. Durch die schnellen Rechenver-

fahren ist es heute möglich, die umfangreichen bei Ptolemäus vorkommenden Daten zu überprüfen und sie mit den aus der modernen himmelsmechanischen Theorie resultierenden zu vergleichen. Dabei fand der amerikanische Historiker R. R. Newton viele Irrtümer, verglichen mit den tatsächlichen Positionen der Himmelskörper zu jener Zeit. Die Differenzen betragen teilweise mehr als ein Grad. Andererseits stimmen aber die von Ptolemäus angegebenen Positionen meist innerhalb eines Fehlers von nur 10 Bogenminuten mit der ptolemäischen Theorie überein. Newton findet diese Übereinstimmung zu gut. Er kommt zu dem Ergebnis, daß Ptolemäus nicht allein die Daten geschickt an seine Theorie angepaßt und tendenziös ausgewählt hat, sondern daß er auch bewußt Angaben seiner Vorgänger, die er für seine Theorie benutzte, falsch wiedergab, um eine bessere Übereinstimmung mit der Theorie herzustellen. Damit habe Ptolemäus gegen die ethischen Normen der Wissenschaft verstoßen und zudem den Verlauf der Wissenschaftsentwicklung negativ beeinflußt. Viele Entdeckungen der altgriechischen Astronomie würden ohne den „Almagest" erhalten geblieben sein, die nun verloren sind. Auch das spätere heliozentrische System des Copernicus habe auf den falschen Angaben des Ptolemäus aufgebaut und sei dadurch komplizierter geworden als bei Verzicht auf diese Daten. Demgegenüber haben Owen Gingerich u. a. geltend gemacht, daß Ptolemäus möglicherweise aus pädagogischen Gründen eine „saubere" Präsentation seiner Resultate vorlegen wollte und deshalb die Originaldaten „verfeinerte" und teilweise vielleicht aus diesem Grunde auch hypothetische Gruppen von Daten einführte, ohne damit Betrugsabsichten nach heutiger Auffassung zu verfolgen.

Neben dem „Almagest" hat Ptolemäus weitere bedeutende Werke hinterlassen, die teilweise gleichfalls von erheblicher Auswirkung auf die Wissenschaftsgeschichte gewesen sind. Hier ist zunächst sein großes astrologisches Werk „Tetrabiblos" (Vierbuch) zu nennen. In ihm schreibt Ptolemäus der Astrologie die Aufgabe zu, die Veränderungen zu erforschen, die durch die Himmelskörper und deren Bewegungen in den „Erdkörpern" verursacht würden. Diese Aufgabe soll nach Ptolemäus gelöst werden, indem von den natürlichen Eigenschaften der Gestirne ausgegangen wird. Die Möglichkeit von Astrologie beruht auf der Tatsache, „daß Kräfte vom Himmel auf alles Irdische, das den Veränderungen der Allnatur unterworfen ist, niederströmen". Dabei hat Ptolemäus u. a. die unleugbaren Wirkungen der Sonne auf die Jahreszeiten sowie das Wachstum der Tier- und Pflanzenwelt im Auge. Ordnet man den „Tetrabiblos" zeitgeschichtlich ein, so stellt er sich als ein legitimes, wenn auch in der Antike unerfüllbares Programm dar, die kosmischen Einflüsse auf das irdische Geschehen kennenzulernen.

Außerdem ist Ptolemäus der Verfasser eines Handbuches zur Geographie, das bis in die beginnende Neuzeit hinein Grundlage für die Kartographie gewesen ist sowie einer „Harmonik", in der die Musiktheorien seit den Pythagoreern dargestellt sind. Auch dieses Werk strahlte bis in die Renaissance aus und war für Keplers „Weltharmonik" von ausschlaggebender Bedeutung. Schließlich ist noch die „Optik" des Ptolemäus zu erwähnen sowie auch philosophische Arbeiten zur Erkenntnistheorie. Insgesamt bleibt das Bild eines der größten Gelehrten der Geschichte, dessen historisches Verdienst vor allem die systematisierende Darstellung des Kenntnisstandes seiner Zeit gewesen ist.

Literaturverzeichnis zu CLAUDIUS PTOLEMÄUS

[1] Gingerich, O.: Was Ptolemy a Fraud? In: Reprint Series Center for Astrophysics No. 751. Cambridge 1977

[2] Krafft, F.: Ptolemäus. In: K. Faßmann u. a. (Hrsg.): Die Großen der Weltgeschichte, Bd. 2. Zürich 1972, S. 418–467

[3] Pedersen, O.: A Survey of the Almagest (= Acta Historica Naturalium et Medicinalium, Editit Bibliotheca Universitatis Hauniensis Vol 30), Odense University Press 1974

[4] Ptolemäus: Handbuch der Astronomie, 2 Bde., dt. Übers. u. erl. Anmerkungen von K. Manitius, Vorwort und Berichtigungen von O. Neugebauer, Leipzig 1963

[5] Treder, H.: Ptolemaios in seiner Bedeutung für die heutige Naturforschung. In: Das Altertum 23 (1977), S. 49–55

[6] Ptolemäus: Tetrabiblos. Nach der Melanchton-Ausgabe von 1553, Berlin 1923

[7] Ptolemäus, Claudius: Der Sternkatalog des Almagest. Die arabisch-mittelalterliche Tradition. 3 Bde., hrsg. und bearbeitet von P. Kunitzsch. Verlag O. Harrassowitz, Wiesbaden 1986–1991

AL-BIRUNI, ABU RAIHAN MUHAMMAD IBN AHMAD (973 bis 1048)

Es gibt kaum eine Persönlichkeit unter den bedeutenden Wissenschaftlern des arabisch-islamischen Mittelalters, die uns aus ihren erhaltenen Werken so lebendig entgegentritt wie die des choresmischen Universalgelehrten AL-BIRUNI, der zugleich der hervorragendste Astronom seiner Zeit gewesen ist. [2] An seinem Leben und Wirken wird zugleich deutlich, was für die Astronomie der ganzen Epoche als typisch zu gelten hat. Dies sind einmal der enge Anschluß an PTOLEMÄUS und die anderen griechischen Astronomen, die in guten arabischen Übersetzungen vorlagen, ferner die Möglichkeit weitreichender Korrespondenz und Kooperation im Herrschaftsgebiet des Islam, zugleich aber auch der Umstand, daß günstige Arbeitsbedingungen nur an einem Fürstenhof zu finden waren. Auf den Lebenslauf AL-BIRUNIS haben sich in dramatischer Weise die sich ständig verschlechternden politischen Zeitumstände ausgewirkt, denen er zwar noch ein imposantes Lebenswerk abgetrotzt hat, die aber dazu führten, daß die Muslime auf dem Gebiet der Astronomie wie auch der anderen exakten Wissenschaft trotz vielversprechender Anfänge nur wenig über den Stand der hellenistischen Wissenschaft hinausgelangten und die großen Durchbrüche der europäischen Renaissance vorbehalten blieben. Zwar hat sich kein persischer Miniaturmaler die Mühe gemacht, das Bild des Mannes festzuhalten, aber in seinem lebendigen und nicht selten sarkastischen Stil spüren wir das Temperament einer eigengeprägten Persönlichkeit. [3]

AL-BIRUNI wurde am 4. September 973 in Kath, der damaligen Hauptstadt Choresms, geboren. Die Flußoase am Unterlauf des Amudarja und Stätte einer uralten Kultur war 712 von den unter dem Banner des Islam vorrückenden arabischen Heeren dem Kalifat einverleibt worden. Sie wurde damit Teil eines von Spanien bis Indien reichenden einheitlichen Kulturgebietes, das von der Religion des Islam und der arabischen Sprache als verbindlichem Kommunikationsmittel

Arabischer Himmelsglobus mit den griechischen Sternbildern nach PTOLEMÄUS (gefertigt 1279)

Planisphärisches Astrolab

geprägt war. Im zehnten Jahrhundert bildeten sich wie überall in dem riesigen Territorium so auch in Persien und Mittelasien lokale Dynastien heraus, die auf politische und kulturelle Selbständigkeit bedacht waren und den Kalifen in Bagdad nur noch als geistliche Autorität anerkannten. AL-BIRUNI wuchs als Kind inmitten der in Choresm regierenden Familie der Iraqiden auf, sein Erzieher war der Prinz ABU NASR IBN IRAQ, ein führender Geodät seiner Zeit, der eine Bearbeitung der „Sphärik" des griechischen Mathematikers MENELAOS (1. Jahrhundert n. Chr.) herausgab und als der Urheber des sphärischen Sinussatzes gilt. [4] Unter seiner Anleitung vermaß AL-BIRUNI durch Sonnenbeobachtungen die geographische Breite von Kath und baute einen Gnomon auf einer Kreisfläche von siebeneinhalb Metern Durchmesser, um damit die Schiefe der Ekliptik zu bestimmen.

Aufgrund politischer Unruhen verließ AL-BIRUNI mit 22 Jahren für kurze Zeit die Vaterstadt Kath und hielt sich in Rayy auf, dessen Ruinen heute dicht in der Nähe Teherans liegen. Hier machte er die Bekanntschaft des Astronomen AL-CHUDSCHANDI, der sich mit Hilfe eines von ihm entworfenen, etwa zehn Meter über dem Boden aufgemauerten und ebenso tief in den Boden eingegrabenen Sextanten um die genaue Bestimmung der geographischen Breite von Rayy und der Ekliptikschiefe mühte. Das Gerät wurde vierhundert Jahre später von ULUG BEK auf einem Hügel bei Samarkand im verdoppelten Maßstab nachgebaut, wo das in den Boden eingegrabene Ringsegment noch heute zu besichtigen ist. Die Anlage in Rayy kennen wir aus der Beschreibung AL-BIRUNIS. [3, S. 102 f.] Nach seiner Rückkehr nach Kath bestimmte er gemeinsam mit dem in Bagdad lebenden Astronomen ABU L-WAFA AL-BUZDSCHANI die Längendifferenz zwischen beiden Städten. Dies geschah durch die Bestimmung der jeweiligen Ortszeit. Zur Gewährleistung der Gleichzeitigkeit der Messung benutzten sie, da es kein anderes Zeitsignal gab, eine für den 24. Mai 997 erwartete Mondfinsternis.

Eine andere Korrespondenz führte AL-BIRUNI um diese Zeit mit dem um sieben Jahre jüngeren Philosophen IBN SINA in Buchara, der später in Europa unter der Namensform AVICENNA berühmt wurde. Dieser tat sich in der Folgezeit auch durch gelegentliche Beiträge zur Astronomie hervor, z. B. entwickelte er eine andere Methode zur geographischen Längenbestimmung aus der Messung der Kulminationshöhe des Mondes bzw. deren zeitlicher Verschiebung gegenüber einem Ort mit bekannter Länge, was AL-BIRUNI wegen technischer Schwierigkeiten skeptisch beurteilt hat. [5] In der erwähnten Korrespondenz ging es um physikalische und kosmologische Probleme im Anschluß an die Schrift des ARISTOTELES „Über den Himmel". [3, S. 49ff.] Höchst bemerkenswert und zukunftsweisend sind darin AL-BIRUNIS Zweifel an der Unveränderlichkeit der Himmelssphären, am grundlegenden Unterschied zwischen irdischer und himmlischer Materie. Des weiteren rechnet er mit der Möglichkeit, daß es neben unserem Erdzentrum noch weitere Mittelpunkte der Schwere geben könnte. AVICENNAS Antworten laufen mehr auf eine Verteidigung des überkommenen aristotelischen Systems hinaus.

Im Jahre 998 oder Anfang 999 begab sich AL-BIRUNI an den Hof des Emirs QABUS IBN WUSCHMAGIR in Gurgan an der Südküste des Kaspisees. Der Herrscher war als großzügiger Förderer der Dichtkunst und der Wissenschaften bekannt, und AL-BIRUNI hat ihm ein monumentales Werk gewidmet. Es trägt den barocken Titel „Bleibende Spuren vergangener Generationen"; in der heutigen Forschung wird es meist als „Chronologie" zitiert. Darin geht es, mit vielen kulturhistorischen Exkursen angereichert, um die Zeitrechnungen und Kalendersysteme der verschiedenen ihm bekannten Völker und Religionen sowie deren astronomische Voraussetzungen. In Gurgan entstand auch eine umfassende Schrift über die verschiedenen Typen der Astrolabien. [6] Bekannt war vor allem die handliche sogenannte planisphärische Variante, bei der eine Projektion der Himmelskreise auf die Grundplatte erforderlich war. Mit der Übernahme dieses Präzisionsinstruments und zugehöriger Literatur begann übrigens zu dieser Zeit um die erste Jahrtausendwende die Rezeption der arabischen Wissenschaften in Europa. AL-BIRUNI beschreibt darüber hinaus ein von ihm erfundenes Zusatzgerät, das über ein Zahnradgetriebe die Bewegungen von Sonne und Mond veranschaulichte [7], des weiteren abweichende Konstruktionen des Astrolabs wie das sogenannte „kahnförmige", das auf der Vorstellung basierte, daß die Erde an Ort und Stelle rotiert, während der Fixsternhimmel stillsteht. Dazu hat AL-BIRUNI betont, daß dies mit einer rein mathematischen Astronomie sehr wohl zu vereinbaren wäre, daß sich aber dann in physikalischer Hinsicht beim freien Fall Abweichungen von der Senkrechten nachweisen lassen müßten. [8] Damit war natürlich auch ein Weiterdenken in Richtung auf den Heliozentrismus ausgeschlossen, auf den im Gegensatz zur griechischen Antike im islamischen Mittelalter niemand gekommen ist.

Eine neuerliche Übersiedelung in die choresmische Heimat, und zwar in deren neue Hauptstadt Gurgentsch, läßt sich anhand von Mondfinsternissen, die er aufgezeichnet hat, datieren. Zwei Finsternisse beobachtete er 1003 noch in Gurgan, eine andere 1004 bereits an seinem neuen Wohnort, wo sich am Hofe des Choresmschahs eine erlesene Schar von Gelehrten versammelt hatte, darunter sein alter Lehrer ABU NASR IBN IRAQ und AVICENNA. AL-BIRUNI beschäftigte sich hier u.a. mit der Dichtebestimmung von Metallen und anderen Substanzen, auch baute er einen großen halbkugelförmigen Globus der nördlichen Erdhemisphäre. Diese Arbeiten wurden jäh unterbrochen, als Choresm 1017 durch MAHMUD, den Emir von Ghazna in Afghanistan, überfallen und seiner Herrschaft einverleibt

wurde. AL-BIRUNI, der als Vertrauter des regierenden Choresmschahs in die Politik des kleinen Staatswesens hineingezogen worden war, befand sich im Zug der Gefangenen, die nach Süden abtransportiert wurden. Seine Lage beschreibt er anfänglich als sehr elend, jedoch gelang es ihm, sich in der Umgebung seines neuen Gebieters nützlich zu machen. Bald besaß er wieder einen stattlichen Mauerquadranten von viereinhalb Metern Durchmesser.
MAHMUD stieß wiederholt in kriegerischen Raubzügen nach Nordindien vor, und AL-BIRUNI durfte oder mußte ihn dabei begleiten. Bei der Festung Nandana an einem Einfallstor zur Indusebene vermaß er im Alleingang den Erdumfang nach einer bereits von dem Kalifen AL-MA'MUN (813 bis 833) angewandten Methode. Vom Gipfel eines Berges, dessen Höhe über der Ebene er zuvor bestimmt hatte, visierte er die Horizontlinie an. Die Abweichung von der Waagerechten ist von der Höhe des Berges und der zu errechnenden Größe der Erdkugel abhängig. [3, S.93ff.] Er hatte auch Gelegenheit, sich weiter im Landesinneren Indiens umzusehen. In einer großangelegten Beschreibung der für ihn fremdartigen Sitten und Einrichtungen der indischen Gesellschaft bekundet er sein besonderes Interesse für die astronomischen Kenntnisse der Brahmanen. Er findet sie durchweg unter dem Niveau der griechischen Wissenschaft stehend, vor allem stört ihn, daß bedeutende indische Astronomen, von denen er lange Auszüge in arabischer Übersetzung zitiert, auf den mythologischen Aberglauben der breiten Masse Rücksicht nehmen mußten, während, wie er selbstbewußt hervorhebt, der recht verstandene Islam die Forschung nicht behindert. Er erwähnt auch ARYABHATAS Theorie der Erdrotation und die Einwände der anderen indischen Astronomen. [3, S.183ff.]
In Ghazna schrieb AL-BIRUNI noch zwei erhalten gebliebene Standardwerke zur Sternkunde, das eine ist eine in didaktischer Frage-und-Antwort-Form abgefaßte Einführung in die Astrologie, in der die mathematischen und astronomischen Grundlagen einen so breiten Raum einnehmen, daß auf das Hauptthema weniger als die Hälfte entfällt. [9] Geschrieben hat er das Buch für eine sonst unbekannte Frau namens RAIHANA, die wie er aus Choresm stammte. Gegenüber den Möglichkeiten astrologischer Vorausberechnungen verhielt er sich zeitlebens skeptisch, wenngleich auch er überzeugt war, daß sich die astralen Einflüsse auf das irdische Geschehen nicht nur auf die offenkundigen Wirkungen von Sonne und Mond beschränken.
Der „Mas'udische Kanon", den er MAHMUDS Sohn und Nachfolger MAS'UD gewidmet hat, ist ein umfängliches und systematisch aufgebautes Handbuch der Astronomie, mit dem der „Almagest" unter Einbeziehung kalendarischer, geometrischer und geographischer Probleme auf den neuesten Stand der Erkenntnis gebracht wurde. [10] Bemerkenswert ist hier u.a. der gegen PTOLEMÄUS geführte und auf eigenen Messungen und deren früherer muslimischer Astronomen basierende Nachweis, daß das Sonnenapogäum, das im heliozentrischen System dem Aphel der Erde entspricht, nicht ortsfest ist. [11]
Mit zunehmendem Alter mußte AL-BIRUNI wegen verschlechterter Sehfähigkeit von astronomischen Beobachtungen Abstand nehmen. Seine weitgefächerten Interessen erlaubten es ihm, auf andere Wissensgebiete auszuweichen, auf denen er ebenfalls Hervorragendes leistete, so auf dem Gebiet der beschreibenden Mineralogie und der lexikalischen Bearbeitung des Arzneimittelschatzes in vielen Spra-

chen und Dialekten. Als er am 9. Dezember 1048 in Ghazna starb, war sein letztes Werk, eine aus 1116 Artikeln bestehende Pharmakognosie, nicht ganz vollendet. Typisch für die geistige Situation seiner Zeit, die er selber pessimistisch beurteilt hat, war auch, daß er keine ebenbürtigen Schüler hatte, wenngleich in den folgenden Jahrhunderten seine Werke von einzelnen bedeutenden Astronomen wie UMAR CHAYYAM (gest. 1132), NASIR AD-DIN AT-TUSI (gest. 1274) und ULUG BEK (ermordet 1449) studiert und geschätzt wurden. Sie gehörten aber nicht zu denen, die in lateinischer Übersetzung an den aufstrebenden Universitäten Westeuropas rezipiert wurden. Erst in der neueren wissenschaftshistorischen Forschung ist die geistige Statur dieses Mannes wieder sichtbar geworden.

Lebensdaten zu AL-BIRUNI

973	am 4. September in der choresmischen Hauptstadt Kath am Amudarja geboren
995	Flucht nach Rayy in Persien
997	Rückkehr nach Kath
998 oder 999	Übersiedelung nach Gurgan am Kaspisee
1003 oder 1004	Rückkehr nach Choresm in die neue Hauptstadt Gurgentsch
1017	Deportation nach Ghazna in Afghanistan
1030	Tod MAHMUDS VON GHAZNA, Thronfolge seines Sohnes MAS'UD
1048	am 9. Dezember in Ghazna gestorben

Literaturverzeichnis zu AL-BIRUNI

[1] Kennedy, E.S.: Al-Biruni. In: Dictionary of Scientific Biography. Hrsg.: Ch.C. Gillispie. Charles Scribner's Sons, New York. Bd. 2, 1970, S. 147–158

[2] Bulgakov, P.G.: Žizn' i trudy Beruni. Izdatel'stvo „Fan", Taschkent 1972

[3] Al-Biruni: In den Gärten der Wissenschaft. Ausgewählte Texte ... übersetzt u. erläutert von G. Strohmaier. Reclam-Bibliothek, Bd. 1228. 2. verb. Aufl., Reclam-Verlag, Leipzig 1991

[4] Matvievskaja, G. P. u. Tllašev, Ch.: O naučnom nasledii astronoma X–XI vv. Abu Nasra Ibn Iraka. In: „Istoriko-astronomičeskie issledovanija" Moskau 13 (1977), S. 219–232

[5] Bulgakov, P.G.: Vklad Ibn Siny v praktičeskuju astronomiju. In: Abu Ali Ibn Sina. K 1000-letiju so dnja roždenija. Hrsg.: M. B. Baratov u. a. Izdatel'stvo „Fan", Taschkent 1980, S. 152–157

[6] Rozenfel'd, B. A., Rozanskaja, M. M. u. Sokolovskaja, Z. K.: Abu-r-Rajchan al-Biruni. Izdatel'stvo „Nauka", Moskau 1973, S. 145–166

[7] Wiedemann, E.: Ein Instrument, das die Bewegung von Sonne und Mond darstellt, nach al Biruni. In: „Der Islam" Berlin 4 (1913), S. 5–13

[8] Der Weg der Physik. Hrsg.: Sh. Sambursky. Artemis Verlag, Zürich und München 1975. S. 182–184 und S. 739, Nr. 135; Pines, Sh.: La théorie de la rotation de la terre à l'époque d'al-Biruni. In: The Collected Works of Shlomo Pines, Bd. 2, Magnes Press, Jerusalem und Brill, Leiden 1986, S. 430–435

[9] Al-Biruni: The book of instruction in the elements of the art of astrology. Hrsg. u. Übers.: R. R. Wright, London 1934; Beruni: Kniga vrazumlenija načatkam nauki o

zvezdach. Übers.: B.A. Rozenfel'd und A. Achmedov, Izbrannye proizvedenija, Bd. 6. Izdatel'stvo „Fan", Taschkent 1975
[10] Beruni: Kanon Mas'uda. Übers.: P.G. Bulgakov u. B.A. Rozenfel'd. Izbrannye proizvedenija, Bd. 5, Teil 1 u. 2. Izdatel'stvo „Fan", Taschkent 1973 u. 1976
[11] Hartner, W. u. Schramm, M.: Al-Biruni and the theory of the solar apogee: an example of originality in Arabic science. In: Scientific Change. Hrsg.: A.C. Crombie. Heinemann, London 1963, S. 206–218

Regiomontanus, eigentlich Johannes Müller (1436 bis 1476)

Regiomontanus (latinisiert nach seinem Geburtsort benannt: der „Königsberger") war einer der herausragendsten Gelehrten des 15. Jahrhunderts auf den Gebieten Astronomie, Mathematik, Kalenderwesen, Instrumentenbau und zugleich einer der größten Denker seiner Zeit. Diese Zeit „größter progressiver Umwälzung" führte zu einem neuen Bild vom Menschen, von der Erde und vom Himmel. Regiomontanus stand an der Schwelle dieses Zeitalters und prägte diesen Umwälzungsprozeß mit seinen wissenschaftlichen Leistungen, wunderbar ausgedrückt durch Johann Gottfried Herder, der gesagt hat, daß Regiomontanus damals Fackel der Welt war. [3, S. 75] Seine überragende Bedeutung ist vor allem darin zu sehen, daß er der erste war, der die sorgfältige Nachprüfung aller vorliegenden Auffassungen zum Grundsatz naturwissenschaftlicher Arbeitsweise erhob. Geprägt von der Wissenschaftsauffassung des Renaissance-Humanismus begnügte er sich nicht mit der Rezeption überlieferter Darstellungen wie viele Gelehrte des europäischen Mittelalters, sondern nahm eine Textkritik überlieferter Quellen – aufgrund ausgezeichneter philologischer Kenntnisse in Lateinisch, Griechisch, Arabisch – vor und prüfte entsprechende Erkenntnisse durch eigene Beobachtungen.

Regiomontanus wurde am 6. Juni 1436 in Königsberg (Franken) geboren. Er verkörperte die Emanzipationsbewegung des aufstrebenden Bürgertums und war zugleich ein tief religiöser Mensch. Sein Lebensweg drückt die Verbindung mit den verschiedenen herrschenden Kräften seiner Zeit aus. Als Sohn eines begüterten Müllers und Ratsherrn der Stadt Königsberg (Franken) geboren, konnte er die Bildungsmöglichkeiten der Stadt und des Augustinerklosters wahrnehmen und beherrschte bereits Latein, als er erst elfjährig die Universität Leipzig bezog. [4] Hier soll er mit der Berechnung eines Kalenders für das Jahr 1448 eine erste astronomisch-mathematische Leistung vollbracht haben, welche die Kenntnisse der in Leipzig ansässigen Wissenschaftler übertraf. [5] Um sein Wissen zu vervollkommnen, wandte sich Regiomontanus nach Wien, wo die Wissenschaftsauffassung des Humanismus bereits stärker Fuß gefaßt hatte, schon seit längerer Zeit eine fachspezifische Ausbildung und eine astronomisch-mathematische Tradition bestand. Forschungen und Wissenschaftsauffassung des Regiomontanus wurden vor allem durch den Wiener Gelehrten Georg Peuerbach (1423 bis 1461) geprägt. Regiomontanus widmete sich in Wien dem intensiven Studium des vorhandenen Wissens, fertigte Abschriften klassischer Werke an, die er mit kritischen Randbemerkungen versah, und betrieb eigene Beobachtungen der

Himmelskörper. Den dabei festgestellten Widerspruch zwischen beobachteten astronomischen Konjunktionen und den Vorausberechnungen nach der herrschenden Lehre des Ptolemäus (↗ Ptolemäus) nahm er nicht hin wie viele Gelehrte vor ihm, sondern versuchte, den dabei aufgeworfenen Fragen systematisch nachzugehen. Zu prüfen, warum Theorie und Messung bei den Bewegungen der Himmelskörper nicht übereinstimmten, wurde immer mehr zu seiner Lebensaufgabe.

Regiomontanus hörte den berühmten Vorlesungszyklus über Planetentheorie von Peuerbach, den er später in seiner Nürnberger Druckerei publizierte, und wurde von diesem zu gemeinsamen Forschungen angeregt. Sie beobachteten und berechneten seit 1451 die täglichen Örter der Planeten und stellten entsprechende Jahrbücher zusammen. Hier lag ein Ausgangspunkt für die spätere Meisterschaft Regiomontanus' auf diesem Gebiet. Seine 1474 erschienenen Jahrbücher, die „Ephemeriden", die für jeden Tag der Jahre 1475 bis 1506 die Positionen bzw. die wechselseitigen Aspekte von Sonne, Mond und Planeten angeben, dazu auch die Mondphasen und alle Planetenkonstellationen, waren im Zeitalter der großen Entdeckungen ein wichtiges Hilfsmittel für die Orientierung auf offenem Meer, aber auch viel benutzte Grundlage astrologischer Berechnungen. Es ist nachgewiesen, daß Christoph Columbus (1451 bis 1506) und andere Entdecker auf ihren Fahrten diese Ephemeriden zur Ortsbestimmung benutzten. [2, S.42] Eigene praktische Beobachtungen, insbesondere zu den Planetenbewegungen, Sonnenhöhen, Mondphasen und Finsternissen sowie zu Größe, Abstand, Positionen von Kometen, betrachtete Regiomontanus als wichtige Grundlage für die Forschung und errichtete in seinen späteren Lebensjahren in Nürnberg dafür eine eigene „Warte". Er erkannte den Wert genauer Meßinstrumente für Astronomie und Zeitmessung; er beschrieb entsprechende Instrumente seiner Zeit, verwendete, baute und verbesserte einen großen Teil davon. Gemeinsam mit Peuerbach entdeckte Regiomontanus vermutlich die für Sonnenuhren wichtige Mißweisung der Magnetnadel (1450/51). Regiomontanus gilt als Erfinder des Instrumentum amussis (Richtscheit) und entwickelte u.a. das Astrolabium universale (Scheiben-

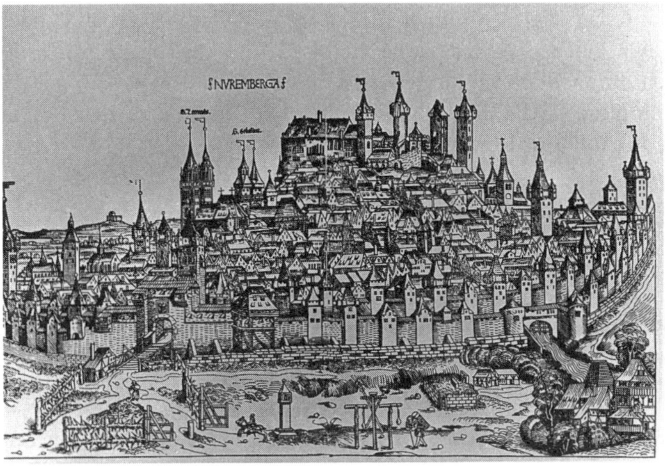

Mittelalterliches Stadtbild

gerät Safea) weiter, das für astronomische und mathematisch-geographische Aufgaben benutzt wurde. [6]
Angeregt durch den Kardinal JOHANNES BESSARION (1403 bis 1472) widmeten sich PEUERBACH und REGIOMONTANUS der Edition griechisch-klassischer Werke der Mathematik und Naturwissenschaften. Eine gemeinsam geplante Archiv- und Studienreise nach Italien zu diesem Zwecke konnte REGIOMONTANUS wegen des frühen Todes von PEUERBACH nur noch allein im Gefolge des Kardinals antreten. Während dieses Italienaufenthaltes vollendete REGIOMONTANUS die bereits von PEUERBACH begonnene Textkritik und Kommentierung eines Auszugs des damals beherrschenden astronomischen Werkes „Almagest" des PTOLEMÄUS. Diese Darstellung wurde zu einem neuen Handbuch der Astronomie, welches nach seinem Druck (1496) zu einem dominierenden Lehrbuch an den europäischen Universitäten wurde. Bei der Arbeit an diesem Werk erkannte er die Notwendigkeit, die erforderlichen trigonometrischen Kenntnisse selbständig darzustellen und schuf noch in Italien ein Werk der Trigonometrie in fünf Büchern. Systematik und Umfang der Ergebnisse übertrafen die Leistungen islamischer Gelehrter auf diesem Gebiet. Zu den mathematischen Ergebnissen gehörten außerdem die Erstellung von Tabellen mit Sinus- und Tangenswerten, die Verwendung erster algebraischer Symbole und die Beschäftigung mit Fragen der Gleichungslehre.
Die Vielseitigkeit des Gelehrten belegt auch die Tatsache, daß er durch die Übersetzung des geographischen Werkes von PTOLEMÄUS Arbeiten zur Geographie und Kartographie unterstützte – insbesondere hatte er Anteil an der Entwicklung und praktischen Anwendung der stereographischen Projektion in der Kartographie bei der Erstellung der Karte Ungarns –, daß er durch die systematische Quellenbestandsaufnahme wichtige Beiträge zur Geschichte der Wissenschaft leistete, insbesondere die sechs Bücher des DIOPHANTOS über Arithmetik auffand und 1464 in Padua bei astronomischen Vorlesungen erstmals auch über die Geschichte von Astronomie, Mathematik, Physik vortrug. Seine in Nürnberg begründete Druckerei, in der er sowohl eigene, als auch Werke anderer Autoren herausgab, erlangte in der Geschichte des Buchdrucks eine herausragende Stellung.

Im Jahre 1475 folgte REGIOMONTANUS einer Einladung von Papst SIXTUS IV. nach Rom, um ihn bei einer Kalenderreform zu beraten – Grundlage für die Aufforderung war vermutlich die sachlich fundierte Kritik des REGIOMONTANUS an der damaligen Osterberechnung. [8] Es gilt als wahrscheinlich, daß er an den Folgen einer Seuche am 6. Juli 1476 in Rom verstarb.

Lebensdaten zu REGIOMONTANUS

1436	am 6. Juni in Königsberg (Franken) geboren
1447–1450	Studium an der Universität Leipzig
1448	Aufstellung eines ersten Kalenders, d. h. eines Jahrbuches der Planetenörter sowie der Voll- und Neumonde für das Jahr 1448
1450–1461	Aufenthalt in Wien, Studien bei und mit PEUERBACH, gemeinsame Forschungen zur Astronomie, Mathematik, Instrumentenkunde, zum Zeitrechnungswesen
1452	Erwerb des Baccalaureats an der Universität Wien
1457	Aufnahme als Magister in die Artistenfakultät
ab 1458	Vorlesungen über Optik, die Geometrie des EUKLID, VERGILS Hirtengedichte angekündigt
1461–1465	Italienische Bibliotheks- und Archivstudienreise im Gefolge des Kardinals BESSARION, praktische Beobachtungen, Ausarbeitung seines trigonometrischen Werkes „De triangulis omnimodis libri quinque“ (gedruckt 1533)
1462	Vollendung der von PEUERBACH übernommenen Aufgabe der Textkritik der Epitome zum Almagest des PTOLEMÄUS
1464	Astronomische Vorlesungen an der Universität Padua
1467–1471	Aufenthalt am ungarischen Hof des Königs MATTHIAS CORVINUS, Berechnung von Sinus- und Tangenstafeln, Jahrbücher der Planetenbewegungen, Einflußnahme auf die Erstellung der großen Ungarn-Karte
1471–1475	Aufenthalt in Nürnberg, Errichtung einer eigenen Druckerei, Druck von Werken der Astronomie, Mathematik, des Kalenderwesens, der Ephemeriden u. a.; Arbeiten zur angewandten Mathematik und Astronomie in einer eigenen astronomisch-mechanischen Werkstätte und eigenen „Warte“
1472	März bis September, zweite Italienreise
1475	Juli, Reise nach Italien auf Einladung von Papst SIXTUS IV., um eine Kalenderreform vorzubereiten
1476	am 6. Juli in Rom gestorben

Literaturverzeichnis zu REGIOMONTANUS

[1] Zinner, E.: Leben und Wirken des Johannes Müller in Königsberg, genannt Regiomontanus. 2. Aufl. Osnabrück 1975

[2] Hamann, G. (Hrsg.): Regiomontanus-Studien, Österreichische AdW, philosophisch-historische Klasse, Sitzungsberichte, Bd. 364, Veröffentlichungen der Kommission für Geschichte der Mathematik, Naturwissenschaften und Medizin, Hefte 28, 29, 30. Wien 1980

[3] Schmeidler, F.: Regiomontanus Wirkung in der Naturwissenschaft. In: [2], S.75–89
[4] Mett, R.: Herkunft und Familie des Johannes Müller von Königsberg. In: [2], S. 147–166
[5] Wußing, H.: Regiomontanus als Student in Leipzig. In: [2], S. 167–174
[6] Wattenberg, D.: Johannes Regiomontanus und die astronomischen Instrumente seiner Zeit. In: [2], S. 343–362
[7] Meurers, J.: Regiomontanus und der geistesgeschichtliche Gang astronomischer Forschung. In: [2], S. 373–382
[8] Ferrari d'Occhieppo, K.: Die Osterberechnung als Kalenderproblem von der Antike bis Regiomontanus. In: [2], S. 91–108
[9] Tobies, R.: Regiomontanus. In: Brockhaus ABC. Lexikon bedeutender Naturforscher und Erfinder. Brockhaus-Verlag, Leipzig
[10] Schmeidler, F.: Joannis Regiomontani opera collectanea. Serie Milliaria, Faksimiledrucke zur Dokumentation der Geistesentwicklung Bd. 10, 2. Osnabrück 1972
[11] Glowatzki, E.; H. Göttsche: Die Tafeln des Regiomontanus. Ein Jahrhundertwerk. Institut für Geschichte d. Naturwissenschaften, München 1990

2 Die Revolution des Copernicus. Himmelsmechanik und Positionsastronomie

Das antike astronomische Weltbild und damit auch das Ptolemäische System blieb bis zur Renaissance allgemein vorherrschend. Daraus wird oft der oberflächliche Schluß gezogen, daß die Wissenschaften im Mittelalter keinerlei Entwicklung erfahren hätten und weitgehender Stillstand geherrscht hätte. Richtig ist aber, daß sich die Wissenschaften nur unter der Oberhoheit der Kirche entwikkeln konnten. Ihre wichtigste Funktion bestand darin, die christliche Bibelinterpretation zu stützen. Dennoch darf nicht übersehen werden, daß die Festigung der feudalen Gesellschaftsordnung in Europa im 8. Jahrhundert auch ein wachsendes Interesse an Wissenschaft mit sich brachte. Die steigende Produktivität in der Landwirtschaft sowie die Herausbildung feudaler staatlicher Strukturen machte sowohl für die Geistlichkeit als auch für die Beamten einen höheren Grad an Bildung erforderlich. Daraus ergaben sich Impulse für die Entwicklung der Wissenschaft, die allerdings vorwiegend durch einige wenige Persönlichkeiten getragen wurden, die ihrer wissenschaftlichen Tätigkeit zudem oft lediglich als Freizeitbeschäftigung nachgingen.
Dies änderte sich jedoch im zunehmenden Prozeß sozialökonomischer Umbrüche. Bereits im 14. Jahrhundert lassen sich in großen Teilen Europas Elemente des Frühkapitalismus erkennen. Die Naturalwirtschaft ging zurück, die Geldwirtschaft gewann allmählich die Oberhand im Zuge einer stürmisch aufblühenden handwerklichen Produktion. Die im Werden begriffene neue Klasse, das Bürgertum, hatte ein stark auf die wirtschaftliche Entwicklung gerichtetes Interesse und entfaltete daher ein zunehmend engeres Verhältnis gegenüber allen Bestrebungen, die mehr Wissen über die Natur mit sich bringen konnten. Gelehrte, Schriftsteller, ja sogar Dichter und Philosophen gewannen zunehmend an Einfluß. Sie rückten ein neues Bild vom Menschen in den Vordergrund, das dem Diesseits viel stärker verpflichtet war. Mit diesen neuen Denkansätzen war eine Rückbesinnung auf die Errungenschaften der Antike in Philosophie und Naturwissenschaften verbunden. Dazu war es notwendig, die klassischen griechischen Schriften in ihrer originalen Form wieder zu erschließen – ein Anliegen, dem sich zahlreiche Denker der beginnenden Renaissance engagiert zuwendeten. Diese geistige Wie-

Giordano Bruno

dergeburt wurde eminent gefördert durch die Erfindung des Buchdrucks mit beweglichen Lettern, die dem deutschen Goldschmied Johannes Gutenberg um 1435 gelang, wodurch eine zuvor in diesem Umfang undenkbare Verbreitung von Wissen erfolgen konnte.

Für die Entwicklung der Astronomie war der sozialökonomische Umbruch eine wesentliche Bedingung. Die vor allem in den Städten mit wachsender Produktivität hergestellten Waren wurden zu Handelsobjekten, wobei die Seerouten im Interesse schneller Transporte großer Warenmengen rasch an Bedeutung gewannen. Für die Orientierung der Handelsschiffe auf den Weltmeeren bedurfte es astronomischer Navigation. Dazu wiederum waren astronomische Beobachtungen erforderlich. Die astronomische Beobachtungskunst jedoch war seit den Tagen der Antike kaum gehandhabt, geschweige denn entwickelt worden. So führte die Renaissance in der Astronomie eine Verknüpfung des Studiums antiker Schriften mit einer Neubelebung astronomischer Beobachtungen herbei. Symptomatisch für diesen neuen Trend sind die Arbeiten von Georg Peuerbach (1423 bis 1461) und dessen Schüler Regiomontanus. Ihnen ging es um die Aufstellung neuer, aus Beobachtungen abgeleiteter Sternverzeichnisse und Planetentafeln und die Herausgabe antiker astronomischer Werke in der Originalform.

Obwohl von den ursprünglichen Vorhaben Peuerbachs und Regiomontanus durch mancherlei widrige äußere Umstände nur ein kleiner Teil verwirklicht werden konnte, spielte besonders Regiomontanus für eine Reform der Sternkunde eine wichtige Rolle.

Erwähnung verdient in diesem Zusammenhang der Umstand, daß die Belebung astronomischer Beobachtungskunst schon früher auf eine mangelhafte Übereinstimmung zwischen den aus der Ptolemäischen Planetentheorie berechneten Planetenörtern und den tatsächlich beobachteten Positionen hingewiesen hatte. Daher hatte sich König Alfons X. von Kastilien (1226 bis 1284) zu einer Reform des überkommenen geozentrischen Systems mit dem Ziel besserer Tafeln entschlossen. Er übertrug diese Aufgabe einer vielköpfigen Gruppe namhafter Gelehrter, die schließlich die sogenannten Alfonsinischen Tafeln erstellten. Neuere

Nicolaus Copernicus

Nachrechnungen haben übrigens übergeben, daß nur wenige Veränderungen am ursprünglichen System der Epizykel und Deferenten vorgenommen wurden. Die Tafeln erwiesen sich denn auch bald als ebenso ungenau wie die aus der reinen Ptolemäischen Theorie berechneten Werte.

In diese Zeit des Aufbruchs fällt das Leben und Wirken von Nicolaus Copernicus (1473 bis 1543), der schließlich die vereinzelten Zweifel, Widersprüche und Ungereimtheiten, die dem geozentrischen Weltsystem anhafteten, in einem großen neuen Entwurf des heliozentrischen Weltsystems auf revolutionäre Art beseitigte. Mit seinem Hauptwerk „De revolutionibus orbium coelestium" (1543) beginnt die moderne Astronomie. Allerdings setzte sich die im bahnbrechenden Werk des Copernicus begründete heliozentrische Hypothese keineswegs mühelos durch. Dafür gab es namentlich zwei Gründe, die sich gegenseitig verstärkten: Zum einen konnte weder Copernicus noch irgendein anderer seiner Zeitgenossen den geringsten naturwissenschaftlichen Beweis für die Bewegung der Erde um die Sonne antreten. Vor allem das aus der heliozentrischen Bewegung der Erde folgende periodische Schwanken der Fixsternpositionen, die sogenannte jährliche Parallaxe, lag zur Copernicus-Zeit angesichts der Fixsternentfernungen weit jenseits der meßtechnischen Nachweisbarkeit. Zum anderen bedeutete das heliozentrische Weltbild einen massiven Angriff auf die Ideologie der Feudalgesellschaft. Dies hatte Copernicus subjektiv gewiß nicht beabsichtigt. Doch schon Giordano Bruno (1548 bis 1600) leitete aus der Lehre des Copernicus Konsequenzen her, die ihre Unvereinbarkeit mit der christlichen Ideologie deutlich werden ließen. Die Einmaligkeit der Offenbarung, die Sonderstellung der Erde im Weltraum und damit auch die besondere Stellung des Papstes auf Erden drohten ins Wanken zu kommen, wenn die heliozentrische Lehre akzeptiert wurde. Deshalb leitete die Hypothese des Copernicus das Auseinanderfallen von kirchlicher und wissenschaftlicher Wahrheit ein, was letztlich auch zu einer veränderten Interpretation kirchlicher Wahrheiten durch die Kirche selbst führte.

Auf dem Gebiet der Astronomie bahnten sich zu Beginn des 17. Jahrhunderts weitere Entwicklungen an, die das alte und durch die Autorität der Kirche gestützte

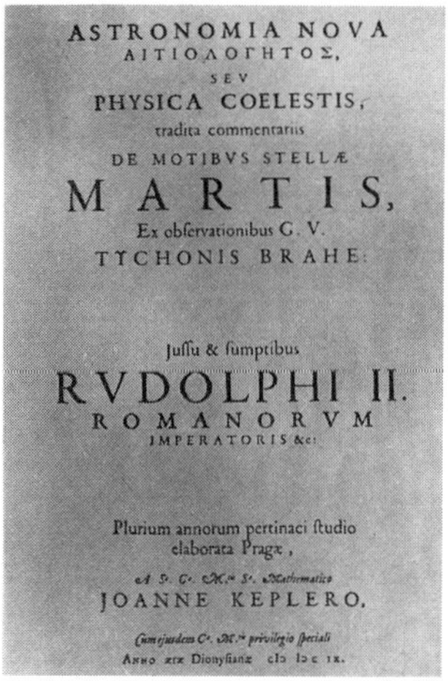
ASTRONOMIA NOVA
ΑΙΤΙΟΛΟΓΗΤΟΣ,
SEV
PHYSICA COELESTIS,
tradita commentariis
DE MOTIBVS STELLÆ
MARTIS,
Ex obſervationibus G. V.
TYCHONIS BRAHE:

Juſſu & ſumptibus
RVDOLPHI II.
ROMANORVM
IMPERATORIS &c:

Plurium annorum pertinaci ſtudio elaborata Pragæ,
A S. C. M.tis S. Mathematico
JOANNE KEPLERO.
Cum ejusdem C. M.tis privilegio ſpeciali
Anno æræ Dionyſianæ clↃ Ↄc ix.

Titelseite der Erstausgabe von Keplers „Astronomia nova“ 1609

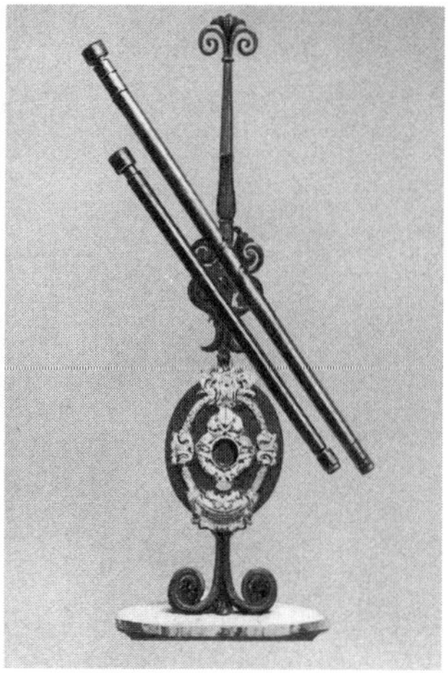

Fernrohre von Galilei

Weltbild schwer attackierten. Insbesondere ist hier die Einführung des Fernrohrs zu nennen, das um 1609 in den Händen von Galileo Galilei zur Quelle weitreichender Entdeckungen wurde, die in vielen Fällen der Aristotelischen Lehrmeinung widersprachen. Die Entdeckung der Jupitermonde ließ z. B. erkennen, daß es auch entgegen der Auffassung des Aristoteles andere Himmelskörper außer der Erde gibt, die als Zentrum für die Bewegung von Gestirnen fungieren können. Die katholische Kirche ermahnte Galilei, seine heliozentrische Lehrmeinung aufzugeben, während das Werk des Copernicus 1616 auf den Index der verbotenen Bücher gesetzt wurde. 1632 fand ein Prozeß statt, der mit dem erzwungenen Widerruf Galileis endete und den Forscher bis zu seinem Lebensende unter die Aufsicht der Inquisitionsbehörde stellte.
Unterdessen war bereits Johannes Kepler mit seinen Erkenntnissen auf der Grundlage des heliozentrischen Systems und unter maßgeblicher Verwertung des Beobachtungsmaterials von Tycho Brahe weit vorangeschritten. Die Entdeckung seiner mathematischen Gesetze der Planetenbewegung stellte objektiv den größten Fortschritt beim Ausbau des Copernicanischen Systems dar, zumal die – bei den Zeitgenossen freilich zum großen Teil durchaus nicht akzeptierten – neuen Erkenntnisse unmittelbar in die Frage nach der Ursache der Gesetzmäßigkeiten der Planetenbewegung einmündeten. Kepler selbst beschäftigte sich intensiv mit diesem Problem, ohne allerdings zu einer Lösung vorzustoßen. Dies gelang erst Isaac Newton in seinem bahnbrechenden Werk „Philosophiae naturalis pricipia mathematica“ (1687), in dem die Mechanik als Wissenschaft zugleich mit der Himmelsmechanik begründet wurde. Das Newtonsche Werk stellt die Krönung der durch Copernicus eingeleiteten Revolution der Naturforschung dar, indem es die Bewegungen aller Himmelskörper auf das gesetzmäßige Wirken einer allen Massen innewohnenden Eigenschaft, der Gravitation, zurückführte.
Damit war die aus der Aristotelischen Tradition stammende prinzipielle Unterscheidung von Himmel und Erde physikalisch aufgehoben, denn die Erkenntnisse Newtons bilden eine einheitliche, Himmel und Erde miteinander verbindende Physik. Zugleich ist das Newtonsche Gravitationsgesetz die physikalische

Frontispiz der „Rudolphinischen Tafeln“, Ulm 1627

Begründung für die Richtigkeit der Copernicanischen Hypothese. Die gesamte weitere Entwicklung der Astronomie bis weit in das 19. Jahrhundert hinein ist nun gekennzeichnet durch die praktische Beobachtung von Positionen der Himmelskörper sowie deren theoretische Erfassung auf der Grundlage des Newtonschen Gravitationsgesetzes. Himmelsmechanik und Positionsastronomie wurden so zu Schwerpunkten der weiteren Erforschung des Weltalls. Ein bedeutsamer Impuls für die intensive Entwicklung ging dabei von den ökonomischen Bedürfnissen der fortgeschrittensten europäischen Staaten England und Frankreich aus. Der objektive Zusammenhang zwischen geographischen Ortsbestimmungen, insbesondere zur Sicherung der Seeschiffahrt im Dienste des Handels, mit astronomischen Beobachtungen stimulierte die Entwicklung der Positionsastronomie, des Instrumentenbaus, aber auch der Theorie in starkem Maße. So wurde beispielsweise die Greenwicher Sternwarte im Jahre 1675 ausdrücklich mit der Zielstellung errichtet, wissenschaftliche Unterlagen zur Lösung des Problems der Längenbestimmung zur See zu schaffen. 1714 setzte das britische Parlament sogar einen namhaften Preis zur Lösung des diffizilen Problems der Längenbestimmung aus. Dazu waren sowohl erhebliche Verbesserungen der Meß- und Beobachtungsinstrumente als auch genauere Fixsternpositionen sowie die Ausarbeitung der Theorie der Mondbewegung erforderlich.
Bedeutende Astronomen errangen auf diesem Feld in der Nachfolge NEWTONS herausragende Erfolge. Besonders verdienen in diesem Zusammenhang die praktischen und theoretischen Arbeiten von GAUSS und BESSEL hervorgehoben zu werden. In geradezu klassischer Weise brachte die Entdeckungsgeschichte des Planeten Neptun (1846) diese Linie der Wissenschaftsentwicklung mit ihren theoretischen und praktischen Voraussetzungen zum Ausdruck (↗ ADAMS, LEVERRIER, GALLE).
Daneben lieferte das Newtonsche Gravitationsgesetz aber auch Ansatzpunkte zur Verfolgung von Fragestellungen, die letztlich erst durch die Astrophysik erfolgreich bearbeitet werden konnten, aber doch qualitativ ganz neuartige Akzente setzte. Dies betrifft insbesondere den Entwicklungsgedanken in der Astronomie.

Aufbauend auf den Arbeiten von THOMAS WRIGHT (1711 bis 1786), GEORGES-LOUIS LECLERC BUFFON (1707 bis 1788) u.a. entwickelte erstmals IMMANUEL KANT eine auf wissenschaftlicher Grundlage beruhende Kosmogonie und Kosmologie. In seiner „Allgemeinen Naturgeschichte und Theorie des Himmels“ (1755) skizzierte er unter Berücksichtigung der durch die beobachtende Astronomie bekannten Strukturen das Bild eines ständigen Werdens und Vergehens im Universum. Eine zentrale Rolle spielte bei diesen genialen Überlegungen, die heute zum klassischen Gedankengut der Astronomie zählen, die mögliche Rolle Gottes im kosmischen Geschehen. In der Konsequenz stellt KANT die Übereinstimmung seines evolutionären Universums mit einem Gott Leibnizscher Prägung heraus, der die Welt zwar geschaffen hat, dann aber nie und nirgends in den weiteren Ablauf eingreift, da sich alle Vorgänge des Bildens und Vergehens der Weltkörper nach den der Materie innewohnenden Naturgesetzen abspielen, die für KANT durch die mechanischen Gesetze repräsentiert werden.
Obwohl bereits 1796 auch LAPLACE eine Kosmogonie entwickelte und HERSCHEL den Entwicklungsgedanken als beobachtender Astronom intensiv verfolgte, blieben diese Arbeiten doch zunächst ohne nennenswerte Wirkung. Erst mit dem Aufkommen der Astrophysik nach der Mitte des 19. Jahrhunderts wurden sie wieder aufgegriffen und mit dem neuartigen methodischen Instrumentarium von Spektroskopie und Fotometrie neu belebt, so daß schließlich Kosmogonie und Kosmologie zu eigenen Wissenschaftsdisziplinen heranwuchsen, die heute in der Forschung wie auch im Weltbild eine zentrale Rolle spielen. Bis zur Herausbildung der Astrophysik dominierten in der astronomischen Forschung Himmelsmechanik und Positionsastronomie, die bis an die äußerste Grenze möglicher Präzision und Perfektion geführt wurden und entscheidend dazu beitrugen, daß der Astronomie bis heute eine geradezu sprichwörtliche Exaktheit nachgesagt wird.

Literaturverzeichnis

[1] Kuhn, Th. S.: Die kopernikanische Revolution. Friedr. Wieweg & Sohn, Braunschweig–Wiesbaden 1981

[2] Herrmann, D. B.: Entdecker des Himmels. Urania-Verlag, Leipzig–Jena–Berlin, 4. Auflage 1989

[3] Kaulbach, F. (Hrsg.): Nicolaus Copernicus zum 500. Geburtstag. Böhlau-Verlag, Köln–Wien 1973

[4] Nicolaus Copernicus. Akademische Festschrift aus Anlaß der 500. Wiederkehr des Geburtstages von Nicolaus Copernicus. Akademie-Verlag, Berlin 1973

[5] Wußing, H. (Hrsg.): Geschichte der Naturwissenschaften. Edition, Leipzig 1983

[6] Planetary astronomy from the Renaissance to the rise of astrophysics. Part A: Tycho Brahe to Newton. Ed. R. Taton, C. Wilson. The General History of Astronomy, Vol. 2. Cambridge University Press, Cambridge 1989

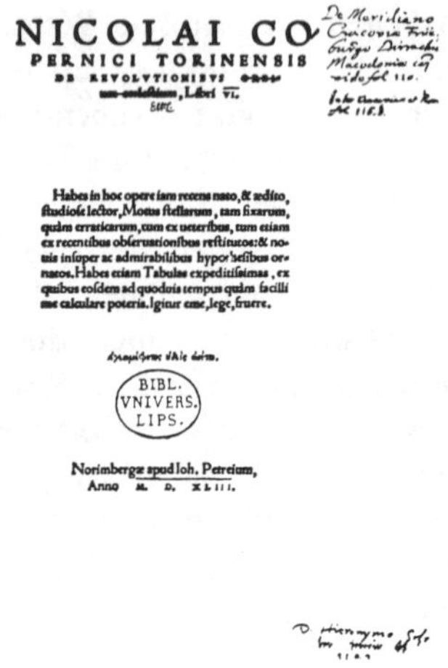
NICOLAI COPERNICI TORINENSIS
DE REVOLVTIONIBVS orbium coelestium, Libri VI.

Habes in hoc opere iam recens nato, & aedito, studiose lector, Motus stellarum, tam fixarum, quàm erraticarum, cum ex ueteribus, tum etiam ex recentibus obseruationibus restitutos: & nouis insuper ac admirabilibus hypothesibus ornatos. Habes etiam Tabulas expeditissimas, ex quibus eosdem ad quoduis tempus quàm facillime calculare poteris. Igitur eme, lege, fruere.

BIBL. VNIVERS. LIPS.

Norimbergae apud Ioh. Petreium,
Anno M. D. XLIII.

Titelseite
„De revolutionibus“,
Nürnberg 1543

NICOLAUS COPERNICUS (1473 bis 1543)

Das Lebenswerk des COPERNICUS zählt zu den größten wissenschaftlichen Umwälzungen, die in der Menschheitsgeschichte je stattgefunden haben. Die Copernicanische Revolution ist sprichwörtlich geworden für prinzipielle Fortschritte in der Erkenntnis. Mit der Hypothese von der Mittelpunktstellung der Sonne im Planetensystem und damit der Begründung des Heliozentrismus beginnt die moderne Astronomie. Zugleich wirkte das heliozentrische Weltbild weit über die Himmelskunde hinaus in alle Bereiche des menschlichen Denkens, berührte grundlegende Fragen der Ideologie, Philosophie und Weltanschauung.

NICOLAUS COPERNICUS wurde am 19. Februar 1473 in Thorn (Toruń) als jüngstes von vier Kindern in der Familie eines Kaufmannes geboren. Die Hansestadt an der Weichsel war nach erbitterten Auseinandersetzungen mit dem Deutschen Ordensstaat im Frieden von 1466 an das polnische Königreich angegliedert worden, wozu ganz Westpreußen gehörte. COPERNICUS erhielt eine für die damalige Zeit herausragende Ausbildung und bezog dann auf Wunsch seines Onkels LUCAS WATZENRODE im Jahre 1491 die Universität Krakau (Kraków). WATZENRODE, der Bruder der Mutter des COPERNICUS, galt als bekannter Vertreter des Humanismus, hatte selbst in Krakau, Köln und Bologna studiert und zur Zeit des Beginns der Studien von COPERNICUS bereits die einflußreiche Stellung des Bischofs von Ermland (Warmia) inne. Der gesamte Lebensweg von COPERNICUS ist entscheidend durch WATZENRODE gelenkt und geprägt worden.

An der Universität Krakau, einer der führenden humanistischen Bildungsstätten der damaligen Zeit (Gründung 1364), kam COPERNICUS erstmals mit astronomischen Problemen in Berührung. Dort wirkten u.a. ALBERT VON BRUDZEWO (1445 bis 1497) und JOHANNES VON GLOGAU (etwa 1445 bis 1507). Beide hielten auch Vorlesungen über astronomische Probleme und wahrscheinlich hat COPERNICUS zu ihren Hörern gezählt und dort den Umgang mit astronomischen Beobachtungsinstrumenten erlernt. Wahrscheinlich ohne akademischen Abschluß ging COPERNICUS um 1494 nach Frauenburg (Frombork), wo ihm WATZENRODE die

Beobachtungsturm
des Copernicus
in Frombork

Stellung eines Domherrn verschaffen wollte. Zur weiteren Vervollkommnung seiner Kenntnisse ging er 1496 nach Bologna, einem weiteren wichtigen Zentrum der Renaissance und des Humanismus, wo er zunächst geistliches und weltliches Recht studierte, sich aber auch intensiv mit Mathematik und Astronomie beschäftigte. Mit dem in Bologna ansässigen bedeutenden Astronomen Domenicus Maria Novara (1454 bis 1504) stand er in enger Verbindung. Auch gewann er tieferen Einblick in das Hauptwerk der antiken Astronomie, den „Almagest" des Ptolemäus, der 1496 in Venedig mit einem Kommentar von Regiomontanus herausgekommen war. Es ist sehr wahrscheinlich, daß Copernicus hier auch die ersten Zweifel an der Richtigkeit des überlieferten geozentrischen Systems kamen, dessen Kompliziertheit Gegenstand seiner Kritik wurde. Im Jahre 1500 hielt sich Copernicus in Rom auf, wo er auch öffentliche Vorträge über astronomische Themen gehalten haben soll und astronomische Beobachtungen (Mondfinsternis vom 6. 11. 1500) anstellte. Anschließend nahm er in Padua ein zweijähriges Studium der Medizin auf. 1503 beendete er seinen Italienaufenthalt mit der Promotion zum Doktor des kanonischen Rechts.
Im Herbst 1503 kehrte Copernicus mit reichhaltigem Wissen ausgestattet nach Ermland zurück. Als Domherr unterstützte er seinen Onkel in zahlreichen Angelegenheiten, die diesem als Bischof oblagen. Watzenrode ging es in den immer wieder aufflammenden Feindseligkeiten mit den Rittern des Deutschen Ordens vor allem um eine wirkungsvolle Stärkung der polnischen Zentralgewalt. Als ständiger Ratgeber und Leibarzt des Bischofs (ab 1507) wurde Copernicus zunehmend mit diplomatischen Aufgaben betraut und für juristische Gutachten herangezogen. Für die Pflege seiner astronomischen Interessen blieb nur die Freizeit. Erst nach dem Tode von Watzenrode (1512) verließ Copernicus den Amtssitz des Bischofs in Heilsberg (Lidzbark) und wurde in Frauenburg seßhaft. Im Vordergrund seiner Tätigkeit stand für die folgenden zwei Jahrzehnte die Politik im Zeichen sich immer wieder zuspitzender Konflikte mit dem Deutschritterorden. 1516 wurde Copernicus zum Statthalter von Allenstein (Olsztyn) berufen, das zum Domkapitel gehörte. Die folgenden fünf Jahre wohnte er im dortigen

Schloß, wo seine Hauptdomäne in der Verwaltung des Gebietes mit allen dazugehörigen Aufgaben (Steuerfestsetzung, Gerichtsbarkeit usw.) bestand. Von hier aus mußte er auch den Ausbruch kriegerischer Auseinandersetzungen mit dem Deutschritterorden erleben und aktiv an der Verteidigung Allensteins mitwirken, das von der Belagerung und Einnahme verschont blieb im Gegensatz zu Frauenburg und den meisten anderen kleineren Städten des zum Domkapitel gehörigen Gebietes. COPERNICUS beteiligte sich in leitender Funktion an den Friedensverhandlungen und übernahm zugleich das Amt eines Kommissars für Ermland, das er jedoch nur kurze Zeit bekleidete.

Zu den wichtigsten Aktivitäten für sein Heimatland zählen die Überlegungen zur Sanierung des zerrütteten Währungssystems, die in drei Denkschriften und seiner Teilnahme an entsprechenden Landtagen zur Münzreform bestanden. Der Zerrüttung des Währungssystems war nach seiner Auffassung nur mit ökonomischen Maßnahmen entgegenzuwirken, nicht mit moralischen Appellen. Die Vorschläge des COPERNICUS zu einer Münzreform zeigen einen tiefen Einblick in wirtschaftliche Zusammenhänge, wurden aber wegen der differierenden wirtschaftlichen Interessen der beteiligten Parteien nicht realisiert.

Angesichts der Vielfalt und des Umfangs der Aufgaben von COPERNICUS im Dienste des polnischen Königreiches und seines kirchlichen Amtes müssen seine astronomischen Arbeiten als ein „Nebenprodukt" der täglichen Verpflichtungen angesehen werden. Allerdings ist dieses Werk nur zu verstehen als das Resultat eines immerwährenden starken Interesses an den Fragen der Astronomie und einer tiefen Unzufriedenheit mit der überlieferten Astronomie des PTOLEMÄUS, ihrer Kompliziertheit und ihrer nicht zufriedenstellenden praktischen Leistungsfähigkeit bei der Erstellung genauer astronomischer Tafelwerke.

Schon im Jahre 1502 dürfte COPERNICUS mit der Ausarbeitung einer auf der Hypothese der Mittelpunktstellung der Sonne beruhenden neuen Astronomie begonnen haben. Das Resultat war ein vom Umfang her eher bescheidenes, seinem Inhalt nach jedoch umwälzendes Manuskript, das um 1510 vollendet wurde und Verbreitung nur als Handschrift erfuhr. In diesem Manuskript mit dem späteren Titel „De hypothesibus motuum coelestium a se constitutis commentariolus" – kurz „Commentariolus" oder „Kleiner Kommentar" genannt – sind bereits jene bahnbrechenden Gedanken enthalten, die den Inhalt des späteren Hauptwerkes des COPERNICUS ausmachen. Dabei handelt es sich um die folgenden Thesen:

1. Die Kreise, auf denen die Himmelskörper sich bewegen, haben verschiedene Mittelpunkte.
2. Der Erdmittelpunkt ist Mittelpunkt der Mondbahn, nicht aber der Mittelpunkt der Welt.
3. Die Himmelskörper bewegen sich um die Sonne.
4. Der Fixsternhimmel ist im Vergleich zu den Dimensionen des Planetensystems unendlich weit entfernt.
5. Die Bewegung des Fixsternhimmels ist eine Folge der Erdrotation.
6. Die Bewegung der Sonne am Himmel ist eine Folge der Erdrotation und des Umlaufs der Erde um die Sonne.
7. Die Bewegungen der Planeten am Himmel entstehen aus der wirklichen Bewegung der Planeten um die Sonne und der Bewegung der Erde um die Sonne.

Obschon im „Commentariolus" bereits alle wesentlichen Gedanken des späteren Hauptwerkes des Copernicus enthalten sind, war es doch noch ein weiter Weg bis zu „De revolutionibus". Copernicus war sich darüber im klaren, daß die neue Lehre dem herrschenden geozentrischen System an mathematischer Durcharbeitung zumindest gleichrangig sein mußte und die Berechnung der Planetenörter mit besseren Resultaten gestatten sollte als das überkommene System. So arbeitete er dann etwa ab 1515 fast 30 Jahre lang – soweit es seine Amtsgeschäfte gestatteten – intensiv an seinem großen Werk. Die große Energie, mit der Copernicus seine Lehre verfolgte, stand in auffallendem Gegensatz zu dem geringen Aufheben, das er davon machte. Dennoch drang die Kunde seiner neuen Astronomie bis zum päpstlichen Stuhl in Rom und Papst Clemens VII. ließ sich durch Gewährsmänner über die Auffassungen des Copernicus unterrichten. Das Interesse der höchsten Instanz der katholischen Kirche an Fragen der Astronomie war verständlich wegen des Dilemmas um den Kalender. Die unzutreffende Annahme einer Jahreslänge von 365,25 Tagen im geltenden Julianischen Kalender hatte dazu geführt, daß die Kalenderdaten von den aus astronomischen Beobachtungen abgeleiteten Daten (Frühlingsanfang) um jene Zeit bereits rund 10 Tage abwichen. Schon 1513 hatte man deshalb u. a. auch Copernicus gebeten, für das Lateranische Konzil ein Gutachten zur Kalenderverbesserung abzufassen. Für eine Lösung des Kalenderproblems sei es jedoch zu früh, hatte Copernicus damals gemeint, da der Lauf der Sonne noch zu ungenau bekannt wäre.
Etwa um 1541 dürfte Copernicus sein Hauptwerk im wesentlichen abgeschlossen haben. Hinsichtlich der technisch-mathematischen Seite hatte er strikt auf antikes Rüstzeug zurückgegriffen. Auch er mußte also mit Epizykeln und Deferenten arbeiten, um den Bewegungsmechanismus der Himmelskörper mathematisch so zu beherrschen, daß daraus Vorhersagen der künftigen Positionen der Objekte abgeleitet werden konnten. Dabei hielt er auch konsequent am Kreisbahndogma fest, für das er allerdings – im Gegensatz zur Platonschen Auffassung der Antike – eine geometrische Begründung gab, indem er die Beweglichkeit einer Kugel in der Kreisbahn postuliert, weil sie ihre Form als diejenige des einfachsten Körpers bestätigte, der weder Anfang noch Ende besitze. In den für Mathematiker und Astronomen bestimmten Büchern 2 bis 6 seines Hauptwerks finden wir deshalb recht verwickelte geometrische Konstruktionen zur Realisierung der Bewegung der Himmelskörper.
Die Kunde von der Ausarbeitung eines grundlegenden neuen Werkes der Astronomie durch den Domherrn von Frauenburg hatte sich in Fachkreisen verbreitet und war u. a. auch nach Wittenberg gedrungen, wo sich besonders der junge Mathematiker Georg Joachim von Lauchen (1514 bis etwa 1575), genannt Rheticus, für die Neuerung interessierte, obwohl er offiziell das Ptolemäische System zu lehren hatte. Der Schüler Philipp Melanchthons begab sich deshalb 1539 zu Copernicus und wurde dort zu einem begeisterten Verfechter des heliozentrischen Weltsystems. In einem ausführlichen Bericht, der unter dem Kurztitel „Narratio prima" bekanntgeworden ist und sowohl in Danzig (Gdansk) wie auch in Basel (1540 bzw. 1541) erschien, machte er die Öffentlichkeit mit dem Hauptinhalt des Werkes von Copernicus bekannt. Copernicus, der unablässig an seinem Buch feilte, gab wahrscheinlich nach dem Erscheinen des Berichtes von

Rheticus und sicher auch unter dessen intensivem Zureden seine Zustimmung zur Veröffentlichung. Es wurde viel darüber gerätselt, warum Copernicus sein Werk nicht von Anbeginn für eine Veröffentlichung vorsah. Das dabei mitunter ins Spiel gebrachte Argument, die Angst vor der Inquisition hätte ihn davon abgehalten, ist nicht stichhaltig. In den Kreisen der katholischen Kirche konnte nämlich die reale ideologische Sprengkraft des Buches um jene Zeit ebensowenig erkannt werden, wie von Copernicus selbst. Aufgrund der gesamten Persönlichkeitsstruktur des Copernicus erscheint es viel plausibler, daß er im tiefsten mit seinem Opus nicht recht zufrieden gewesen ist. Das Streben nach Einfachheit, in der er ein Kriterium der Wahrheit sah, hatte ihn auf seinen unermüdlichen Forschungspfaden geleitet. Doch eben diese Einfachheit wollte sich nicht herstellen lassen. Dazu paßt auch die Tatsache, daß er seine Beobachtungen ebenso wie die theoretische Arbeit an seinem Werk ständig fortsetzte und insbesondere zahlreiche Korrekturen an dem Manuskript vornahm, nachdem ihm die „Trigonometrie" des Regiomontanus bekannt geworden war. Doch die mit eigener Hand gezeichnete – heute als graphisches Synonym für die „Tat des Copernicus" geltende – klassische Einfachheit der heliozentrischen Welt konnte von ihm trotzdem nicht erreicht werden – solange an Kreisbahnen festgehalten wurde. Diesen „Makel" mag der klassische Forschertypus Copernicus viel schmerzlicher empfunden haben als der weitaus jüngere Rheticus und so ist es diesem schließlich gelungen, den Widerstand des Copernicus gegen eine Veröffentlichung seines Werkes zu überwinden. Der weitere Hergang der Drucklegung geschah dann weitgehend ohne aktives Zutun des Autors. Copernicus überließ alle Vorbereitungen zum Druck seinem jungen Freund Rheticus, der bereits in Nürnberg bei dem Drucker Petreius die Zusage erhalten hatte, das Werk dort herstellen lassen zu können. Zu diesem Zweck mußte nochmals ein „Druckmanuskript" in Form einer Reinschrift hergestellt werden, die wahrscheinlich zum Teil von Rheticus besorgt wurde. Dieser begab sich im Mai 1542 nach Nürnberg, während Copernicus um diese Zeit eine an Papst Paul III. gerichtete Widmung schrieb. Darin verfolgte er das Ziel, seine neue Theorie gegen eventuell zu erwartende Angriffe von vornherein zu wappnen und den Papst selbst für sein Werk einzunehmen, in dem er – sicherlich in voller Überzeugung von der Richtigkeit dieser Aussage – darauf hinwies, daß auch sein Werk an dem „kirchlichen Staate mitbaue", dessen höchste Stelle seine Heiligkeit jetzt einnehme. Leider ist das Buch jedoch so nicht erschienen. Rheticus mußte nämlich die weitere Überwachung des Drucks dem Nürnberger protestantischen Theologen Andreas Osiander (1498 bis 1552) überlassen. Dieser aber fügte dem Text von Copernicus ein Vorwort hinzu, indem die Lehre des Copernicus als nicht unbedingt wahr, ja nicht einmal wahrscheinlich bezeichnet wurde. Damit wurde die von Copernicus verteidigte Mittelpunktstellung der Sonne als eine bloße Hypothese hingestellt. Aus dem wahrscheinlich ursprünglichen Originaltitel „De revolutionibus libri sex" (Sechs Bücher über die Umschwünge) machte Osiander „De revolutionibus orbium caelestium" (Über die Umschwünge der himmlischen Kreise, oder Sphären). Durch die fehlende Namensangabe des Autors des Vorwortes mußte der Eindruck entstehen, es stamme aus der Feder des Copernicus. Rheticus hat später mit Bezug auf dieses nicht autorisierte Vorwort von einer förmlichen „Schandtat" gesprochen. Coper-

NICUS hingegen nahm diesen Vorgang sehr wahrscheinlich nicht mehr zur Kenntnis. Er starb am 24. Mai 1543. Das gedruckte Werk soll er gerade noch in den Händen gehalten haben.

Lebensdaten zu NICOLAUS COPERNICUS

1473	am 19. Februar in Thorn geboren
1483	LUCAS WATZENRODE übernimmt nach dem Tod des Vaters die Erziehung
1491	COPERNICUS beginnt seine Studien an der Universität Krakau
1496	Beginn des Studiums der Rechtswissenschaft und Astronomie in Bologna
1501	Beginn des Medizinstudiums in Padua
1503	Promotion in Ferrara
1506–1511	Tätigkeit am Bischofssitz in Heilsberg und Ausarbeitung des „Commentariolus"
1516–1521	Tätigkeit als Statthalter von Allenstein
1539	Besuch des RHETICUS aus Wittenberg
1542	Beginn des Drucks des Hauptwerks „De revolutionibus"
1543	am 24. Mai in Frauenburg gestorben

Literaturverzeichnis zu NICOLAUS COPERNICUS

[1] Nicolaus Copernicus – Akademische Festschrift aus Anlaß der 500. Wiederkehr des Geburtstages von Nicolaus Copernicus. Hrsg. vom Copernicus-Komitee an der Akademie der Wissenschaften der DDR, Berlin 1973

[2] Wußing, H.: Nicolaus Copernicus. Urania-Verlag, Leipzig–Jena–Berlin 1973

[3] Herrmann, D. B.: Nicolaus Copernicus und sein Verhältnis zur antiken Astronomie. In: Astronomie und Raumfahrt 11 (1973), S. 2–8

[4] Sommerfeld, E. (Hrsg.): Die Geldlehre des Nicolaus Copernicus. Akademie-Verlag, Berlin 1978

[5] Copernicus, N.: Über die Kreisbewegung der Weltkörper. Akademische Verlagsgesellschaft, Leipzig 1939

[6] Copernicus, N.: De revolutionibus libri sex. Nicolaus Copernicus Gesamtausgabe, Bd. II. De revolutionibus, Kritischer Text, hrsg. von H. M. Nobis. Gerstenberg Verlag, Hildesheim 1984

[7] Zinner, E.: Entstehung und Ausbreitung der copernicanischen Lehre. 2. Aufl., durchgesehen u. ergänzt von H.M. Nobis u. F. Schmeidler. Verlag C.H. Beck, München 1988

[8] Blumberg, H.: Die Genesis der kopernikanischen Welt. Suhrkamp Verlag, Frankfurt a. Main 1985

TYCHO BRAHE

TYCHO BRAHE (1546 bis 1601)

TYCHO BRAHE ist neben COPERNICUS der bedeutendste Astronom des 16. Jahrhunderts und gilt als der Reformator der Beobachtungskunst. Er bestimmte die Breite seines Beobachtungsortes durch die Höhenbestimmung von Zirkumpolarsternen und wandte sie zur Berichtigung seiner Instrumente an, berücksichtigte die Refraktion bei seinen Positionsbestimmungen und entdeckte die beiden Mondbahnstörungen Variation und jährliche Ungleichheit. Bei Beobachtungen des Kometen von 1577 erkannte er, daß sich diese Himmelskörper außerhalb der Mondbahn bewegen. Besonders hervorzuheben ist sein Sternkatalog mit 777 Sternen, indem die Objekte eine mindestens sechsmal so große Genauigkeit haben wie im Verzeichnis von HIPPARCHOS.

TYGE BRAHE, latinisiert TYCHO BRAHE, wurde am 14. Dezember 1546 in Knudstrup, einem Dorf bei Lund im südschwedischen Schonen, das damals noch zum Königreich Dänemark gehörte, geboren. Im Alter von einem Jahr kam TYCHO BRAHE zu seinem Onkel JÖRGEN BRAHE nach Tostrup, der von diesem Zeitpunkt an auch die Erziehung übernahm. Mit sieben Jahren erlernte BRAHE durch einen Privatlehrer die lateinische Sprache und wurde somit auf das Studium in Kopenhagen vorbereitet. Die dortige Universität besuchte er von 1559 bis 1562, wo er sich nach dem Willen seines Onkels vor allem mit Rhetorik und Philosophie beschäftigte, da er die Laufbahn eines Staatsmannes einschlagen sollte. BRAHES Interessen lagen aber hauptsächlich auf den Gebieten der Mathematik und der Astronomie. Letzteres wurde nachhaltig durch die Beobachtung der partiellen Sonnenfinsternis am 21. August 1560 geweckt. BRAHE war so von der Genauigkeit der Vorhersage begeistert, daß er sich mit der theoretischen Astronomie zu beschäftigen begann. Er kaufte eine Ausgabe der Ptolemäischen Werke, die noch heute in der Prager Universitätsbibliothek existiert und mit vielen Randnotizen von BRAHE versehen ist.

Sein Onkel schickte ihn ab 1562 mit einem Betreuer auf ausländische Universitäten. BRAHES wissenschaftliche Studien begannen in Leipzig, wo er sich haupt-

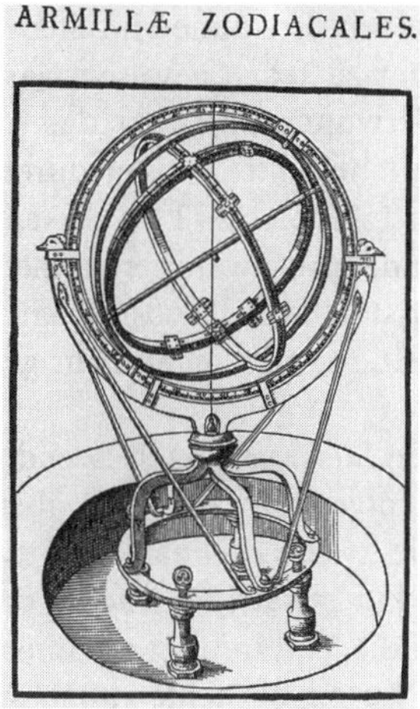

Instrumente des TYCHO BRAHE

TYCHO BRAHE mit Mauerquadrant

sächlich mathematischen und astronomischen Studien widmete. Obgleich er seinem Begleiter über jede finanzielle Ausgabe Rechenschaft ablegen mußte, verwandte BRAHE den größten Teil seines Geldes für den Kauf astronomischer Bücher und Instrumente. Seine Beobachtungen mußte er heimlich durchführen. Die ersten astronomischen Vermessungen führte er am 17. und 24. August 1563 während der Konjunktion von Saturn und Jupiter durch. Schon hierbei erkannte er, daß die Ephemeriden nach den Alphonsinischen Tafeln, die nach der Ptolemäischen Theorie berechnet waren, von den Prutenischen Tafeln, die die Planetendaten des COPERNICUS zur Grundlage haben, sehr stark abweichen. Beide Tafeln gaben den wahren Ort des Planeten nur mit Ungenauigkeiten wieder. Mit gleichem Eifer wie die Astronomie betrieb er auch das Studium der Chemie und der Arzneiwissenschaft. Hier in Leipzig wurde er u. a. mit BARTHOLOMÄUS SCULTETUS (1540 bis 1614), dem späteren Bürgermeister von Görlitz, bekannt, mit dem er in der Folgezeit im astronomischen Briefwechsel stand. Da 1565 der Krieg zwischen Dänemark und Schweden ausbrach, forderte sein Onkel, daß BRAHE mit seinem Betreuer in die Heimat zurückfahren sollte. Sie reisten über Wittenberg und Rostock nach Kopenhagen. Nach dem Tod des Onkels verließ er 1566 Dänemark wieder, da die astronomischen Studien von seiner adligen Familie abgelehnt wurden. BRAHE ging an die Wittenberger Universität, die er aber wegen der Pest bald verlassen mußte. So ließ er sich an der Rostocker Universität immatrikulieren, um die astronomischen Studien weiterzuführen. Hier hatte BRAHE ein nachhaltiges Erlebnis. Während einer Verlobungsfeier geriet er mit einem Landsmann in Streit, und bei dem folgenden Duell wurde ihm ein Teil seiner Nase abgeschlagen. BRAHE ließ es sich durch ein Stück Silberlegierung nachbilden.
Seine weiteren Studienorte wurden dann Basel, Ingolstadt und Augsburg. Nach zweijähriger Abwesenheit kehrte er nach Dänemark zurück und lebte bei einem Onkel in Herrizwad nahe Knudstrup. Hier, in dem früheren Kloster, richtete sich BRAHE ein chemisches Laboratorium ein, wo er mit großer Intensität alchimistische Untersuchungen durchführte.
Als BRAHE am Abend des 11. November 1572 von seinem Laboratorium nach

Hause ging und zum Sternhimmel sah, erblickte er zu seinem Erstaunen im Sternbild Kassiopeia einen sehr hellen Stern, wo bisher keiner zu sehen gewesen war. Auch die von ihm befragten Begleiter äußerten ihre Verwunderung über das so plötzliche und unerwartet erschienene Phänomen. BRAHE berichtet, daß er durch die sorgfältigsten Beobachtungen während des Winters 1572 bis 1573 an diesem Stern weder eine Parallaxe noch eine sonstige Ortsveränderung wahrgenommen habe. Diese Entdeckung stand im Widerspruch zur Aristotelischen Kosmologie. Die Helligkeit dieser Nova nahm schnell ab, so daß sie Ende März nicht mehr gesehen wurde.

Nach der Veröffentlichung seines Buches über den neuen Stern und nach Beendigung seiner Vorlesungstätigkeit an der Kopenhagener Universität (1574/75) über mathematische und astronomische Probleme begann die zweite europäische Studienreise. Diese hatte vor allem das Ziel, eine neue Wirkungsstätte zu finden, da in Dänemark seine Forschungen abgelehnt wurden und die Verbindung mit einer Frau aus dem Volke seine adlige Familie nicht billigte. BRAHE besuchte zunächst den berühmten Astronomen Landgraf WILHELM IV. (1532 bis 1592) in Kassel. Der Graf hatte 1561 einen Turm bauen lassen, dessen Oberteil nach allen Himmelsrichtungen drehbar war, und ihm als Beobachtungsort diente. Während BRAHES Besuch führten sie gemeinsame Beobachtungen durch. Diese wissenschaftliche Arbeit wurde schon nach einer Woche durch den Tod der kleinen Tochter des Landgrafen beendet. BRAHE reiste über Frankfurt am Main wieder nach Basel, das er als neue Wirkungsstätte in Betracht zog. Diese Jahresreise sollte ausschlaggebend für BRAHES ferneres Leben und Wirken sein. Er weilte auf der Rückreise nach Dänemark auch in Regensburg bei dem Kaiserlichen Leibarzt und Astronomen THADÄUS HAGECIUS (1525 bis 1600), dessen Einfluß es BRAHE verdankte, später eine ihm entsprechende Stellung am kaiserlichen Hof in Prag zu bekommen. Dagegen verwandte sich WILHELM IV. bei den Mitgliedern einer dänischen Gesandtschaft zur Fürsprache bei König FRIEDRICH II. von Dänemark. BRAHE sollte sich gemäß seiner Bedeutung als beobachtender und messender Astronom ganz seinen Aufgaben widmen können. Nach der Rückkehr der Gesandtschaft Anfang 1576 bot ihm der dänische König die Insel Hveen, die zwischen Kopenhagen und Helsingför liegt, zum Lehen an und ermöglichte ihm damit den Bau der später berühmt gewordenen Sternwarte. Am 23. Mai 1576 wurde darüber ein Vertrag geschlossen und am 8. August legte BRAHE den Grundstein zu dem Haus, das er dann Uraniborg, Himmelsburg, nannte. Die Sternwarte, ein prachtvoller Bau, war zwei Stockwerke hoch und hatte eine Länge und Breite von je 60 Fuß. Die dazugehörigen Instrumente sind nach BRAHES Plänen angefertigt worden und bestanden aus Globen, Armillarsphären, Quadranten und Sextanten. Ungefähr 100 Fuß von der Uraniborg entfernt erbaute er 1584 noch die Stjerneborg, welche zum Teil unterirdisch angelegt war, um die Instrumente gegen Wind zu schützen und dadurch die Beobachtungsgenauigkeit noch zu erhöhen. Das größte Gerät, welches BRAHE besaß, war ein Mauerquadrant. „Dieses aus einem durch Transversalen getheilten Messingbogen (von 6½ Fuß Radius, 5 Zoll Breite und 2 Zoll Dicke) bestehende Instrument war mit starken Schrauben, ..., an der Wand des Südwestzimmers im Erdgeschoß befestigt, es besass zwei Visire, die am Bogen auf- und abgleiten konnten. Im Mittelpunkt des Bogens war ein Loch in die Süd-

Sternwartenanlage
von BRAHE
auf der Insel Hven

wand gemacht, in welchem sich ein vergoldeter Cylinder senkrecht gegen die Wand befand und an dessen Seiten der Beobachter durch eines der verschiebbaren Visire entlangsah." [1, S. 106] Die astronomischen Bauten wurden u. a. noch durch die Errichtung einer mechanischen Werkstatt, einer Papiermühle, einer Buchdruckerei und eines chemischen Laboratoriums ergänzt. BRAHES Sterneninsel wurde bald über die Grenzen Dänemarks bekannt, so daß sich viele Schüler und Assistenten meldeten.
Das Jahr 1598 war für BRAHES Leben von großer Bedeutung, denn er verlor mit dem Tod von König FRIEDRICH II. von Dänemark seinen Gönner und Beschützer. Unter dem Thronfolger, dem minderjährigen Sohn CHRISTIAN IV., welcher kein größeres Interesse für Astronomie bekundete, hatten zum einen die Widersacher BRAHES am dänischen Hof, denen das oft hochmütige und selbstbewußte, leidenschaftliche und herrschsüchtige Auftreten dieses weltberühmten Astronomen ein Dorn im Auge war, ein leichtes Spiel, seine Autorität zu untergraben. Zum anderen veröffentlichte er in diesem Jahr ein Buch, in dem die Resultate seiner Arbeiten auf Uraniborg und seine Ansichten über den Bau des Weltalls enthalten war. Der größte Teil des Werkes beschäftigte sich mit dem Kometen von 1577, der der bedeutendste unter den zu jener Zeit beobachteten sieben Kometen war. Diesen auch am Tage sichtbaren Kometen unterzog BRAHE einer genauen Beobachtung. Er untersuchte seine Parallaxe, die unmeßbar klein war, so daß er daraus schloß, daß dieser Weltenbummler meist außerhalb der Mondbahn stehen müsse. Wieder versetzte BRAHE den Anhängern des ARISTOTELES einen schweren Schlag.
„Dass der grosse dänische Astronom von der Wahrheit des Copernicanischen Systems nicht überzeugt war, sondern selbst ein anderes auf die Unbeweglichkeit der Erde gründete, mag manchen, ..., eigenthümlich scheinen und leicht mag er Tycho danach nicht für den grossen Reformator der astronomischen Wissenschaft halten ..." [1, S. 180] Im 8. Kapitel seines Buches über den Kometen von 1577 beschreibt BRAHE sein System: „Die Erde ist der Mittelpunkt des Weltalls, der Sonnen- und Mondbahn, wie auch der Fixsternsphäre, die sich mit allen Planeten in 24 Stunden um diesen Mittelpunkt dreht. Die Sonne ist das Centrum der

Bahnen der fünf Planeten, unter denen sich Mercur und Venus in Kreisen bewegen, deren Halbmesser kleiner als der der Sonnenbahn sind, während die Bahnen des Mars, Jupiter und Saturn die Erde umschlingen. Dieses System trägt den Unregelmäßigkeiten der Planetenbewegungen Rechnung, welche die Alten sich durch Epizykel und Copernicus durch die jährliche Bewegung der Erde erklärten, und es zeigt, warum die Sonnenbewegung mit allen Planetentheorien verknüpft ist. Die übrigen Ungleichheiten, welche früher durch den exentrischen und deferierenden Kreis von Copernicus durch auf exentrischen Kreisen sich bewegende Epizykel erklärt wurden, konnten bei dem neuen System in ähnlicher Weise gedeutet werden. Da die Planeten nicht an feste Sphären gebunden sind, ist es keine Widersinnigkeit, die Bahn des Mars und der Sonne sich kreuzen zu lassen, denn die Bahnen sind nichts Wirkliches, sondern nur geometrische Vorstellungen." [Nach 1, S. 176f.]

Umfangreiche Darstellungen hat BRAHE zu seinem System nicht ausgeführt. Er lehnte das heliozentrische System von COPERNICUS ab, weil es zum einen im Widerspruch zur Heiligen Schrift stand, zum anderen gab es einen astronomischen Grund: BRAHE war der Ansicht, daß die Sterne einen scheinbaren Durchmesser von einigen Bogenminuten besitzen. Nach COPERNICUS sollten die Parallaxen unmeßbar klein bleiben, so daß die Entfernungen der Sterne nach BRAHES Meinung gewaltig zunehmen müßten und die Sterndurchmesser den hundertfachen Betrag des Sonnendurchmessers erreichen. Das schien ihm unvorstellbar. Folglich mußten die Sterne der Erde näher stehen, welches aber nur den Schluß zuläßt, daß die Erde unbewegt ist. So lehnte er das Copernicanische System ab, konnte aber auch das Ptolemäische System durch seine genauen Beobachtungswerte der Marspositionen nicht akzeptieren. Der Anerkennung seines Weltsystems hat BRAHE bis in die letzten Lebenstage hinein alle Kraft und Mühe gewidmet, ohne damit allerdings bei Lebzeiten einen nennenswerten Widerhall gefunden zu haben. Trotzdem wurden auch nach seinem System in den darauffolgenden Jahren Planetenephemeriden berechnet. Die umfassende Beschreibung eines Weltgebäudes befindet sich in seinem zweibändigen Hauptwerk „Astronomiae progymnasmata", das erst 1602 nach seinem Tode in Prag erschien.

BRAHES Insel mit den Observatorien war eine Pflanzschule der Astronomie für ganz Europa und existierte 21 Jahre lang, geehrt von Fürsten und Gelehrten und umgeben von Schülern, die er umfangreich ausbildete. Seine Neider am dänischen Hof, BRAHES Willkürmaßnahmen als Feudalherr auf Hveen und die Vernachlässigung der Pflichten gegenüber seinem Lehen verschlechterten seine Situation derartig, daß er 1597 Hveen verließ. Er begab sich zunächst zu seinem Freund, dem Grafen RANTZAU, nach Wandsbeck bei Hamburg. Für zwei Jahre führt er hier Beobachtungen mit seinen kleinen, transportablen Instrumenten durch. Hauptsächlich verfaßte BRAHE eine prachtvoll illustrierte Beschreibung seiner Sternwarte auf Hveen und der von ihm dort konstruierten Instrumente. – Dieses berühmte Werk mit dem Titel „Astronomiae instauratae mechanica" (1598) widmete BRAHE dem deutschen Kaiser RUDOLF II., womit er in Prag eine neue Wirkungsstätte erhoffte. Durch die Zusage des Kaisers traf BRAHE im Juni 1599 hier ein. Er richtete sich in Schloß Benatek eine Sternwarte und ein chemisches Laboratorium ein. In dieser Zeit fallen die Verhandlungen BRAHES mit KEP-

LER in Graz, welcher dort Professor für Mathematik war, um diesen genialen jungen Gelehrten als Mitarbeiter für Prag zu gewinnen. Auf Wunsch des Kaisers siedelte BRAHE im Jahre 1600 nach Prag um, wobei seine Instrumente in dem kaiserlichen Lustschloß Belvedere aufgestellt wurden. Am 25. 2. 1601 bezog er das Curtiussche Haus, das ihm der Kaiser gekauft hatte. KEPLER wurde BRAHES Hilfsrechner und erhielt die Erlaubnis, das umfangreiche Beobachtungsmaterial auszuwerten. BRAHES Marsbeobachtungen erstreckten sich über einen Zeitraum von 16 Jahren. Sie besaßen eine bis dahin nicht erreichte Genauigkeit.
Am 13. Oktober 1601 wurde BRAHE vom Baron VON ROSENBERG zum Abendessen eingeladen. Infolge dieses Essens stellte sich ein schweres Blasenleiden ein, woran er am 24. Oktober 1601 verstarb.

Lebensdaten zu TYCHO BRAHE

1546	am 14. Dezember in Knudstrup geboren
1559	Studienbeginn in Kopenhagen
1562	Studien an der Leipziger Universität
1565	Beginn der ersten europäischen Studienreise (Wittenberg, Rostock, Basel, Ingolstadt, Augsburg)
1567	alchimistische Arbeiten in Knudstrup
1572	Entdeckung der Supernova im Sternbild Kassiopeia
1576	Beginn der zweiten europäischen Studienreise (Kassel, Frankfurt a. M., Basel, Regensburg)
1576	am 23. Mai Grundsteinlegung der Uraniborg auf Hveen
1597	BRAHE verließ Hveen und ging nach Wandsbeck
1599	BRAHE wird kaiserlicher Hofastronom in Prag
1601	am 24. Oktober in Prag gestorben

Literaturverzeichnis zu TYCHO BRAHE

[1] Dreyer, J.: Tycho Brahe. Verlag der G. Braunschen Hofbuchhandlung, Karlsruhe 1894
[2] Weistritz, P. v.: Lebensbeschreibung des berühmten und gelehrten dänischen Sternsehers Tycho v. Brahes. Kopenhagen und Leipzig bei Friedrich Christian Pelt 1756
[3] Jern, H.: Tycho Brahe – mennin pa Ven, Risbergs Trycheri AB, Uddevalla 1986
[4] Kästner, A. G.: Geschichte der Mathematik, Bd. 4. Göttingen bei Johann Georg Rosenbuschs Witwe, 1800
[5] Thoren, V. E.: The Lord of Uraniborg. Cambridge University Press, Cambridge 1990

Johannes Kepler

Johannes Kepler (1571 bis 1630)

Johannes Kepler entdeckte die drei Grundgesetze der Planetenbewegung, entwickelte auf der Grundlage des heliozentrischen Weltsystems genaue Tafeln zur Berechnung derselben, die er mittels der Wirkung physikalischer Kräfte erklärte und trug damit wesentlich zur Anerkennung des neuen Systems bei.
Johannes Kepler wurde am 27. Dezember 1571 in Weil der Stadt geboren. Er besuchte von 1585 bis 1589 die Klosterschulen Adelberg und Maulbronn, studierte anschließend Theologie und Naturwissenschaften an der Universität Tübingen, war 1594 bis 1600 Professor für Mathematik an der Landschaftsschule Graz, ab 1601 Kaiserlicher Mathematiker und seit 1628 im Dienst Albrecht von Wallensteins (1583 bis 1634).
Kepler war der erste Astronom von Bedeutung, der sich dem heliozentrischen Weltsystem vorbehaltlos anschloß und in ihm nicht nur eine mathematische Hypothese, sondern eine Darstellung der Realität sah. Sein, nach einigen kleineren Kalendern und Prognostiken, erstes größeres Werk „Mysterium Cosmographicum" („Weltgeheimnis", 1596), stellt ein begeistertes Bekenntnis zu Copernicus dar. Er versuchte darin, die Wahrheit des neuen Systems zu beweisen, indem er den Planetenbahnen nach heliozentrischer Anordnung die fünf regelmäßigen Polyeder (Tetraeder, Würfel, Oktaeder, Isokaeder, Dodekaeder) umschreibt bzw. einbeschreibt. Diese geistreiche Spekulation, auf mathematischen Harmonien fußend, brachte ihm sowohl Anerkennung als auch Skepsis ein. Sein Erstlingswerk machte ihn mit Tycho Brahe (↗ Brahe) bekannt, der ihn, das Talent des jungen Autors erkennend, zu seinem Assistenten machte. Nach Brahes baldigem Tod erhielt Kepler die Berufung zum Nachfolger als „Kaiserlicher Mathematiker". Damit übernahm Kepler den Auftrag zur Aufstellung neuer, zuverlässiger Planetentafeln für die Berechnung verbesserter Planetenpositionen. Kepler löste diese Aufgabe erst nach fast 25jähriger Arbeit. Er hatte erkannt, daß alle neuen Tafeln nur Stückwerk seien, wenn ihnen nicht neue, fundamentale Grundlagen gegeben würden. Eine dieser neuen Grundlagen war für ihn natürlich die Copernicani-

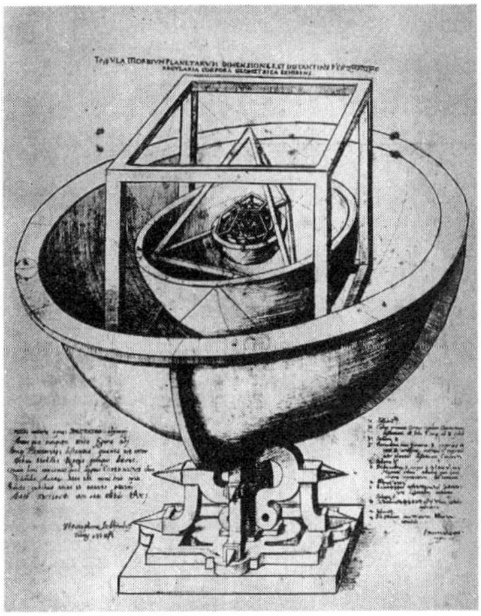

Zeichnung des Weltgeheimnismodells aus KEPLERS „Mysterium Cosmographicum“

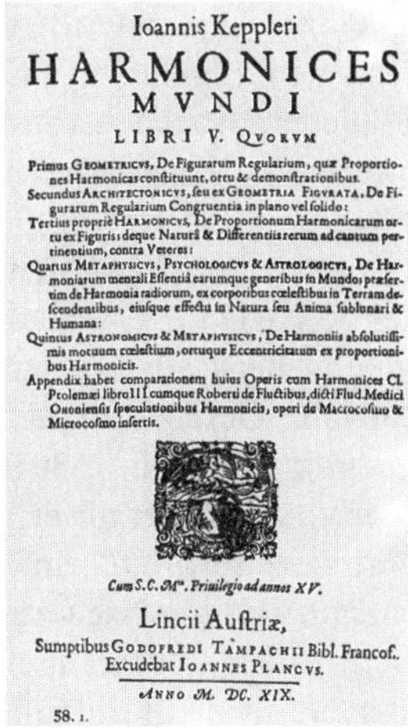

Ioannis Keppleri
HARMONICES
MVNDI
LIBRI V. QVORVM

Primus GEOMETRICVS, De Figurarum Regularium, quæ Proportiones Harmonicas conſtituunt, ortu & demonſtrationibus.
Secundus ARCHITECTONICVS, ſeu ex GEOMETRIA FIGVRATA, De Figurarum Regularium Congruentia in plano vel ſolido:
Tertius propriè HARMONICVS, De Proportionum Harmonicarum ortu ex Figuris; deque Naturâ & Differentiis rerum ad cantum pertinentium, contra Veteres:
Quartus METAPHYSICVS, PSYCHOLOGICVS & ASTROLOGICVS, De Harmoniarum mentali Eſſentiâ earumque generibus in Mundo; præſertim de Harmonia radiorum, ex corporibus cœleſtibus in Terram deſcendentibus, eiuſque effectu in Natura ſeu Anima ſublunari & Humana:
Quintus ASTRONOMICVS & METAPHYSICVS, De Harmoniis abſolutiſſimis motuum cœleſtium, ortuque Eccentricitatum ex proportionibus Harmonicis.
Appendix habet comparationem huius Operis cum Harmonices Cl. Ptolemæi libro III cumque Roberti de Fluctibus, dicti Flud Medici Oxonienſis ſpeculationibus Harmonicis, operi de Macrocoſmo & Microcoſmo inſertis.

Cum S. C. M. Priuilegio ad annos XV.

Lincii Auſtriæ,
Sumptibus GODOFREDI TAMPACHII Bibl. Francof.
Excudebat IOANNES PLANCVS.

ANNO M. DC. XIX.

58. 1.

Titelseite „Harmonice mundi“

sche Theorie. Doch selbst damit kam KEPLER zunächst nicht ans Ziel, da gegenüber den exzellenten Braheschen Beobachtungen ein Fehler blieb, dessen Ursache nur in der Theorie liegen konnte. In zähem Ringen versuchte KEPLER mit aufwendigen Rechnungen (Erst am Ende der Arbeiten standen ihm die Logarithmen zur Verfügung.) eine bessere Angleichung an die von BRAHE stammenden empirischen Daten. Diese Übereinstimmung ergab sich erst, als er das antike Kreisbahndogma aufgegeben hatte und die elliptische Form der Planetenbahnen (zunächst beim Mars) entdeckte. Daraus resultierten die heute nach ihm benannten Keplerschen Gesetze, die in den Formulierungen von KEPLER so lauten:

1. „Die Planetenbahn ist kein Kreis; sie geht auf beiden Seiten allmählich herein und dann wieder bis zum Umfang des Kreises im Perigäum hinaus.“ [4, S. 267]
2. „Da ich mir bewußt war, daß es unendlich viele Punkte auf dem Exzenter und entsprechend unendlich viele Abstände gibt, kam mir der Gedanke, daß in der Fläche des Exzenters alle diese Abstände enthalten seien.“ [4, S. 246]
3. „Indessen ist es völlig sicher und exakt, daß das Verhältnis zwischen den Umlaufzeiten zweier Planeten genau dem anderthalbfachen Verhältnis ihrer mittleren Entfernung, d. h. der Planetensphären selbst ist.“ [3, S. 302]

Die Diskussion um diese Gesetze hatte einen komplizierten geistesgeschichtlichen Hintergrund. Daß Planeten auf Kreisbahnen mit gleichbleibender Geschwindigkeit laufen, war eine Überzeugung, die sich seit der Antike als fester Grundbestandteil jeglicher Planetentheorie installiert hatte. Die Planeten galten als unveränderliche Körper, die auf unabänderlichen, exakt berechenbaren Bahnen um die Erde zogen – mithin als göttliche Körper. Denn was unveränderlich und unwandelbar ist, könne nur göttlich sein – und umgekehrt. Dem entspricht in der Körperform die Kugel, in der Bewegung der Kreis. Auf diesem Wege war die Erkenntnis der elliptischen Bahnform der Planeten durch KEPLER mit weltanschaulichen Konsequenzen verbunden, die auch im Zusammenhang mit den ersten Fernrohrbeobachtungen zu sehen sind.

Welche praktischen Ergebnisse zeigten die Keplerschen Gesetze? Seit 1617 hatte

Kepler in loser Folge Planetenephemeriden berechnet. Der Vergleich ihrer Genauigkeit mit der anderer gebräuchlicher Tafeln läßt die erhebliche Verbesserung der Genauigkeit der Planetenpositionen von Kepler deutlich erkennen (Tabelle). Die Ephemeridenrechnung von Kepler zeigte auffällig den Theoriefortschritt in der Astronomie.

Allerdings war die Resonanz auf die Ableitung der Gesetze der Planetenbewegung zunächst minimal. Galilei (↗ Galilei) z. B. erwähnte sie nie, obwohl er sie kannte. Sie wurden zudem meist als rein mathematischer Kunstgriff angesehen, keinesfalls als physikalische Gesetze. In diesem Sinne schrieb der Universalgelehrte Athanasius Kircher (1602 bis 1680) über Kepler, „wo er Mathematiker ist, da ist niemand besser und genauer als er, niemand ist aber auch schlechter da, wo er Physiker ist“ und setzt fort, daß ein bloßer Mathematiker, also auch ein Astronom, falsche Prinzipien als gewisse Grundlagen benutzen könne, um daraus die sichersten Angaben abzuleiten, wenn auch die Sache, die er zugrunde lege, die falscheste sei und in der Natur nicht aufzufinden. (Nach [6; S. 817])

Dennoch stellt die Ableitung der Keplerschen Gesetze ein Argument zugunsten der Copernicanischen Theorie dar, dies auch angesichts der Berühmtheit, die Kepler bereits zu Lebzeiten darstellte. Nachdem er 1627 die Rudolphinischen Tafeln publiziert hatte, entstanden nach und nach immer mehr Planetenephemeriden auf der Grundlage dieses Werkes, die sich bewährten. Und da für diese Ephemeriden zur Berechnung von Kalendern und astrologischer Horoskope ein gewichtiges gesellschaftliches Bedürfnis bestand, erwuchs aus der Zuverlässigkeit der Tafeln von Kepler der copernicanischen Lehre ein wachsendes Ansehen. Auch wenn sich dies zunächst auf die mathematischen Grundlagen sowohl des Systems als auch der Keplerschen Gesetze bezog, gewann immer mehr der Gedanke Raum, daß hier nicht nur eine neue und erfolgreiche mathematische Hypothese vorliege, sondern eine Theorie in exakter Widerspiegelung der wahren physikalischen Verhältnisse.

Von großem Einfluß auf die Verbreitung des Copernicanischen Weltsystems war auch die Veröffentlichung des ersten Lehrbuchs der copernicanischen Astronomie durch Kepler (1618 bis 1621). Für das Wirken von Kepler waren einige, für das gesamte naturwissenschaftliche Denken grundlegende Forschungsprinzipien bedeutend:

1. Jede Forschung hat von der Erfahrung auszugehen. Eine naturwissenschaftliche Aussage muß quantitativ mit empirischen Daten übereinstimmen.
2. Die Naturforschung stützt sich nicht auf Autoritäten, sondern allein auf die Autorität der Natur.
3. Die Forschung muß vom Sein der Dinge, wie es mit den Sinnen erfaßbar ist, zu den Ursachen des Seins vordringen.

Mit diesen Prinzipien sowie der Erkenntnis, daß die Sonne in einem ausgezeichneten Punkt der Planetenbahn, einem der Brennpunkte der Ellipse, steht, war Kepler in der Lage, nach physikalischen Ursachen der Planetenbewegung zu fragen. Der geistesgeschichtliche Schritt, der hierin liegt, besteht im Übergang von der „Rettung der Phänomene“ durch beliebig konstruierte mathematische Vorschriften zur Erklärung der Planetenbewegung aus physikalischen Prinzipien. Dem Forschungsstand seiner Zeit entsprechend glaubte Kepler an die Wirkung

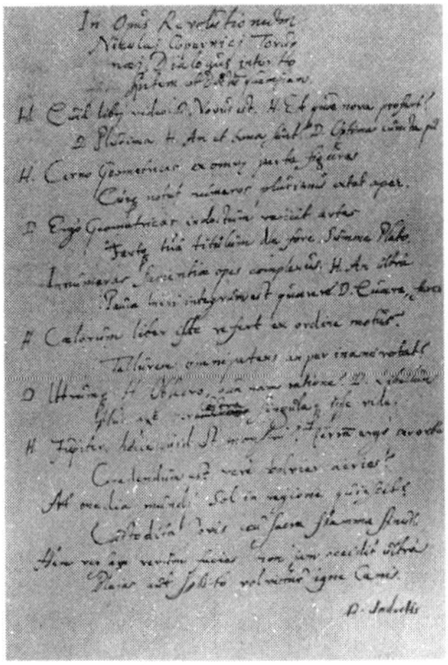

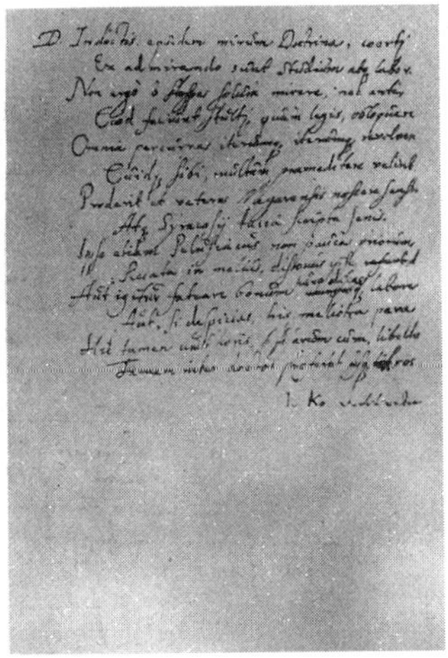

KEPLERS Handschrift

einer magnetischen Kraft zwischen Sonne und Planeten, womit zugleich die langsamere Bewegung der Planeten in Sonnenferne (die Begriffe „Peri-“ und „Aphel“ stammen von KEPLER) erklärbar wurde, da die magnetische Anziehung mit zunehmendem Abstand geringer wird. Mit diesen Vorstellungen stand KEPLER einer quantitativen Formulierung des Gravitationsgesetzes nahe, die später ISAAC NEWTON vornahm.

Durch die Einführung des Kraftbegriffes in die Planetentheorie gelang es KEPLER, die Astronomie von einer „Himmelsgeometrie“ in eine „Himmelsphysik“ umzuwandeln.

KEPLER darf als einer der bedeutendsten Astrologen des 17. Jahrhunderts gelten – doch auch in diese, damals als achtbare Wissenschaft angesehene Lehre, brachte KEPLER eigene Gedanken ein, die ihn von der Masse der in dumpfer Horoskopastrologie befangenen Astrologen seiner Zeit unterscheidet. Zwar hatte KEPLER in seiner Stellung als Kaiserlicher Mathematiker auch Horoskope zu entwerfen und astrologische Prognostiken zu veröffentlichen, doch lehnte er solcherart Astrologie inhaltlich ab. Seine eigenen Vorstellungen resultieren aus dem Gedanken der Einbindung des Menschen in einen kosmischen Organismus, in dem alle Teile in enger Verbindung stehen. Der Mensch bekomme bei der Geburt das Bild der zu dieser Zeit bestehenden Harmonien oder Disharmonien im Stand der Gestirne eingeprägt. Diese grundlegende Veranlagung kann durch die Aktivität des Menschen gefördert oder unterdrückt werden, so daß jeder für sein eigenes Handeln verantwortlich ist und sein Leben selbst gestaltet.

Obgleich KEPLER infolge eines Augenfehlers kaum eigene astronomische Beobachtungen ausführte, entwickelte er 1611, aufbauend auf seinen Kenntnissen der Optik einen bald von CHRISTOPH SCHEINER verwendeten neuen Fernrohrtyp, bei dem das Okular durch eine Konvexlinse gebildet wird (bei GALILEI eine Konkavlinse). Besonders hinsichtlich der Vergrößerung des Gesichtsfeldes stellte dies eine wichtige Verbesserung dar. Außerdem lieferte KEPLER in seinen optischen Werken die Grundlage der physikalischen Optik (Physik des Auges, Sehfehler, Theorie der Linsen, optische Theorie der Sonnen- und Mondfinsternisse u.a.).

Einige Resultate kleinerer Arbeiten von KEPLER seien erwähnt: Unter Voraussetzung der astronomischen Deutung von Ereignissen während des Lebens Christi und einer kritischen Sichtung historischen Materials findet er, daß die im 6. Jahrhundert erfolgte Ansetzung des Ausgangspunktes unserer Zeitrechnung um etwa 5 Jahre zurückzuverlegen ist.
Anläßlich der Inhaltsbestimmung von Weinfässern stößt KEPLER auf Mängel in der mathematischen Methode der Körperberechnung und leistet damit einen grundlegenden Beitrag zur Infinitesimalrechnung.
Als 1607 ein Komet erschien (Komet Halley), bekräftigte er die schon von BRAHE gewonnene Erkenntnis der kosmischen Natur dieser Objekte. Diese Stellungnahme von KEPLER erwies sich für die Durchsetzung der neuen Sicht auf die Kometen als sehr bedeutend. Auch die 1604 erschienene Supernova deutete er im Sinne von Veränderungen am Sternenhimmel, was nach der Lehre des ARISTOTELES ausgeschlossen ist.
KEPLER starb am 15. November 1630 in Regensburg.

Vergleich der Genauigkeit wichtiger Ephemeridenwerke für 1617 in Bogenminuten (nach V. BIALAS)

	Saturn	Jupiter	Mars	Venus	Merkur	Sonne	Mond
Länge							
Magini	9,8	13,0	56,7	37,1	3° 26′	27,9	33
Origanus	9,9	13,0	56,7	37,2	3° 26′	5,3	12
Kepler 1	11,4	5,6	6,7	10,3	20,3	5,4	
Kepler 2	6,5	6,7	4,3	9,3	11,8	5,6	10
Breite							
Magini	21	26	25	82	29		
Origanus	21	26	25	80	26		4
Kepler 1	2,9	0,8	2,4	5,6	11,7		3
Kepler 2	2,5	1,2	1,3	2,4	4,8		4

Kepler 1: Ephemeriden für 1617
Kepler 2: für 1617–1636

Lebensdaten zu JOHANNES KEPLER

1571	am 27. Dezember in Weil der Stadt geboren
1589–1594	Studium in Tübingen
1594	Professor an der Landschaftsschule Graz
1596	Mysterium Cosmographicum (Weltgeheimnis)
1597	erste Heirat
1600	Übersiedlung nach Prag
1601	Kaiserlicher Mathematiker
1604	Beobachtung der Supernova im Sternbild Schlangenträger
1607	Beobachtung des Halleyschen Kometen

1609	Astronomia nova (Neue Astronomie) mit dem 1. und 2. Gesetz der Planetenbewegung
1611	Konstruktion des Keplerschen Fernrohrs
1613	zweite Heirat
1617	erster Teil der heliozentrischen Ephemeriden
1618	erster Teil des Lehrbuchs der Copernicanischen Astronomie (Epitomae Astronomiae Copernicanae)
1619	Harmonice mundi (Weltharmonie) mit dem 3. Gesetz der Planetenbewegung
1627	Tabulae Rudolphinae
1630	am 15. November in Regensburg gestorben

Literaturverzeichnis zu Johannes Kepler

[1] Kepler, J.: Opera omnia. 8 Bde., Hrsg. v. Ch. Frisch. Verlag Heyder & Zimmer, Frankfurt–Erlangen 1858–71

[2] Ders.: Gesammelte Werke. Hrsg. Kepler-Kommission der Bayerischen Akademie der Wissenschaften. Ch. H. Beck'sche Verlagsbuchhandlung, München 1937 ff.

[3] Ders.: Harmonice mundi. C. H. Beck'sche Verlagsbuchhandlung, München 1940

[4] Ders.: Neue Astronomie. Verlag R. Oldenburg, München–Berlin 1929

[5] Ders.: Das Weltgeheimnis. Verlag R. Oldenburg, München–Berlin 1936

[6] Krafft, F.: Die Keplerschen Gesetze im Urteil des 17. Jahrhunderts. In: Kepler-Symposium (1980). Linz o. J., S. 75–98

[7] Wollgast, S./S. Marx: Johannes Kepler. Urania-Verlag, Leipzig–Jena–Berlin 1980 (2. Auflage)

[8] Tralow, J.: Kepler und der Kaiser. Verlag der Nation, Berlin 1984 (3. Auflage)

[9] Wollgast, S.: Philosophie in Deutschland zwischen Reformation und Aufklärung 1550–1650. Berlin 1988, S. 221–262

Galileo Galilei

Galileo Galilei (1564 bis 1642)

Der Physiker und Astronom Galileo Galilei gehörte zu den ersten Himmelsbeobachtern mit dem Fernrohr. Sein Schaffen gab wesentliche Impulse zur Anerkennung des Copernicanischen Weltsystems.

Galileo Galilei wurde am 15. Februar 1564 in Pisa geboren. Er studierte von 1581 bis 1585 in Pisa Medizin, Philosophie und Mathematik, war von 1592 bis 1610 Professor für Mathematik in Padua, von 1610 bis 1633 Hofmathematiker in Florenz und lebte von da an bis zu seinem Tod am 8. Januar 1642 in Arcetri unter Hausarrest der Inquisition.

Der Beitrag von Galilei zur Astronomie besteht zunächst darin, neben anderen Gelehrten zu den ersten Beobachtern von Himmelskörpern mit dem gerade erfundenen Fernrohr zu gehören. Die damit erfolgten Entdeckungen – Galilei benutzte ein nach ungenauen Mitteilungen der in Holland erfolgten Erfindung selbst konstruiertes Instrument – spielten eine wesentliche Rolle in der Diskussion um das Copernicanische Weltsystem. Unabhängig von anderen Forschern, wie Simon Marius (1573 bis 1624) und Thomas Harriot (1560 bis 1621) entdeckte Galilei die Lichtphasen der Venus. Die Existenz von Venusphasen ist unter der Annahme, daß Planeten kein eigenes Licht aussenden, eine notwendige Folgerung sowohl aus dem geo- als auch aus dem heliozentrischen und dem System von Tycho Brahe. Diese Tatsache wird in der Literatur fast stets übersehen. Allerdings unterscheidet sich der konkrete Ablauf der Phasen in den einzelnen Systemen z. T. erheblich voneinander. Im System des Ptolemäus befindet sich die Venus stets zwischen Sonne und Erde, weshalb sie niemals als voll erleuchtete Scheibe sichtbar ist. Anders dagegen im heliozentrischen (wie auch Tychonischen System), in dem die Venus alle Phasen durchlaufen kann. Wie Galilei selbst angibt, hatte er die Venus seit etwa Anfang Oktober 1610 beobachtet. Anfang 1611 begann sie sich immer mehr zu runden, wie es mit dem geozentrischen System nicht vereinbar ist. Mit Recht erregte diese Beobachtung großes Aufsehen, war sie doch ein erstes wichtiges Argument zugunsten des heliozentrischen Systems.

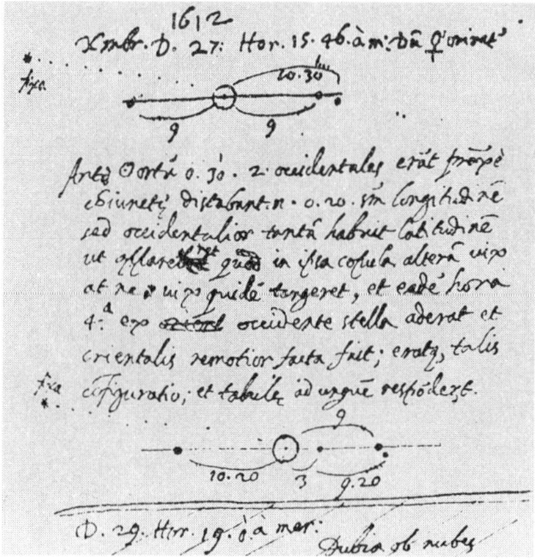

Jupiter-
beobachtungen
von GALILEI

Auch die Entdeckung der Jupitermonde gelang mehreren Forschern nahezu gleichzeitig, unter ihnen wiederum MARIUS und HARRIOT. GALILEI sah die leuchtenden Punkte nahe Jupiter erstmals in Padua am 7. Januar 1610, MARIUS einen Tag darauf. Beide waren sich bald über die Natur dieser Objekte als Begleiter des Jupiter im klaren. MARIUS publizierte 1614 Tafeln zur Berechnung der Bewegung dieser Körper.

Diese Entdeckung, ein Planetensystem en miniature, stand in deutlichem Widerspruch zu einem der Grundaxiome der Aristotelischen Physik, wonach nur der Erdmittelpunkt Zentrum von Kreisbewegungen der Himmelskörper sein könne. Wenn nun auch Zweifel an der Richtigkeit weiterer Grundaussagen der Aristotelischen Physik gestärkt wurden, stellte diese Entdeckung keinen Beweis für die Richtigkeit des heliozentrischen Systems dar.

Diese Wertung trifft auch auf die von GALILEI, JOHANN FABRICIUS (1587 bis 1616/17), HARRIOT, CHRISTOPH SCHEINER (1575 bis 1650) entdeckten Sonnenflecke zu. Das Problem läuft darauf hinaus, daß in der christlich geformten Aristotelischen Physik der Sonne eine besondere Stellung in der Welt beigemessen wurde. Man nannte sie das Sinnbild Gottes in der Welt, „unbesiegbarer Gott", „verehrungswürdiger Bruder" (FRANZ VON ASSISI, 1181/82 bis 1226), setzte sie in symbolischer Deutung gleich Gott (ISIDOR VON SEVILLA, um 570 bis 635). Daraus ergab sich die Selbstverständlichkeit, daß ihr Körper, ihr Licht „unbefleckt", makellos sein müsse. Über diesen Umweg ist es selbstverständlich, daß die Entdekkung der Sonnenflecke in weltanschauliche Kontroversen hineingezogen wurde. Deshalb erhielt der gelehrte Jesuit SCHEINER von seinem Ordensprovinzial eine Rüge, obwohl er anfangs die Sonnenflecke als die Sonne umlaufende kleine Körper ansah und seine weiteren Studien zunächst anonym veröffentlichte. Allerdings bekannte er sich bald zu der von FABRICIUS und GALILEI vertretenen Ansicht der Zugehörigkeit der Flecke zum Sonnenkörper und wurde zum besten Kenner dieses Phänomens.

Eine Beweiskraft für das wahre Weltsystem lag in dieser Entdeckung also nicht. Doch eine kirchlich sanktionierte Auffassung zu wissenschaftlichen Problemen

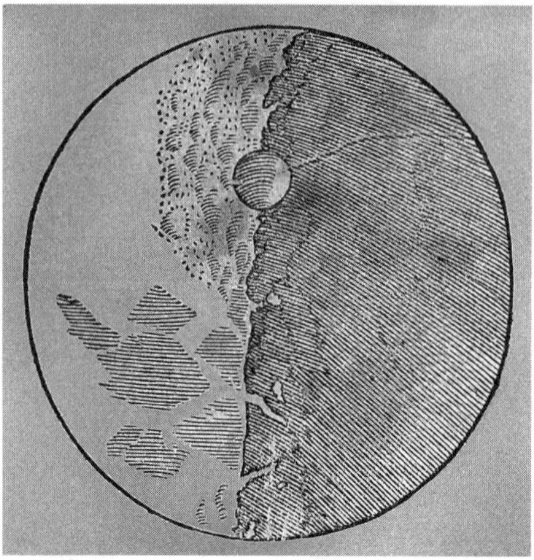

wurde widerlegt und stärkte die Vermutung, es könnten sich noch andere Sätze der theologisch orientierten Naturanschauung als falsch erweisen.
Eine ähnliche Wirkung besaß schließlich auch die Erforschung der Mondoberfläche mit dem Fernrohr. Mehrere Beobachter, unter ihnen wieder GALILEI, nahmen sofort Erscheinungen von Licht und Schatten – Berge und Täler – wahr. Sie folgerten daraus, daß die Natur des Mondes von der der Erde nicht so verschieden ist, wie in der Aristotelischen Physik begründet. GALILEI schrieb: „Durch die mehrmals wiederholten Beobachtungen jener Flecken aber gelangten wir zu der Auffassung und Gewißheit, daß die Oberfläche des Mondes nicht glatt, gleichmäßig und von vollkommener Kugelgestalt ist, wie eine große Schar von Philosophen von ihm und den anderen Himmelskörpern glaubte, sondern ungleich, rauh und mit vielen Vertiefungen und Erhebungen, nicht anders als das Antlitz der durch Bergketten und tiefe Täler allerorts unterschiedlich gestalteten Erde.“ [1, Bd. 1, S. 104]
Demnach besteht zwischen der Erde einerseits (von ARISTOTELES der elementischen Region zugerechnet) und dem Mond sowie den Planeten (die aus einem völlig anderen Elementarkörper bestehen sollten) kein grundsätzlicher Unterschied. Ein Prinzip der Sonderstellung der Erde war durch Fernrohrbeobachtungen erschüttert, und es drängte sich die Frage auf, wenn der Mond „erdähnlich“ ist, ob dann nicht auch die anderen Planeten mit der Erde verwandt seien.
Zusammenfassend darf festgestellt werden, daß von allen frühen Fernrohrbeobachtungen, an denen GALILEI, zunächst noch als Professor an der Universität Padua, dann als Mathematiker am florentinischen Hof, führend beteiligt war, nur der konkrete Ablauf der Venusphasen ein echtes Argument für das Copernicanische System darstellt. Die Wirkung der anderen beruht darauf, daß sie Thesen der zeitgenössischen, weltanschaulich gestützten Physik in Frage stellten. Sie sprachen jedoch nicht zwingend für das heliozentrische System.
GALILEI spielte in den Jahren 1609 bis 1611, die von mehreren fundamentalen Entdeckungen gekennzeichnet waren, eine große Rolle. In seiner Schrift „Sidereus Nuncius“ stellte er seine Beobachtungen vor allem des Mondes und der Jupi-

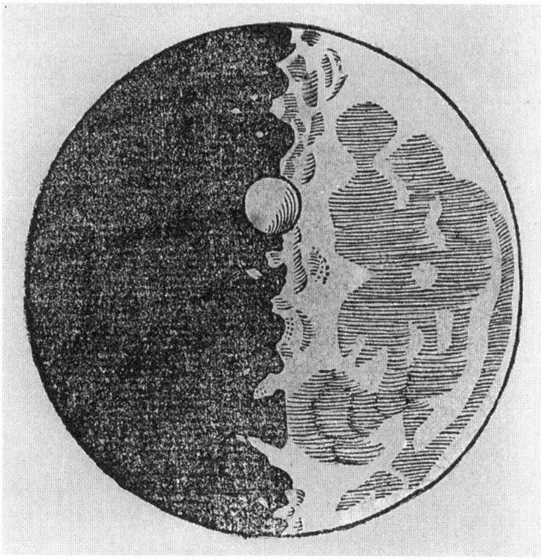

Monddarstellung
nach Galilei

termonde ausführlich dar und kam damit den anderen Forschern zuvor. Es sei jedoch betont, daß Galilei nicht der einzige und nicht immer der erste Beobachter war. Es muß auch gesagt werden, daß er nicht immer der gründlichste Beobachter war. Seine Stärke lag nicht in langen Beobachtungsreihen und exakter Protokollierung. Ihn interessierte vielmehr die qualitative Seite der Phänomene, wie dies in Fragestellungen zum Ausdruck kommt wie in der Art: Gehören die neben Jupiter gesehenen Körper zu diesem Planeten? Gibt es auf dem Mond Berge und Täler? Sind die vor der Sonne gesehenen Flecke Gebilde der Sonnenoberfläche? usw. Waren sie geklärt, erlosch das Interesse Galileis zusehends. Deshalb blieb es auch in der Regel anderen Gelehrten vorbehalten, sich in Detailstudien zu vertiefen und erste Regeln und Gesetzmäßigkeiten zu entdecken. Deshalb stammt auch die erste brauchbare Mondkarte nicht von seiner Hand, denn seine Skizze bietet kaum eine grobe Übersicht. Jedoch vermochte Galilei schon aus wenigen Beobachtungen, durch scharfen Geist, logische Schlüsse und vom Boden der Parteinahme für Copernicus aus, die Bedeutung des Geschauten zu erkennen.

Eine Zusammenfassung der astronomischen und physikalischen Erkenntnisse von Galilei enthält sein „Dialog über die beiden hauptsächlichen Weltsysteme“. Hier legte Galilei u. a. wichtige Gedanken zur Gleichartigkeit der irdischen und kosmischen Welt dar, faßte die wesentlichen Argumente zur Erdbewegung zusammen und entkräftete Einwände dagegen (führte an den Begriff der Trägheit und der Relativität der Bewegung heran), entwickelte die Konsequenzen der Erdbewegung.

Dieses Werk markiert einen bedeutenden Wendepunkt in der Durchsetzung einer neuen, auf Experiment und Beobachtung aufbauenden Naturforschung und ist eines der fundamentalen Werke der Astronomie- und Physikgeschichte. Sein Erscheinen war das auslösende Moment zur Anstrengung des Inquisitionsprozesses gegen Galilei.

Galilei bleibt bei diesen historischen Prozessen im Mittelpunkt des Interesses, weil die fachlichen und weltanschaulichen Auseinandersetzungen um das Copernicanische Weltsystem in seiner Person kulminierten. Schon sehr bald hatte sich

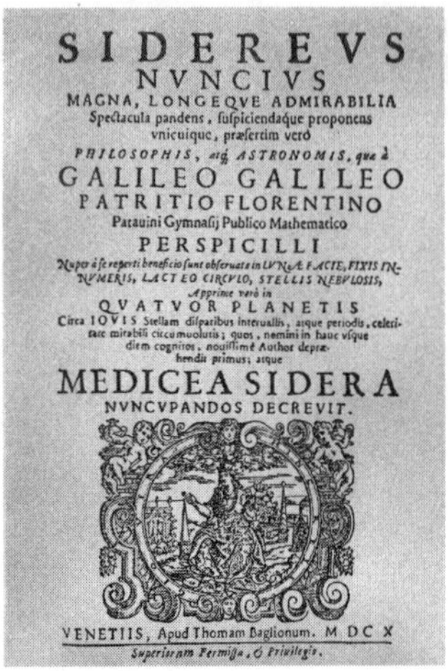
SIDEREVS
NVNCIVS
MAGNA, LONGEQVE ADMIRABILIA
Spectacula pandens, suspiciendaque proponens
vnicuique, præsertim verò
PHILOSOPHIS, atq; ASTRONOMIS, quæ à
GALILEO GALILEO
PATRITIO FLORENTINO
Patauini Gymnasij Publico Mathematico
PERSPICILLI
Nuper à se reperti beneficio sunt obseruata in LVNÆ FACIE, FIXIS IN-
NVMERIS, LACTEO CIRCVLO, STELLIS NEBVLOSIS,
Apprime verò in
QVATVOR PLANETIS
Circa IOVIS Stellam disparibus interuallis, atque periodis, celeri-
tate mirabili circumuolutis; quos, nemini in hanc vsque
diem cognitos, nouissimè Author depræ-
hendit primus; atque
MEDICEA SIDERA
NVNCVPANDOS DECREVIT.

VENETIIS, Apud Thomam Baglionum. M DC X
Superiorum Permissu, & Priuilegio.

Titelseite
„Sidereus Nuncius“

GALILEI mit theologischen Einwänden auseinanderzusetzen, besonders hinsichtlich der Interpretation einiger, für das geozentrische Weltbild sprechender Bibelstellen (bes. Josua 10, 12f.).

GALILEI meinte, es fänden sich in der Bibel zahlreiche Sätze, die bezüglich „der bloßen Bedeutung der Worte nach von der Wahrheit abzuweichen scheinen, aber auf diese Weise gefaßt wurden, um sich dem Unvermögen der Menge anzubequemen“. [1, Bd. 1, S. 169] Aus diesen Gründen leitete er die Überzeugung ab, daß der Bibel „in den Disputen über die Natur der letzte Platz vorbehalten sein sollte“. [ebd.] Denn im Gegensatz zur Heiligen Schrift ist „die Natur unerbittlich und unwandelbar und unbekümmert darum ..., ob ihre verborgenen Gründe und Wirkungsweisen dem Fassungsvermögen der Menschen erklärlich sind oder nicht“. [ebd., S. 170] Mithin dürften Erkenntnisse der Wissenschaften „keinesfalls in Zweifel gezogen werden ... durch Stellen der Schrift, deren Worte scheinbar einen anderen Sinn haben, weil nicht jeder Ausspruch der Schrift an so strenge Regeln gebunden ist wie eine jede Wirkung der Natur“. [ebd.]

Durch die Arbeiten von KEPLER und GALILEI wurde immer deutlicher, daß das Copernicanische Weltsystem nicht nur ein mathematischer Kunstgriff war, sondern die physikalische Realität widerspiegelte. Dieser Angriff auf das alte Weltbild war so grundsätzlich und die weltanschaulichen Folgerungen so klar, daß der 1633 gegen GALILEI angestrengte Inquisitionsprozeß mit der Verurteilung des Gelehrten und damit seiner Abschwörung des heliozentrischen Weltbildes endete. Seine Werke wurden bis zur „Verbesserung“ verboten, er selbst bis ans Lebensende unter Hausarrest gestellt.

Es ging nicht um die unterschiedliche Interpretation von Bibelstellen, sondern um die Autorität der Bibel und der katholischen Kirche, wie man sie verstand, insgesamt. Auf dem Spiel stand ein ganzes Weltbild: Die Himmelskörper, die nun nicht für den Menschen geschaffen sein sollten, der Mensch, der sich auf einem Planeten unter anderen um die Sonne bewegt und nicht in der Mitte der Welt stehend, das wachende und sorgende Auge Gottes als Lohn für alle Mühsal auf sich ruhend fühlen konnte. (Vgl. die künstlerische Bearbeitung bei BRECHT [2,

8. Aufz.]) Zwischen Wissenschaft und Theologie tat sich ein schwerer Konflikt auf. Nicht nur der Weg zu einer neuen Astronomie, sondern auch der zu einem neuen Menschenbild war betreten.

Der Widerstand der Kirche, mit dem Prozeß gegen GALILEI als Höhepunkt (umfangreiche Auszüge aus den Prozeßakten in [1, Bd. 2, S. 181 bis 213]) hatte allerdings auf den Verlauf des wissenschaftlichen Fortschritts nur einen minimalen Einfluß. Die Wissenschaftler gingen über das Verbot hinweg, sich z. T. taktisch einstellend, viele gewiß mit schwerem Gewissenskonflikt – sich aber in ihren Forschungen kaum beeinflussen lassend. Das Verbot kam zu einer Zeit, als bereits so gewichtige Argumente für das neue Weltbild vorlagen, daß sich dagegen auch nicht mit der ohnehin durch die Reformation geschwächten päpstlichen Autorität erfolgreich vorgehen ließ.

Lebensdaten zu GALILEO GALILEI

1564	am 15. Februar in Pisa geboren
1581	Beginn Studium in Pisa
1589	Berufung an die Universität Pisa
1592	Berufung an die Universität Padua
1609/10	erste Himmelsbeobachtungen mit einem selbst konstruierten Fernrohr
1610	Druck des „Sidereus Nuncius" („Sternenbotschaft") mit der Darstellung der Beobachtungen am Mond, den Jupitermonden, der Milchstraße, den Plejaden u. a.
1616	Ermahnung durch die Inquisition (Dekret über das Verbot der Copernicanischen Lehre)
1632	Druck des „Dialog über die beiden hauptsächlichen Weltsysteme, das ptolemäische und das copernicanische"
1633	Inquisitionsprozeß gegen GALILEI, 22. Juni Abschwörung
1642	am 8. Januar in Arcetri gestorben

Literaturverzeichnis zu GALILEO GALILEI

[1] Galilei, G.: Schriften, Briefe, Dokumente. Hrsg. v. Anna Mudry. 2 Bde., Berlin 1987

[2] Brecht, B.: Leben des Galilei.

[3] Schmutzer, E. u. Schütz, W.: Galileo Galilei. Biographien hervorragender Naturwissenschaftler, Techniker und Mediziner, Bd. 19. Leipzig 1975

[4] Fölsing, A.: Galileo Galilei – Prozeß ohne Ende. Eine Biographie. Piper, München–Zürich 1989

ISAAC NEWTON

ISAAC NEWTON (1643 bis 1727)

Der englische Physiker, Mathematiker und Astronom ISAAC NEWTON war der bedeutendste unter den Begründern der klassischen Physik und der neuzeitlichen Naturforschung insgesamt.
NEWTON formulierte die Grundgesetze der klassischen Mechanik; mit ihrer Hilfe und mittels des von ihm entdeckten Gesetzes der universellen Gravitation erarbeitete er die Grundlagen der Himmelsmechanik und führte zugleich den Nachweis der naturgesetzlichen Einheit von Himmel und Erde. Mit grundlegenden Arbeiten zur Optik schuf er u. a. wichtige Voraussetzungen für die Ausarbeitung der Methode spektralanalytischer Untersuchungen. NEWTON stellte das erste funktionierende Spiegelteleskop, das zu einer Revolutionierung der astronomischen Beobachtungstechnik führen sollte, her. Seine Korpuskularphypothese wurde die eine der in der Optik über zweieinhalb Jahrhunderte heftig konkurrierenden Konzeptionen zur Natur des Lichtes, bis im Rahmen der Quantenphysik ihre dialektische Synthese in Gestalt der Idee des Welle-Korpuskel-Dualismus erfolgte. Die von NEWTON (unabhängig von und etwa gleichzeitig mit LEIBNIZ) geschaffene Infinitesimalrechnung war Voraussetzung und Instrument für die Ausarbeitung der Fundamente der klassischen Mechanik, die seitdem das Vorbild für eine mathematisierte wissenschaftliche Theorie darstellt. NEWTONS Arbeiten sind paradigmatisch für die Herausbildung des mechanistischen Weltbildes der Wissenschaften – auch wenn dieses in einseitiger Weise seine Ideenwelt widerspiegelt. Sein Werk markiert eine der größten wissenschaftlichen Revolutionen der Geschichte; diese ist vollendende Synthese der Ergebnisse des Ringens vieler Forscher um ein neues Natur- und Weltverständnis, vollzieht sich im Schnittpunkt von Physik und Astronomie und begründet den neuzeitlichen Typ der Wissenschaft.
ISAAC NEWTON wurde am 4. Januar 1643 in Woolsthorpe geboren. Bereits in seiner Jugend, vor allem während seines Besuchs der Lateinschule in Grantham, zeichnete sich NEWTON durch erfinderisches Experimentieren, Geschicktheit im Zeichnen und Verschlossenheit gegenüber seiner Umgebung aus. Deutlich traten

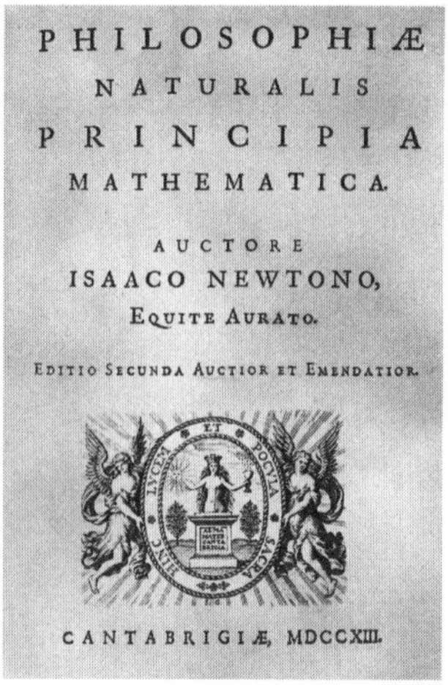
PHILOSOPHIÆ
NATURALIS
PRINCIPIA
MATHEMATICA.
AUCTORE
ISAACO NEWTONO,
EQUITE AURATO.
EDITIO SECUNDA AUCTIOR ET EMENDATIOR.
CANTABRIGIÆ, MDCCXIII.

Titelseite
„Principia“

seine Befähigung und das Interesse zum wissenschaftlichen Arbeiten hervor. Dagegen zeigte er ausgesprochenes Desinteresse am familiären Landwirtschaftsbetrieb. 1661 begann er mit dem Studium an der Universität Cambridge. Während der großen Pest hielt er sich in den Jahren 1665 bis 1667 (mit Unterbrechung) in seinem Heimatort Woolsthorpe auf. Es waren die fruchtbarsten Jahre seines Lebens. In der ländlichen Abgeschlossenheit formten sich bei ihm die wichtigsten seiner Ideen: die Grundlegung der Infinitesimalrechnung, entscheidende Erkenntnisse zur Mechanik und Gravitationstheorie, zur Optik und Konzeption des Lichtes usw. Er begann, sein Spiegelteleskop zu bauen. 1667 schloß Newton das Studium ab und wurde Mitglied des Lehrkörpers der Universität. 1669 trat ihm sein Lehrer und Förderer I. Barrow die Lucasische Professur für Mathematik ab. Barrow sorgte ebenfalls dafür, daß erste Informationen über Newtons Arbeiten zur Infinitesimalrechnung erfolgten (1669/70).
Motiv für die Herstellung des Spiegelteleskops war für Newton die – irrige – Annahme, daß die von ihm entdeckte chromatische Aberration sich in Linsenfernrohren nicht beseitigen läßt. 1671 wurde Newtons Fernrohr der Royal Society vorgestellt; es brachte ihm internationalen Ruhm und die Wahl als Mitglied der Royal Society ein. 1672 erschien seine erste wissenschaftliche Publikation, in der er seine Entdeckung in der Optik mitteilte. Er erklärte u. a. die damals seit geraumer Zeit bekannte prismatische Zerlegung des Sonnenlichtes dadurch, daß das weiße Licht durch ein Gemisch verschieden farbiger Lichtsorten entsteht, daß diese aber dadurch sichtbar werden, weil sie unterschiedlich stark gebrochen werden. Diese „Theorie der Farben“ wie auch seine Korpuskularhypothese des Lichtes riefen sofort eine intensive öffentliche Polemik hervor, insbesondere von seiten der Vertreter der Wellenhypothese (Huygens, Hooke). Die Auseinandersetzungen belasteten ihn psychisch so sehr, daß er nie mehr seine Überlegungen zur „Philosophie“ (Grundlagen der Naturlehre) veröffentlichen wollte. Befürchtungen, daß andere ihm die Priorität seiner Entdeckungen streitig machen, brachten ihn zur Aufgabe dieses Entschlusses.
Eine der Entdeckungen, die „in der Luft lagen“, war die des Gravitationsgesetzes.

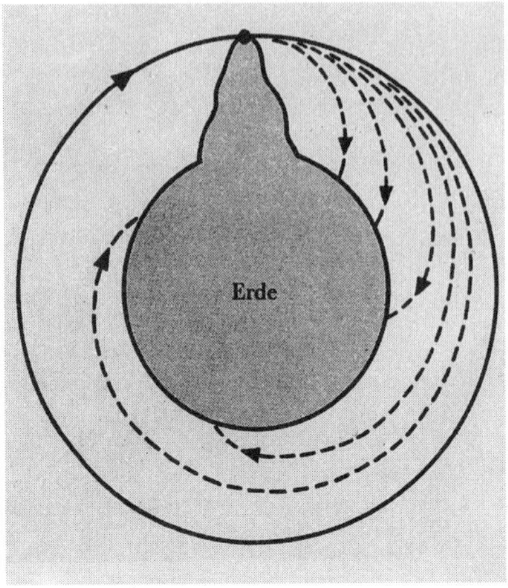

NEWTONS Darstellung der ersten kosmischen Geschwindigkeit

Auf den Gedanken, die Keplerschen Gesetze mit einem Gravitationsgesetz zu begründen, nach dem die gravitative Anziehung eines Planeten umgekehrt proportional dem Quadrat des Abstandes des Planeten zur Sonne ist, kamen auch andere Forscher, z. B. HOOKE, WREN, HALLEY. Es gelang ihnen hiermit, das 2. und 3. Keplersche Gesetz abzuleiten. Aber nur NEWTON war imstande, auch die Kepler-Ellipse aus einem derart beschaffenen Gravitationsgesetz zu folgern. HALLEY erfuhr dies von ihm im Sommer 1684. Es gelang ihm, NEWTON zur Darstellung seiner Mechanik und Gravitationstheorie zu bewegen. 1687 erschienen die „Philosophiae naturalis principia mathematica". In ihnen zeigte NEWTON, daß der Fall der Körper auf der Erde und die Keplerbewegung der Planeten um die Sonne nach ein und demselben Gravitationsgesetz erfolgen. Zugleich konnte er die Abweichungen der Planetenbewegungen von den Keplerbahnen ebenfalls mittels dieses Gesetzes deuten. NEWTON gab die Erklärung der Präzession, gewann die richtige Auffassung von der Form der Planeten (abgeflachte Rotationsellipsoide) und berechnete diese für die Erde in der Größenordnung richtig. Er arbeitete die Theorie der Gezeiten aus. Eine besondere Rolle spielen in den „Principia" Daten und Berechnungen zu Kometenbahnen – als zusätzliche Überprüfung und Bestätigung der in der Planetentheorie angewandten Erkenntnisse über die Bewegung von Körpern unter dem Einfluß von Zentralkräften. NEWTON berechnete übrigens auch, welche Geschwindigkeit man einem Geschoß erteilen müßte, um es zu einem künstlichen Satelliten der Erde zu machen.
NEWTON „Weltsystems" stellte einen mit in großen Abständen voneinander „aufgestellten" Fixsternen erfüllten unendlichen Raum dar. Jeder Fixstern könnte Zentralgestirn eines Planetensystems sein. NEWTON war sich der Problematik der Stabilität des Fixsternhimmels und auch des Planetensystems bewußt. Seiner religiösen Einstellung kam es offenbar entgegen, daß er hier das Eingreifen des Schöpfers zur Aufrechterhaltung der Weltordnung annehmen mußte. Kosmogonie war nach seiner Ansicht als physikalische Disziplin nicht möglich.
1703 wurde NEWTON Präsident der Royal Society. 1704 erschien erstmals die Zusammenfassung seiner Forschungen zur Optik. Bereits 1696 wurde er Aufseher

NEWTONS
Spiegelteleskop

der Londoner Münze, 1699 dann ihr Direkter; er brachte mit Umsicht, Sachkenntnis und Organisationstalent das Münzwesen des Landes in Ordnung. NEWTON unterstützte tatkräftig und unter Ausnutzung seines hohen Ansehens eine Reihe astronomischer Unternehmungen, z. B. FLAMSTEDS Erarbeitung eines Sternenkatalogs oder HALLEYS Untersuchungen zu den Besonderheiten der Mondbewegung. Einen Großteil seiner Arbeit widmete er alchimistischen und theologischen Untersuchungen; u. a. versuchte er, mit von ihm selbst entwickelten naturwissenschaftlichen Methoden die Zeitangaben der Bibel zu präzisieren.

Wie Wissenschaftshistoriker zurecht erklären, war *NEWTON kein Newtonianer*. Er war das schöpferische Genie in einer revolutionären Umbruchszeit, nach vielen Richtungen offen und weit entfernt von den Einseitigkeiten des „Newtonismus". So verkündete er die Unmöglichkeit einer physikalischen Kosmogonie und formulierte gleichzeitig einige grundlegende kosmogonische Ideen (z. B. den Gedanken der Entstehung von Sternen durch Gravitationskollaps zerstreuter Materie oder den der Bildung der Erdfigur). Er vertrat die Korpuskulartheorie des Lichtes, versuchte es aber auch einmal mit einer Äther-Hypothese oder sogar mit einem Kompromiß zwischen Korpuskular- und Wellenkonzeption.

Als NEWTON 1727 starb, wurde er in nahezu göttlicher Verehrung in der Westminster Abtei zu London beigesetzt. Auf dem Kontinent dauerte es allerdings noch Jahrzehnte, bis seine Ideen Fuß faßten. Der Gravitationstheorie gelang der eigentliche Durchbruch mit der von HALLEY auf ihrer Grundlage voraussagten Wiederkehr des Kometen von 1682 im Jahre 1758.

Lebensdaten zu Isaac Newton

1643	am 4. Januar in Woolsthorpe geboren
1648	Beginn des Schulbesuchs, ab 1655 Lateinschule in Grantham
1661	Beginn des Studiums am Trinity-College der Universität Cambridge
1665–1667	Aufenthalt in Woolsthorpe während der Pest; fruchtbarste Zeit in Newtons Schaffen
1667	Rückkehr nach Cambridge, Abschluß des Studiums, Mitglied des Lehrkörpers
1668	Bau des Spiegelteleskops
1669	Lucasische Professur von I. Barrow übernommen; Barrow schickte J. Collins Newtons Manuskript über die Fluxionen (Infinitesimalrechnung): „De Analyse per aequationes numero terminorum infinitas“
1672	Royal Society begutachtete Newtons Spiegelteleskop und nahm ihn als Mitglied auf; Beginn der Diskussion von Newtons optischen Entdekkungen und Ideen; „Neue Theorie des Lichts und der Farben“ in den „Philosophical Transactions“
1687	„Philosphiae naturalis principia mathematica“
1696	Aufseher der Königlichen Münze; Übersiedlung nach London, Reorganisation des Münzwesens, 1699 Direktor der Münze
1703	Präsident der Royal Society
1704	„Optics“, „Quadratura Curvarum“
1705	in den Adelsstand erhoben
1707	„Arithmetica universalis“
1713	2. Auflage der „Principia“ (3. Auflage 1726)
1727	am 20. März in Kensington gestorben

Literaturverzeichnis zu Isaac Newton

[1] Wawilow, S. I.: Isaac Newton. Akademie-Verlag, Berlin 1951

[2] Wussing, H.: Isaac Newton. BSB B. G. Teubner Verlagsgesellschaft, Leipzig 1977

[3] Biographien bedeutender Mathematiker. Hrsg. von H. Wussing u. W. Arnold, Berlin 1975

[4] Schneider, I.: Isaac Newton. Verlag C. H. Beck, München 1988

EDMOND HALLEY (1656 bis 1742)

Der englische Astronom, Mathematiker, Geophysiker und Forschungsreisende EDMOND HALLEY ist berühmt geworden durch seine Berechnungen von Kometenbahnen, insbesondere der Bahnen periodischer Kometen und hier vor allem durch seine erfolgreiche Voraussage der Wiederkehr des später nach ihm benannten Kometen für das Jahr 1758. Er wäre jedoch auch ohne seine Beschäftigung mit den Kometen einer der bedeutendsten Astronomen der Geschichte. HALLEY gehört zu den Begründern der wissenschaftlichen Geophysik; er entwickelte Methoden zur Berechnung von logarithmischen und trigonometrischen Funktionen sowie geometrische Methoden zur Lösung von Zahlengleichungen. Seine wissenschaftliche Vielseitigkeit äußert sich auch in seinen Arbeiten auf den Gebieten der Ozeanographie, Meteorologie, Demographie, Wissenschaftsgeschichte und Philologie (Arabistik).
HALLEYS Untersuchungen zur Kometenbewegung sind eng mit der Abfassung und Herausgabe von NEWTONS epochemachendem Werk „Philosophiae naturalis principia mathematica“ verbunden. Seine Berechnungen der Bahnen von Kometen waren eine äußerst wichtige Stütze des Newtonschen Gravitationsgesetzes. Ausgangspunkt der Arbeit war jedoch das Problem der physikalischen Begründung der Keplerschen Gesetze der Planetenbewegung, die NEWTON mit seinem Gravitationsgesetz lieferte. Dadurch wurden irdische und kosmische Bewegungen auf eine einheitliche physikalische Grundlage gestellt. Ohne HALLEYS Einsatz wären die „Principia“ aller Wahrscheinlichkeit nach nicht entstanden. HALLEY leistete Bleibendes in der Positionsastronomie, bei der Bestimmung der Abstände der Planeten zur Sonne. Erstmalig stellte er die Eigenbewegung einiger heller Sterne fest. In langjährigen Beobachtungen studierte er die Bewegung des Mondes und entdeckte eine Reihe ihrer Besonderheiten. Ebenso entdeckte er säkuläre Ungleichheiten in der Bewegung von Jupiter und Saturn, die zum Ausgangspunkt der Untersuchungen über die Stabilität von Planetenbewegungen wurden.

Titelbild der „Cometographia“ von HEVELIUS

EDMOND HALLEY wurde am 29. Oktober 1656 in Haggerton bei London als ältester Sohn einer wohlhabenden Seifensiederfamilie geboren. Bereits während des Studiums an der Oxforder Universität arbeitete er als Gehilfe FLAMSTEEDS. 1676 erschien seine erste wissenschaftliche Abhandlung (zur Exzentrizität von Planetenbewegungen). Ohne sein Studium zu beenden, nahm HALLEY an einer Seereise zur Insel St. Helena teil (1676 bis 1678). Ergebnis war der erste Katalog des südlichen Sternhimmels, der 341 Sterne enthielt und 1678 publiziert wurde. In diesem Jahr wurde HALLEY Mitglied der Royal Society, in der er von 1685 bis 1699 als Gehilfe des Sekretärs der Gesellschaft arbeitete. Von 1685 bis 1693 war er zugleich der Redakteur der von der Royal Society herausgegebenen „Philosphical Transactions“. 1683 erschien HALLEYS Arbeit über das Magnetfeld der Erde, in welcher aus 55 Werten eine globale Karte der Deklinationen (Abweichungen der magnetischen von der geographischen Nordpolrichtung) zusammengestellt war. Er entwarf ein Modell zum Erdmagnetismus, das die Deklination erklären sollte. Ebenfalls untersuchte er die Verschiebungen des magnetischen Nordpols und ersann zu deren Erklärung ein Modell, das auf der Annahme unterschiedlicher Bewegungen von Erdkern und Erdschalen beruhte. Diese Untersuchungen setzte HALLEY in einer Arbeit von 1692 und bei mehreren wissenschaftlichen Ozeanexpeditionen, denen er in den Jahren von 1699 bis 1701 als Kapitän und wissenschaftlicher Leiter vorstand, fort. Seine Ergebnisse waren von eminenter Bedeutung für die Navigation und legten die Basis für ein wichtiges Gebiet der Geophysik. HALLEY schlug vor, das Alter der Erde aus dem Versalzungsgrad der Ozeane zu ermitteln. Diese Methode führte im 19. Jahrhundert zu einem geschätzten Erdalter von einigen Dutzend Millionen Jahren. Dieser Zeitraum lag zwar noch weit unter dem wirklichen Erdalter und auch unter dem durch DARWINS Evolutionstheorie geforderten, er war aber nicht mehr vergleichbar mit dem in HALLEYS Zeit angenommenen biblischen Zeitraum von rund 6000 Jahren. Zu HALLEYS astronomischen Arbeiten gehörten die Bestimmung der Sonnenparallaxe und positionsastronomische Untersuchungen. Vor allem aber arbeitete er die Idee der Bestimmung des Erde-Sonnen-Abstands mittels der Beobachtung des

Durchgangs der inneren Planeten vor der Sonnenscheibe aus. 1677 beobachtete er den Merkurdurchgang und bestimmte den Abstand von Merkur und Erde zur Sonne. Er machte den Vorschlag zur Beobachtung der Venusdurchgänge von 1761 und 1769 und arbeitete die Methode der Beobachtung und ihrer Verarbeitung aus.
1680 begann HALLEY mit Kometenbeobachtungen. Während eines Parisaufenthalts erhielt er von G. CASSINI alle Aufzeichnungen über den Kometen dieses Jahres (Kirchscher Komet). Mittels dieser Daten versuchte er, die nach KEPLER angenommene geradlinige Bahn des Kometen zu bestimmen. Das Mißlingen des Versuchs versetzte ihn in beträchtliche Verwirrung. Eine Lösung des Problems zeichnete sich erst ab, als er sich mit NEWTONS Auffassung von der universellen Gravitation vertraut machte. Dieser Gravitation sind alle Himmelskörper, darunter auch die Kometen, unterworfen. Die Periodizität der Kometenbewegung, früher bereits von HOOKE, TYCHO BRAHE u.a. angenommen, wurde jetzt zu einer mathematisch behandelbaren Aufgabe.
In angestrengter Arbeit versuchte HALLEY, aus alten und neuen Aufzeichnungen periodische Kometen herauszufinden. Erster Kandidat war der 1680er Komet, dem er eine Periode von 575 Jahren zuschrieb. Diese Annahme wurde viel später als Irrtum nachgewiesen. Erst 1695 kam HALLEY zu der Überzeugung, daß der Komet von 1682 ein periodischer mit der Umlaufzeit um die Sonne von etwa 76 Jahren ist. Seine Berechnungen publizierte er 1705 in „The Synopsis of the Astronomy of Comets". Sie wurde 1758 durch die Wiederkehr dieses Kometen bestätigt. Zugleich lieferte diese ein weiteres Argument für die Newtonsche Gravitationstheorie.
Von HALLEY stammen auch die ersten Überlegungen über den Zusammenhang von Kometen und Meteorströmen.
Seit einigen Jahrzehnten bestand die Vermutung, daß die Planeten von der Sonne mit einer Kraft angezogen werden, die sich umgekehrt proportional zum Quadrat des Sonnenabstandes der Planeten verhält. HOOKE verkündete 1684, er sei sich über den Weg im klaren, wie man von einem derartig beschaffenen Gravitationsgesetz zur Keplerschen Ellipse komme. Weder ihm selbst, noch dem Architekten und Astronomen WREN und HALLEY gelang aber diese Ableitung. HALLEY, der NEWTON im August jenes Jahres besuchte, erfuhr, daß dieser seit geraumer Zeit über die Ableitung verfügt. NEWTON stellte sie ihm auch einige Wochen später zur Verfügung. HALLEY bestürmte NEWTON, seine Ergebnisse zu veröffentlichen. Er machte der Royal Society Mitteilung von NEWTONS Entdeckung und stand mit NEWTON in intensivem Gedankenaustausch bei der Ausarbeitung der „Principia". Er berechnete die Bahnen von 24 Kometen, übernahm die Redaktion der Arbeit wie auch die Anfertigung der Zeichnungen; überredete NEWTON, die Arbeit fortzuführen, als dieser, verärgert durch den aufflammenden Prioritätsstreit mit HOOKE, die weitere Ausarbeitung des Werks abbrechen wollte. Schließlich übernahm HALLEY auch noch die Kosten der Drucklegung. Den „Principia" war in der ersten Auflage eine von HALLEY verfaßte Ode vorangestellt, in der es hieß: „So kennen wir nun die scharfgeschwungenen Bahnen der Kometen, einst eine Quelle von Furcht, erbeben wir fortan nicht mehr, wenn ein bärtiger Stern erscheint." Dem König JAMES II. überreichte HALLEY ein Exemplar der „Princi-

pia" – zusammen mit einer von ihm verfaßten populären Darlegung der Newtonschen Gezeitentheorie. Er selbst hatte die Gezeitenbewegungen im Ärmelkanal detailliert untersucht.
Relativ spät – 1704 – erfolgte HALLEYS Berufung zum Mathematikprofessor an der Oxforder Universität. Seine freie und unorthodoxe Sicht auf Dinge, Sitten und Religion spielten hier eine Rolle. Man warf ihm vor, er verspotte die Religion. Die polemische Schrift des Bischofs BERKELEY, in der die bekannten Angriffe gegen NEWTON und dessen Infinitesimalkalkül geführt werden, trägt den Titel „Der Analytiker oder eine Erörterung, gerichtet an einen ungläubigen Mathematiker". Mit diesem „ungläubigen Mathematiker" war HALLEY gemeint.
1718 entdeckte HALLEY die Eigenbewegung der „Fixsterne". Indem er die Positionsbestimmungen seiner Zeit mit den Sternkatalogen der Antike verglich, stellte er Differenzen fest, die sich weder durch die Präzession noch durch Beobachtungsfehler erklären ließen. 1720 wurde HALLEY Nachfolger FLAMSTEEDS als Royal Astronomer und Direktor der Sternwarte Greenwich. Er begann ein langjähriges Programm der Mondbeobachtungen, im Verlauf dessen er viele Ungleichheiten der Mondbewegung entdeckte. Zu ihnen gehörte die 19jährige Periode der vollen Umdrehung der Knotenlinie der Mondbahn. 1731 entwickelte er eine Methode der Längenbestimmung auf See mittels Mondbeobachtungen.
HALLEY genoß in seiner Zeit hohe Anerkennung. Er war für viele Fachdisziplinen der erwähnte Pionier neuzeitlicher Wissenschaftsentwicklung. Er verdient es, daß man seinen Namen auch mit seinen anderen Leistungen, „die der strahlende Schein seines Kometen verdunkelt" (CALDER), in Verbindung bringt.

Lebensdaten zu EDMOND HALLEY

1656	29. Oktober in Haggerton bei London geboren
1673	Beginn des Studiums an der Universität Oxford
1675	Gehilfe FLAMSTEEDS bei Positionsmessungen
1676	erste wissenschaftliche Abhandlung
1676–1678	Seereise nach St. Helena
1678	Rückkehr; Publikation des ersten Katalogs des südlichen Sternhimmels („Catalogus stellarum Australium"); Wahl zum Mitglied der Royal Society
1683	erste Arbeit zum terrestrischen Magnetismus
1685	Herausgeber der „Philosphical Transactions of the Royal Society" (bis 1693)
1686	Publikation einer Weltkarte der Winde mit Einschluß der Monsune und Passate
1691	erster Vorschlag zur Benutzung von Venusdurchgängen für die Bestimmung der Sonnenparallaxe
1692	Gründung einer Gesellschaft für den Einsatz von Taucherglocken und -helmen bei der Bergung von Schiffen (nach erfolgreichen Selbstversuchen)
1693	Entwicklung einer Sterbetafel, Untersuchungen zur Rentenversicherung

1699–1701	als Kapitän eines kleinen Kriegsschiffes Leiter wissenschaftlicher Expeditionen bis zum 53. Grad südlicher Breite (Amerika, Afrika, Ostindien); meereskundliche Untersuchungen und Kartierung der Deklinationen
1701	Untersuchung der Gezeiten im Ärmelkanal
1702–1703	im Auftrage der Königin ANNE Reisen ins Mittelmeergebiet zum Studium der Befestigung von Seehäfen
1705	„The Synopsis of the Astronomy of Comets“
1713	Sekretär der Royal Society
1718	Entdeckung der Eigenbewegung von Sternen
1720	Astronomer Royal, Direktor der Sternwarte Greenwich
1742	am 14. Januar in Greenwich gestorben

Literaturverzeichnis zu EDMOND HALLEY

[1] Wawilow, S. I.: Isaac Newton. Akademie-Verlag, Berlin 1951

[2] Karcev, V.: Newton. Verlag „Molodaja Gvardija“, Moskau 1987

[3] Kolčinskij, I. G., Korsun', A. A. u. Rodriges, M. G.: Astronomy. Biografičeskij spravočnik. „Naukova Dumka“, Kiev 1977

[4] Calder, N.: Das Geheimnis des Kometen. Frankfurt a.M. 1981

[5] Evans, M. E.: Edmond Halley. Geophysicist. In: Physics today, Februar 1988, S. 41–45

[6] Gehlhar, F.: Der Himmel gerät in Bewegung. In: spectrum 16 (1985) 5, S. 12f.

Immanuel Kant

Immanuel Kant (1724 bis 1804)

Immanuel Kant war einer der Begründer der klassischen deutschen Philosophie, der sich besonders in seinen frühen Werken naturwissenschaftlichen und naturphilosophischen Problemen zuwandte, die ihn hinsichtlich der Kosmologie und Kosmogonie zu neuartigen und wegweisenden Lösungen führten.
Immanuel Kant wurde am 22. April 1724 in Königsberg (heute Kaliningrad) geboren. Er studierte von 1740 bis 1746 an der Universität seiner Geburtsstadt Naturwissenschaften, Mathematik, Philosophie und Theologie. In den folgenden Jahren war er als Hauslehrer an verschiedenen Stellen tätig. 1755 wurde Kant Privatdozent und 1770 ordentlicher Professor für Logik und Metaphysik an der Universität Königsberg.
Auch wenn sich Kant bis ins hohe Alter mit naturwissenschaftlichen Problemen befaßte, sind für die Astronomie besonders vier, bis 1755 verfaßte Arbeiten von Bedeutung. [1–4] Die ersten drei stellen problemgeschichtlich eine direkte Vorbereitung seiner Theorie der kosmischen Entwicklung dar. Schon in seiner Erstlingsschrift wurden für die Kosmogonie wichtige Grundsätze ausgearbeitet. Das trifft z. B. auf die Erörterung der Möglichkeit zu, ob die „allerersten Bewegungen" von unbewegten Körpern stammen können. Er schreibt, diese „sind nicht durch die Kraft einer bewegten Materie hervorgebracht worden; denn sonst würden sie nicht die ersten sein. Sie sind aber auch nicht durch die unmittelbare Gewalt Gottes oder irgend einer Intelligenz verursacht worden, solange es noch möglich ist, daß sie durch Wirkung einer Materie, welche im Ruhestande ist, haben entstehen können; denn Gott erspart sich so viele Wirkungen, als er ohne den Nachtheil der Weltmaschine thun kann, hingegen macht er die Natur so thätig und wirksam, als es nur möglich ist." ([1, S. 62], s. a. [1, S. 140]) Hier bereitete sich die dynamische Naturbetrachtung vor, die sich im weiteren zur Idee vom Widerstreit entgegengesetzter Kräfte ausbildete und durch die grundsätzliche Verbindung von Materie und Bewegung in striktem Widerspruch mit theologischen Auffassungen des Theismus seiner Zeit stand.

Universität Königsberg zur Zeit KANTS

Erste Anwendungen dieser Prinzipien enthalten die Schriften [2, 3]. In beiden kam er bei der Betrachtung der Bewegungsverhältnisse im System Erde–Mond [2] bzw. der „sphäroidischen Figur" der Erde [3] zu dem Schluß, daß die Erde (implizit auch Mond und andere Planeten), „als sie sich aus dem Chaos erhob, ... unfehlbar vorher in flüssigem Zustande" war [3, S. 199] Die Entwicklung und der Niedergang sind ein natürlicher Prozeß. [3, S. 198]
Es ging KANT von Beginn an darum, die Welt nicht nur in ihrem Sein, sondern ihrem Werden zu erklären. In diesem Sinne dürfte auch eine Verbindung zwischen der ersten und der späteren „kritischen" Periode von KANT zu sehen sein, da es ihm in späteren Werken um die Aufweisung der Entwicklung der gesellschaftlichen Verfassung und der geistigen Entwicklung des Menschen ging.
Zur Ableitung der Entstehung und Entwicklung des Planetensystems, wie er sie in der „Allgemeinen Naturgeschichte und Theorie des Himmels" gab, betrachtete er zunächst dessen Struktur. Die Stabilität des Systems sei durch den Widerstreit von Gravitations- und Fliehkraft gesichert. Damit ist gleichzeitig angedeutet, was KANT mit dem Untertitel „nach Newtonischen Grundsätzen" versteht. Die Feststellung der Struktur des Planetensystems war für KANT jedoch nur ein Mittel zum Zweck der Ableitung von dessen Entwicklung.
Hinsichtlich des Planetensystems stellte er fest, daß die Bewegungsrichtung aller Planeten übereinstimmt, ihre Bahnen in nahezu einer Ebene liegen und in derselben Richtung wie die Rotation der Sonne um die eigene Achse erfolgen. Daraus sei zu folgern, daß eine gemeinsame Ursache zu diesen Erscheinungen geführt habe. Der in diesen Strukturen erkennbare Entwicklungsweg begann nach Meinung von KANT in einem Zustand, in dem Sonne, Planeten, Monde usw. „in ihren elementarischen Grundstoff aufgelöset, den ganzen Raum des Weltgebäudes erfüllet haben, darin jetzo diese gebildeten Körper herumlaufen". [4, S. 87] Mit Rücksicht auf die schon 1747 geäußerte Konzeption der Selbsttätigkeit der Materie [1] setzt er fort: „Bei einem auf solche Weise erfüllten Raume dauert die allgemeine Ruhe nur einen Augenblick. Die Elemente haben wesentliche Kräfte, einander in Bewegung zu setzen und sind sich selber eine Quelle des Lebens. Die

Materie ist sofort in Bestrebung, sich zu bilden. Die zerstreuten Elemente dichterer Art sammeln vermittelst der Anziehung aus einer Sphäre rund um sich alle Materie von minder spezifischer Schwere". [4, S. 88f.] Dabei verhindere die Repulsivkraft ein völliges Zusammenstürzen.

Auf diese Weise bilde sich im Zentrum dieser Wolke eine Materieverdichtung, aus der dann die Sonne hervorgeht. Die noch immer zum Zentrum strebenden Teilchen werden durch Zusammenstöße seitwärts abgelenkt und daraus resultieren Wirbel, die infolge gegenseitiger Behinderung eine gleichgerichtete Bewegung um die Sonne ausführen.

Mit Hilfe derselben einfachen Grundprinzipien gelang KANT die Ableitung der unterschiedlichen Dichte der Planeten: „Wenn wir nun aber Partikeln von unterschiedlicher spezifischer Dichtigkeit in gleichem Abstande von der Sonne gedenken, so dringen die von größerer spezifischer Schwere tiefer durch den Widerstand der andern zur Sonne hindurch und werden nicht so bald von ihrem Wege abgebeuget, als die leichteren, daher ihre Bewegung nur in einer größeren Annäherung zur Sonne zirkelförmicht wird." [4, S. 95] In analoger Weise wurde auch die Entstehung der Monde gedacht.

Hinsichtlich der Zeitdauer entwickelte KANT seinen Lesern nicht nur dem biblischen Schöpfungsmythos widersprechende Vorstellungen, sondern rechnete mit einer „Reihe von Millionen Jahren und Jahrhunderten, ehe die Sphäre der gebildeten Natur, darin wir uns befinden, zu der Vollkommenheit gediehen ist, die ihr jetzt beiwohnet". [4, S. 149] Er vermutete sogar, daß der Prozeß des Werdens von Welten noch immer andauert, da viele Himmelskörper noch nicht zu ihrer Vollkommenheit gelangt sind. [4, S. 150]

Damit sind die Grundzüge der Entstehung des Planetensystems nach den Vorstellungen von KANT angedeutet. Er wendete sie im weiteren in Anbetracht dessen, daß die Sterne nichts anderes sind, als „Sonnen und Mittelpunkte von ähnlichen Systemen" [4, S. 141] auf die Sternenwelt an. Dadurch gelang es KANT zwischen dem Sonnensystem und den Sternen eine Verbindungslinie zu ziehen. Diese führte KANT zur Erklärung des Phänomens der Milchstraße. „Das Heer der Gestirne macht durch seine beziehende Stellung gegen einen gemeinschaftlichen Plan ebensowohl ein System aus, als die Planeten unseres Sonnenbaues um die Sonne. Die Milchstraße ist der Zodiakus dieser höheren Weltordnungen." [4, S. 142] So erklärte KANT das Milchstraßensystem im Sinne einer abgeplatteten, linsenförmigen Sternansammlung, deren Einzelsterne sich auf eine Ebene, den galaktischen Äquator, konzentrieren, den KANT nach dem Modell des Planetensystems und der dort zu bemerkenden Orientierung der Planetenbahnebenen als den „Zodiakus" der Milchstraße bezeichnete.

Noch einen Schritt hinaus in den Kosmos ging KANT, indem er eine Ähnlichkeit unseres Sternsystems mit anderen kosmischen Systemen postulierte: „Wir haben mit Erstaunen Figuren am Himmel erblickt, welche nichts anders, als solche ... Milchstraßen, wenn ich mich so ausdrücken darf, sind, die in verschiedenen Stellungen gegen das Auge mit einem ihrem unendlichen Abstande gemäß geschwächsten Schimmer elliptische Gestalten darstellen". [4, S. 143] Auf diese Weise stellt sich „das gesamte Universum, das All der Natur, in einem einigen System durch die Verbindung der Anziehung und der fliehenden Kraft" dar. [4, S. 146]

Kant war sich der Tragweite dieses Entwurfs einer Naturgeschichte kosmischer Körper bewußt und sah auch Einwendungen seitens theologischer Eiferer kommen. Er stellte seine Ideen denen Newtons gegenüber, der „behauptete, die unmittelbare Hand Gottes habe diese Anordnung ohne die Anwendung der Kräfte der Natur ausgerichtet" [4, S. 86] und z. B. hinsichtlich der Dichte der Planeten „die Ursache ihres nach dem Abstande eingerichteten Verhältnisses in der Anständigkeit der Wahl Gottes und in den Bewegungsgründen seines Endzwecks zu finden" geglaubt hatte. [4, S.96f.] Dementgegen sagt Kant von sich selbstbewußt: „Ich genieße das Vergnügen, ohne Beihilfe willkürlicher Erdichtungen unter der Veranlassung ausgemachter Bewegungsgesetze sich ein wohlgeordnetes Ganzes erzeugen zu sehen, welches demjenigen Weltsystem so ähnlich siehet, das wir vor Augen haben, daß ich mich nicht entbrechen kann, es vor dasselbe zu halten." [4, S. 44]

In der kosmologischen und kosmogonischen Theorie von Kant äußerte sich ein neues Religionsverständnis, der neue Gottesbegriff des Deismus, in dessen Rahmen der Einfluß eines persönlichen Gottes auf das Weltgeschehen zurückgewiesen wurde und Gott lediglich die Funktion eines ersten Bewegers in den Naturgesetzen erhielt. Gegen diese Auffassung mußte Kant von vornherein mit Einwänden rechnen, wie er schrieb: „Von der andern Seite drohet die Religion mit einer feierlichen Anklage über die Verwegenheit, da man der sich selbst überlassenen Natur solche Folgen beizumessen sich erkühnen darf, darin man mit Recht die unmittelbare Hand des höchsten Wesens gewahr wird". [4, S. 39]

Aber Kant benötigte keine außernatürlichen Eingriffe, um die Weltentstehung und -erhaltung zu erklären. In diesem Zusammenhang ist sein triumphierendes Motto zu verstehen: „Gebet mir Materie, ich will eine Welt daraus bauen! das ist, gebet mir Materie, ich will euch zeigen, wie eine Welt daraus entstehen soll." [4, S. 49] Insofern stellte die Theorie von Kant eine qualitativ neue Stufe gegenüber Vorgängern dar und er selbst betonte: „Ich habe mich in der Tat mit größester Behutsamkeit aller willkürlichen Erdichtungen entschlagen. Ich habe, nachdem ich die Welt in das einfachste Chaos versetzt, keine andere Kräfte als die Anziehungs- und Zurückstoßungskraft zur Entwickelung der großen Ordnung der Natur angewandt, zwei Kräfte, welche beide gleich gewiß, gleich einfach und zugleich gleich ursprünglich und allgemein sind." [4, S. 54f.]

In einem Anhang zur „Allgemeinen Naturgeschichte" nahm Kant ausführlich zu der damals vieldiskutierten Frage nach der Existenz weiterer bewohnter Welten Stellung. Bemerkenswert daran ist, daß Kant in sehr aktuell anklingender Weise die Entstehung von Leben als Produkt der Entwicklung der Himmelskörper ansieht, nicht als davon unabhängigen Schöpfungsakt oder sekundäres Phänomen. Dennoch erkannte er auch, daß Leben an bestimmte äußere Bedingungen geknüpft ist, die nicht überall gegeben sind. Die Lebensformen würden sich auf den anderen Planeten entsprechend den dort herrschenden konkreten Umweltbedingungen entwickeln, besonders hinsichtlich des Abstandes von der Sonne, der Dauer der Rotation des Planeten usw. Dabei könnte es Lebensformen geben, die in ihrer Entwicklung weit über, aber auch solche, die noch nicht die Höhe der Vollkommenheit des Menschen erreicht haben werden.

Kant war sich einerseits darüber klar, daß er einen großen Entwurf der kosmi-

schen Entwicklung wagte, ohne dafür die entscheidenden Beweise zu besitzen, andererseits ist das Werk von KANT ein Beleg dafür, wie auch wenige empirische Daten in Verbindung mit produktiver Intuition zu Resultaten führen können, die der strengen wissenschaftlichen Beweisbarkeit um Jahrzehnte vorauseilen.
So blieb zunächst die wissenschaftliche Unentschiedenheit bestimmend und bedingte eine nur geringe Rezeption. Die Fachwelt mußte diesen Darlegungen fremd oder ablehnend gegenüberstehen, da das ganze Forschungsprogramm der Astronomie jener Zeit auf die Himmelsmechanik ausgerichtet und die Entstehung kosmischer Körper und Strukturen einer strengen wissenschaftlichen Behandlung noch nicht zugänglich war. [6]
Doch neben diese, ohne Zweifel ausschlaggebenden wissenschaftlichen Einwendungen traten sofort Angriffe aus theologischer Motivation. Man sah in der mechanischen Erklärung der Entstehung des Planetensystems einen Angriff auf die Herrlichkeit Gottes, denn nur durch seine Hand wäre die Schöpfung denkbar, was zu erkennen aber die Kräfte des menschlichen Geistes übersteige. Am prägnantesten brachte noch 1892 G. BRAUN die theologischen Einwendungen gegen die Weltentstehungstheorien auf naturwissenschaftlicher Grundlage (↗ HERSCHEL, ↗ LAPLACE) auf einen Begriff: „Aber sofort greift diese Theorie herüber in das Gebiet der Religion …; ihre Bedeutung, ihr Zweck und Ziel, ihre Wirkung und Bewertung ist keine andre als die, die Entstehung der Welt natürlich zu erklären, eine Schöpfung durch Gott als überflüssig und tatsächlich nicht geschehen nachzuweisen, mit einem Wort, den ganzen 1. Glaubensartikel umzustoßen". [5, S. 672]
Die Theorie von KANT fand ihre Weiterentwicklung und zum Teil empirische Bestätigung durch die Arbeiten von HERSCHEL und besonders durch die Ergebnisse der modernen Astronomie im 20. Jahrhundert.
Die „Weltinseltheorie" von KANT zur Erklärung der Milchstraße und die vermutete extragalaktische Natur von (wenigstens zahlreichen) „Nebelflecken" erhielt schon durch HERSCHELS Forschungen eine gewichtige Unterstützung. Die Grundvorstellung von KANT, die Entstehung des Planetensystems aus diffus verteilter Materie ist in der modernen Kosmogonie selbstverständlicher Ausgangspunkt, genauso der methodische Grundzug, die Entstehung kosmischer Strukturen aus ihrem Bau abzuleiten.
KANT kommt das Verdienst zu, als erster eine kosmische Entwicklungstheorie auf ausschließlich naturwissenschaftlicher Grundlage der Newtonschen Physik ausgearbeitet zu haben.

Lebensdaten zu Immanuel Kant

1724	am 22. April in Königsberg (heute Kaliningrad) geboren
1740–1746	Studium an der Universität Königsberg
1747	„Gedanken von der wahren Schätzung der lebendigen Kräfte", naturphilosophische Studie
1747–1755	Hauslehrer in der Nähe von Königsberg
1754–1755	kleinere Schriften naturwissenschaftlich-philosophischen Inhalts
1755	„Allgemeine Naturgeschichte und Theorie des Himmels", Begründung der astronomischen Entwicklungslehre; Privatdozent an der Universität Königsberg
1770	Professor für Logik und Metaphysik an der Universität Königsberg
1781	„Kritik der reinen Vernunft", hierin und in folgenden Werken Begründung der klassischen deutschen Philosophie
1791	gekürzte Ausgabe der „Allgemeinen Naturgeschichte" als Anhang zur deutschen Übersetzung von Arbeiten Herschels 1797, 1798, 1799 und 1808 weitere Auflagen der „Allgemeinen Naturgeschichte". Auszüge erschienen auch im (Berliner) „Astronomischen Jahrbuch"
1804	am 18. Februar in Königsberg gestorben

Literaturverzeichnis zu Immanuel Kant

[1] Kant, I.: Gedanken von der wahren Schätzung der lebendigen Kräfte (1747). In: Kants gesammelte Schriften, Bd. 1. Verlag G. Steiner, Berlin 1910, S. 1–181

[2] Ders.: Untersuchung der Frage, ob die Erde in ihrer Umdrehung um die Achse ... einige Veränderungen ... erlitten habe (1754). In: Ebd., S. 183–191

[3] Ders.: Die Frage, ob die Erde veralte, physikalisch erwogen (1754). In: Ebd., S. 193–213

[4] Ders.: Allgemeine Naturgeschichte und Theorie des Himmels (1755). Aufbau-Verlag, Berlin 1955

[5] Braun, G.: Die Kant-Laplacesche Weltbildungstheorie. In: Neue kirchliche Zeitung 3 (1892), S. 671–704

[6] Hamel, J.: Zur Entstehungs- und Wirkungsgeschichte der Kantschen Kosmogonie. Mitteilungen der Archenhold-Sternwarte Berlin-Treptow Nr. 130 (1979)

[7] Hamel, J.: Friedrich Wilhelm Herschel. Biographien hervorragender Naturwissenschaftler, Techniker und Mediziner, Bd. 89. BSB B. G. Teubner Verlagsgesellschaft, Leipzig 1988

[8] Waschkies, H. J.: Physik und Physikotheologie des jungen Kant. Verlag B. R. Grüner, Amsterdam 1987

[9] Zum Kantverständnis unserer Zeit. Deutscher Verlag der Wissenschaften, Berlin 1975

PIERRE SIMON DE LAPLACE

PIERRE SIMON DE LAPLACE (1749 bis 1827)

Der französische Astronom, Mathematiker und Physiker (vor allem auf den Gebieten der Himmelsmechanik, Wahrscheinlichkeitstheorie und mathematischen Analysis, der analytischen Mechanik, Wärmelehre, Molekularphysik, Akustik, Elektrizitätslehre und Optik) ist ein hervorragender Vertreter des französischen Materialismus und der Aufklärung; „einer der Gelehrten mit der nachhaltigsten Wirkung in der gesamten Geschichte“ der Wissenschaft. [3, 273]
Mit LAPLACES Arbeiten zur Himmelsmechanik erreichte diese einen so hohen Grad der Vollkommenheit, daß sie zum Vorbild für jede mathematisierte Naturerkenntnis wurde. Die seit NEWTON bestehende Frage nach der Stabilität des Sonnensystems beantwortete er mit dem Ergebnis, daß es eine langandauernde Stabilität der Bewegungen im Planetensystem gibt. Mit seinen Arbeiten wurde der Newtönschen Gravitationstheorie der endgültige Sieg beschert. LAPLACE ist einer der großen Pioniere des Entwicklungsgedanken in der Astronomie.
LAPLACE wurde am 23. (oder 28.)[1] März 1749 in Beamont-en-Auge geboren. 1765 kam er an die Universität von Caen, einem Jesuitenkolleg, wo er die Ausbildung für eine geistliche Laufbahn erhalten sollte. Er war jedoch bereits als Jugendlicher überzeugter Atheist. 1768 ging er nach Paris, wo er drei Jahre später durch Vermittlung von D'ALEMBERT eine Professur für Mathematik an der Militärakademie erhielt. Hier befand sich später NAPOLEON unter seinen Studenten.
In den Jahren von 1768 bis 1778 publizierte LAPLACE eine Reihe von Abhandlungen zu Problemen der Integralrechnung, der mathematischen Astronomie, der Wahrscheinlichkeitstheorie usw. Es bildeten sich seine Denkweise und mathematische Technik, seine philosophischen Positionen und zwei von den Hauptgebieten seiner wissenschaftlichen Interessen heraus, die Himmelsmechanik und die Wahrscheinlichkeitstheorie. Bereits 1773 wurde er als Adjunkt (niedrigster Wahlrang) und 1785 als Mitglied in die Akademie aufgenommen.

1 In den biographischen Arbeiten zu LAPLACE wird das Geburtsdatum unterschiedlich angegeben.

In den Jahren von 1778 bis 1789 erzielte LAPLACE in der Himmelsmechanik und der Wahrscheinlichkeitstheorie seine entscheidenden, seinen Ruhm begründenden Ergebnisse. Es erschloß sich ihm das dritte Hauptgebiet seiner Forschung, die Physik. Die Zusammenarbeit mit LAVOISIER in der Wärmelehre verschaffte ihm zugleich den Zugang zu den einflußreichen Kreisen des wissenschaftlichen Lebens.

Die Zeit vom Beginn der Französischen Revolution 1789 bis zum Ende des Direktoriums sah LAPLACE auf dem Zenit seines Schaffens. 1796 erschien seine „Darstellung des Weltsystems". In ihr stellte er für einen breiten Leserkreis, ohne Verwendung von Formeln, die Ideen über das vom Newtonschen Gravitationsgesetz beherrschte Weltgebäude dar. Nur wenige Seiten nahm hier seine Hypothese zur Herausbildung unseres Sonnensystems aus einem rotierenden Urnebel ein. Diese „Nebularhypothese", die LAPLACE später mit HERSCHELS Ideen zur Sternenkosmogonie in Übereinstimmung brachte, spielte eine große Rolle bei der Herausbildung der physikalischen Kosmogonie, die aber erst mit der Einführung der astrophysikalischen Methoden (Spektralanalyse, leistungsfähige Photometer) möglich wurde. Darüber hinaus werden wesentliche Aspekte seiner Hypothese in heutigen kosmogonischen Forschungen benutzt. 1799 begann die Publikation der 5-bändigen Himmelsmechanik.

Mit dem Titel dieses Werkes führte LAPLACE den Terminus „Himmelsmechanik" in den wissenschaftlichen Sprachgebrauch ein. Seine Arbeit stellte die Krönung der Anwendung der Methoden NEWTONS dar. Die Behandlung astronomischer Fragen auf der Grundlage der vor allem durch L. EULER, die Gebrüder BERNOULLI, J. L. LAGRANGE und J. B. LE ROND D'ALEMBERT entwickelten analytischen Mechanik erhielt eine derart hohe Vollkommenheit, daß sie zum Vorbild für jede mathematisierte Naturbeschreibung wurde. LAPLACE ging es weniger – anders z. B. bei LAGRANGE – um die Eleganz der mathematischen Darstellung. Ihm lag vielmehr daran, den Vergleich mit den Beobachtungsdaten zu ermöglichen. Hieraus resultierte die von ihm vorangetriebene Kultivierung der Näherungsrechnung.

Newtons Gravitationsgesetz bildete das Zentrum dieser Untersuchungen. Eine Reihe ungelöster Probleme, eine Vielzahl von Ungleichheiten in den Bewegungen im Planetensystem nährte bisher den Zweifel an der universellen Gültigkeit des Gesetzes. LAPLACE kam zu dem Ergebnis, daß sich diese Erscheinungen gerade mittels des Gesetzes deuten lassen. Somit werden diese Unregelmäßigkeiten, indem sie ihre Erklärung im Rahmen der Newtonschen Theorie finden, selbst zu ihrer glänzenden Bestätigung.

1773 erschien LAPLACES erste große Arbeit zur Störungstheorie. Er benutzte die 1766 von LAGRANGE vorgeschlagene Methode und konnte zeigen, daß die von HALLEY entdeckten Ungleichheiten in den Bewegungen von Jupiter und Saturn über größere Zeiträume periodisch und somit nicht säkulär sind. Im Unterschied zu EULER und LAGRANGE, die sich erfolglos mit dem Problem beschäftigt hatten, berücksichtigte er Glieder höherer Ordnung in der Reihe, mit der die Störkräfte ausgedrückt werden. In der Folgezeit schufen LAPLACE und LAGRANGE die klassischen Methoden der Himmelstechnik, die noch heute als beispielhaft gelten. Sie wiesen den langperiodischen Charakter der Störungen der entscheidenen Bahnelemente der Planetenbewegungen (große Halbachse, Neigung zur Ekliptik, Exzentrizität) nach. Das Ergebnis bedeutet, daß das Planetensystem für lange Zeit stabil ist. (Letztlich aber bleiben Unsicherheiten auf Grund des Näherungscharakters der Rechnung. Außerdem lassen die Ergebnisse der in den letzten Jahrzehnten aufgekommenen Chaosforschung das Problem der Stabilität des Planetensystems in einem neuen Licht erscheinen.)

Intensive Untersuchungen nahm LAPLACE im Rahmen der Störungstheorie zur Bewegung der Kometen vor. So analysierte er die Verwandlung hyperbolischer, parabolischer und elliptischer Bahnen der Kometen unter dem Einfluß großer Planeten ineinander. Dabei sah er diese Problematik im Zusammenhang mit seiner kosmogonischen Hypothese. Kometen sind danach Fremdlinge im Sonnensystem. Sie stammen aus kosmischen Nebeln von der Art desjenigen, der Ursprung des Planetensystems ist. Übrigens formulierte LAPLACE als erster die Idee des Eismodells des Kometenkerns.

Auch den Saturnring betrachtete er unter störungstheoretischem Gesichtspunkt und kam dabei zu dem Ergebnis, daß dieser aus vielen kleinen Teilchen, die sich selbständig als Satelliten um den Planeten bewegen, bestehen muß. Wie KANT war er der Meinung, daß sich der Saturnring in Wirklichkeit aus vielen konzentrischen Ringen zusammensetzt. Wiederum bekam er Hinweise zu seiner kosmogonischen Hypothese, indem er den Saturnring in Analogie zum entstehenden Sonnensystem setzte.

Ein Glanzstück der Himmelsmechanik sind LAPLACES Untersuchungen zur Bewegung der Galileischen Jupitersatelliten. Er entwickelte eine Theorie („Laplacesche Gesetze der Bewegung der Jupitersatelliten"), die einige einfache, aber erstaunliche Zusammenhänge dieser Bewegung enthielt und sehr gut mit den Beobachtungen übereinstimmte.

Seit HALLEYS Entdeckung von 1693 war die säkulare Beschleunigung der Mondbewegung ein Problem, das die Gelehrten beunruhigte und der endgültigen Anerkennung der universellen Gültigkeit des Newtonschen Gravitationsgesetzes entgegenstand. 1787 fand LAPLACE die Antwort auf diese Frage. Die beobachtete Beschleunigung ist ein Resultat der periodischen Änderung der Erdbewegung infolge der gravitativen Störungen durch andere Planeten. Sie wird langfristig durch Verlangsamung abgelöst, d.h., sie ist ebenfalls periodisch. (Allerdings wissen wir heute, daß LAPLACES Erklärung nur einen Teil der zu beobachtenden Beschleunigung abdeckt. Eine tatsächliche säkulare Beschleunigung ergibt sich aus der Abbremsung der Erdrotation infolge der Gezeitenreibung.)

Umfangreiche Forschungen führte LAPLACE zur Erdfigur durch. Die auf NEWTON zurückgehende Berechnung der Erdabplattung ergänzte er durch Berechnungen der Mondbewegung, die von jener beeinflußt wird. Er erhielt einen recht genauen Wert der Abplattung. Weitere Ergebnisse gewann er – u.a. durch potentialtheoretische Betrachtungen – zur Erdfigur, zur Zunahme der Dichte bei Annäherung an das Erdzentrum und zu den Bewegungen der Erdachse.

Neu war die Behandlung des Gezeitenproblems durch LAPLACE. Während D. BERNOULLI, EULER und C. MACLAURIN eine statische Theorie von Ebbe und Flut schufen, nach der die Oberfläche des ozeanischen Wassers in jedem Moment eine Gleichgewichtsfigur gemäß den wirkenden Gezeitenkräften annimmt, be-

gründete Laplace eine dynamische Theorie. In dieser wird davon ausgegangen, daß die Form der Oberfläche der irdischen Wassermassen sich infolge jener Kräfte in einem Schwingungszustand befindet.
Weitere Gegenstände von Laplaces Forschungen waren die Astronomische Einheit, die Natur des Zodiakallichts, Sterne, Nebel und ihre Veränderungen, das Leben im Weltall usw. Er formulierte erstmalig den Grundgedanken für die Theorie der Schwarzen Löcher, nämlich den von einer unvorstellbar riesigen Masse, die das Licht nicht entweichen läßt.
Starke Positionen bezog Laplace zu den durch die Revolution bzw. Napoleon neu geschaffenen wissenschaftlichen Einrichtungen, z. B. dem Institut de France oder der Ecole Polytechnique. Er war einer der Hauptbeteiligten und Pioniere der Umgestaltung des Systems der höheren Bildung. Als Vorsitzender der Kammer für Maße und Gewichte und einer der Leiter des Büros für Längen hatte er entscheidenden Anteil an der naturwissenschaftlichen Begründung und der Einführung des metrischen Systems bzw. einheitlichen dezimalen Maß- und Gewichtssystems. Dieses übte einen enormen Einfluß auf die Entwicklung von Technik, Verkehr, Handel und Industrie aus.
Anders als viele bedeutende französische Wissenschaftler engagierte sich Laplace jedoch nicht für die Revolution und ihre Verteidigung. 1793 schrieb er in der Stille seines Landsitzes abseits von Paris die „Darstellung des Weltsystems". Mit großer Umsicht verstand er es, sich den jeweils Herrschenden anzubieten und nützlich zu machen. Nach Napoleons Staatsstreich war er für sechs Wochen Innenminister, dann Mitglied und Vorsitzender des Senats (Verteidigungsrat). Er wurde einer der ersten Ritter der Ehrenlegion und Graf unter Napoleon, Marquis und Pair von Frankreich unter den Bourbonen. Seine Positionen in den wissenschaftlichen Gremien nutzte er konsequent, oft bedenkenlos zur Durchsetzung seiner Vorstellungen und Absichten aus. Zugleich war Laplace ein großzügiger Förderer junger Wissenschaftler.
Ab 1810 wandte sich Laplace wieder der Wahrscheinlichkeitsrechnung zu. Er begründete die Fehlerrechnung und versuchte Neues in der Anwendung dieser Theorie, u. a. auch in Hinblick auf die Analyse gesellschaftlicher Probleme.
Das wissenschaftliche Werk von Laplace ist ganz vom Geist der französischen Aufklärung durchdrungen. Er war überzeugter Atheist und Vertreter des französischen Materialismus. In seinem Verhalten gegenüber Kirche und Geistlichkeit war er allerdings vorsichtig. Er griff sie nicht frontal an wie viele seiner Zeitgenossen; nur einmal glaubte er – als Innenminister, in völliger Verkennung der Intensionen Napoleons hinsichtlich Macht und Religion – den kämpferischen Atheismus zur Staatspolitik machen zu können. In seinem wissenschaftlichen Werk aber ging er von der Unvereinbarkeit von Wissenschaft und Religion aus, setzte sich mit religiösen Vorurteilen, Aberglauben und Theologie wie auch mit Astrologie, Wahrsagerei u. ä. auseinander. Anekdotenhaft bekannt ist Laplaces Antwort an Napoleon, der in seinen Arbeiten den Schöpfer vermißt: Diese Hypothese sei für ihn überflüssig.
Laplace war zutiefst von der durchgängigen Gesetzmäßigkeit der materiellen Welt und ihrer Erkennbarkeit überzeugt. Die Materie ist für ihn ewig und unerschöpflich. Laplace charakterisierte das Wesen der Determinismusauffassung

des mechanistischen Weltbildes mit einem Geist („Laplacescher Dämon"), der „alle in der Natur wirkenden Kräfte sowie die gegenseitige Lage der sie zusammensetzenden Elemente" für einen gegebenen Augenblick kennen würde und sie der mathematischen Analyse unterwerfen könnte, er „würde in derselben Formel die Bewegungen der größten Weltkörper wie des leichtesten Atoms umschließen; nichts würde" ihm „ungewiß sein, und die Zukunft wie Vergangenheit würden" ihm „offen vor Augen liegen." [8]

Lebensdaten zu Pierre Simon de Laplace

1749	am 23. (oder 28.) März in Beaumont-en-Auge geboren (In den biographischen Arbeiten zu Laplace wird das Geburtsdatum unterschiedlich angegeben.)
1755	Beginn des Schulbesuchs
1765	Beginn des Studiums an der Universität von Caen
1768	Übersiedlung nach Paris
1771	Professur an der Militärakademie
1773	Wahl als Adjunkt für Mechanik in die Akademie
1778	schließt Laplace mit Marie-Charlotte de Courty de Romagnes die Ehe, aus der zwei Kinder hervorgehen
1785	Wahl als Pensionär (Vollmitglied) der Akademie
1789–1794	Große Französische Revolution
1794	Gründung der Ecole Polytechnique, Berufung von Laplace zum Professor für Mathematik; Laplace wird Vorsitzender der Kammer für Maße und Gewichte
1795	Laplace einer der Leiter des Längenbüros
1796	„Exposition du système du monde"
1799–1805	Diktatur Napoleons (Konsulat)
1799–1825	5 Bände der „Mécanique céleste"
1799	Laplace Innenminister, Senator mit Berthollet Gründung der Société d'Arcueil, einer Physikerschule mit großer Bedeutung für die Mathematisierung der Physik
1804–1815	Napoleon I. Kaiser von Frankreich
1812	„Théorie analytique des probabilités"
1814	„Essai philosophique sur des probablités"
1814–1824	Restauration der Bourbonen
1827	am 5. März in Paris gestorben

Literaturverzeichnis zu Pierre Simon de Laplace

[1] Oeuvres complétes de Laplace, 14 Bde., Paris 1872–1912

[2] Voroncov-Vel'jaminov, B. A.: Laplace. Moskau 1937 u. 1985

[3] Gillispie, Ch. C. et al.: Laplace, Pierre-Simon, Marquis de. In: Dictionary of Scientific Biography (Editor in Chief: Ch. C. Gillispie), New York, Vol 15, Supplement I, S. 273–403

[4] Bernhardt, H.: Pierre Simon Laplace (1749–1827). In: Biographien bedeutender Mathematiker. Hrsg.: H. Wußing u. W. Arnold, Berlin 1973, S. 283–291

[5] Herrmann, D. B.: Geschichte der modernen Astronomie. Berlin 1984

[6] Herrmann, D. B.: Entdecker des Himmels. Leipzig–Jena–Berlin 1982

[7] Eremeeva, A. I.: Astronomičeskaja kartina mira i eë tvorcy (Das astronomische Weltbild und seine Schöpfer). Moskau 1984

[8] Laplace, P. S. de: Philosophischer Versuch über die Wahrscheinlichkeit. Akademische Verlagsgesellschaft m.b.H. Leipzig 1932

Friedrich Wilhelm Herschel (1738 bis 1822)

Herschel entdeckte 1781 den Planeten Uranus, bestimmte den Apex der Sonnenbewegung, erkannte die physische Natur der Doppel- und Mehrfachsterne und die elliptische Gestalt unseres Milchstraßensystems, leitete aus seinen Entdeckungen von Nebelflecken die erste, auf umfangreichen empirischen Untersuchungen beruhende astronomische Entwicklungstheorie ab, gab dem Bau von Spiegelteleskopen bedeutende Impulse.

Friedrich Wilhelm Herschel wurde am 15. November 1738 in Hannover geboren. Die Familie Herschel stammt aus Sachsen und ist seit 1618 in Pirna nachweisbar. Der Vater von Herschel wurde Militärmusiker in der königlichen Hannoverschen Garde. Herschel wuchs mit fünf Geschwistern auf, unter ihnen Karoline Lukretia (1750 bis 1848). Von seinem Vater, einem gebildeten Mann mit vielen Interessen, erhielt Herschel Musikunterricht und Anregungen, sich mit Philosophie und Naturwissenschaften zu beschäftigen.

Nach dem Besuch der Garnisonsschule trat Herschel als Musiker in die Hannoversche Militärkapelle ein und weilte 1752 mit dem Garderegiment erstmals in England. Hier übte er sich intensiv in der englischen Sprache und wurde mit dem Werk des Philosophen John Locke (1632 bis 1704) bekannt, das für sein späteres Wirken von großer Bedeutung wurde. Nach dem Ausbruch des 7jährigen Krieges verließ Herschel das Militär und siedelte völlig mittellos nach England über. Zunächst fand er eine Anstellung als Notenschreiber, dann als Leiter kleiner Militärkapellen. Er begann zu komponieren. 1766 wurde Herschel Organist im englischen Luxusbad Bath. Daneben bildete er sich autodidaktisch in der Astronomie und begann mit Himmelsbeobachtungen. Da ihm die Leistungsfähigkeit käuflicher Fernrohre nicht befriedigte, übte er sich im Schleifen von metallischen Teleskopspiegeln, worin er es bald zur Meisterschaft brachte, so daß er um 1800 einer der bedeutendsten Fernrohrhersteller war.

Seit 1779 war Herschel mit einer Durchmusterung des Himmels beschäftigt, in deren Verlauf er mit einem 7füßigen Teleskop (D = 16 cm) alle Sterne bis zur

Friedrich Wilhelm Herschel

8. Größenklasse registrierte. Dabei entdeckte er am 13. März 1781 ein Gestirn, das ihm durch ungewöhnliche Helligkeit, seine Bewegung und sein Fehlen in den Sternkarten auffiel. Er berichtete darüber in den „Philosophical Transactions" der Royal Society of London unter dem Titel „Account of a Comet". Doch darin irrte Herschel, denn er hatte keinen Kometen, sondern den ersten, noch nicht schon im Altertum bekannten Planeten entdeckt, der den Namen Uranus erhielt. Diese Entdeckung verschaffte dem „Amateurastronomen" sofort Anerkennung in Fachkreisen. Der englische König bot dem schon fast 44jährigen eine Stellung als Privatastronom an, so daß Herschel sein Hobby nun als Beruf ausüben konnte, unterstützt von seiner Schwester Karoline Lukretia, die auch mit eigenen wissenschaftlichen Arbeiten hervortrat.

Ein Ziel der Himmelsdurchmusterung von Herschel bestand eigentlich darin, geeignete Sterne zur Messung relativer Parallaxen zu finden. Als geeignet erschienen Sternpaare, bei denen der eine Stern relativ lichtschwach, der andere heller ist. Das Problem wird daraus klar, daß zu diesem Zeitpunkt Doppelsterne fast ausnahmslos als lediglich perspektivische Erscheinungen verstanden wurden, bei denen der eine Stern in Wirklichkeit weit entfernt hinter dem anderen im Raum steht. Damit schien die parallaktische Verschiebung des näheren Sterns relativ zum entfernteren meßbar. (Dieses Prinzip wandte Bessel später erfolgreich an.) Herschel fand jedoch so viele eng benachbarte Sterne, daß nach der Wahrscheinlichkeitsrechnung eine physische Zusammengehörigkeit die notwendige Ursache sein mußte. In insgesamt drei Katalogen registrierte Herschel 850 Doppel- und Mehrfachsterne. Bei 50 Systemen gelang ihm nach 25jähriger Beobachtungszeit der direkte Nachweis einer Bewegung der Komponenten umeinander.

Ausgehend von dem Bild, daß ein Spaziergänger im Wald die Bäume vor sich scheinbar auseinanderrückend sieht, während sich hinter ihm die Abstände zwischen ihnen zu verkleinern scheinen, untersuchte Herschel die Bewegungsrichtung der Sonne im Raum (Apex). Aus der Analyse der Eigenbewegung von nur 13 Sternen leitete er 1783 den Zielpunkt der Sonnenbewegung nahe dem Stern λ Herculis ab, unweit des noch heute als gültig angesehenen Ortes.

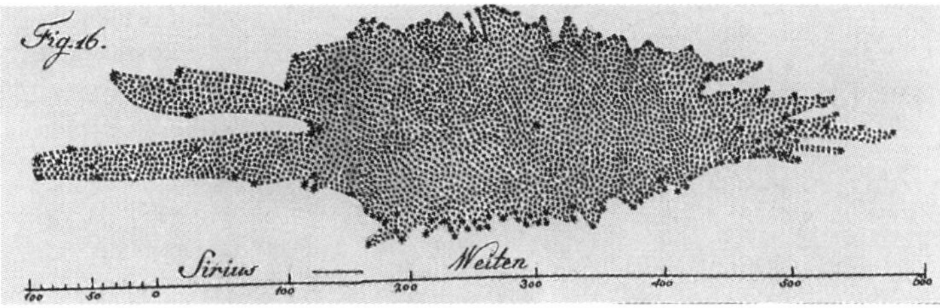

Milchstraßensystem nach HERSCHEL

Immer wieder standen Durchmusterungen auf HERSCHELS Beobachtungsprogramm. 1784 publizierte er eine erste Arbeit zum Thema „Construction of the Heavens". Er hatte sich mit dieser Aufgabe nach der Herstellung eines neuen, leistungsfähigen Instruments befaßt. Ihr lag die folgende Überlegung zugrunde: Wenn wir in einem begrenzten Sternsystem leben, muß ein Fernrohr, das auch die schwächsten Sterne am Rande des Systems erfaßt, die Struktur dieses Systems zeigen. Zählt man die Sterne in gut ausgewählten Feldern des Himmels, so bekommt man einen Eindruck von der Struktur der Sternansammlung, weil die jeweils ermittelte Sternanzahl proportional der Tiefe des Systems in der zugehörigen Richtung ist. Seine erste Arbeit enthielt die Resultate der Sternzählungen in 3 400 Feldern in der Zone zwischen −30...+45° Deklination. Zwei nicht streng gültige Grundvoraussetzungen lagen dieser Arbeit zugrunde: Zunächst erreichte einerseit das neue Teleskop von HERSCHEL nicht die an der Grenze unseres Systems befindlichen lichtschwachen Sterne. Andererseits ging HERSCHEL grundsätzlich von der gleichen absoluten Helligkeit aller Sterne aus. Dennoch gelang ihm die Ableitung der abgeplatteten Gestalt unserer Galaxis, die sich später im wesentlichen bestätigte, auch wenn er die quantitativen Verhältnisse nicht erfaßte (Achsenlängen nach HERSCHEL 850 bzw. 155 Siriusweiten).
Auch die 1786 mit einem 1 000 Objekte umfassenden Katalog von „Nebelflecken" (Galaxien, Sternhaufen, galaktischen Nebeln) zu einem ersten Ergebnis geführten neuen Durchmusterungsarbeiten nutzte HERSCHEL zu weitreichenden Schlußfolgerungen. Er erkannte die grundsätzliche Ähnlichkeit zwischen unserem Milchstraßensystem und manchen anderen elliptischen Nebeln und vermutete ihre extragalaktische Natur. In einer Zeit, in der noch nicht einmal die genauen Entfernungen der nächsten Sterne bekannt waren, führte HERSCHEL seinen Zeitgenossen wahrhaft kosmische Dimensionen vor. Er meinte, daß der Abstand zu den „entlegendsten" Nebelflecken bei 2 Millionen Lichtjahren liege. Davon ausgehend zog HERSCHEL Schlußfolgerungen für die kosmische Zeitskale. Wenn die Entfernung 2 Millionen Lichtjahre betrage, bedeute dies wegen der Endlichkeit der Lichtgeschwindigkeit, daß die betreffenden Objekte schon von 2 Millionen

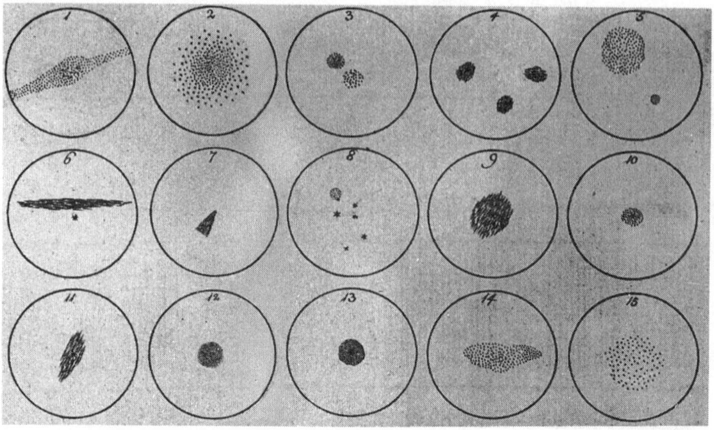

Formen kosmischer Nebel

Jahren existiert haben müssen. Das warf ein völlig neues Licht auf die Geschichtlichkeit des Kosmos!

Bemerkenswert ist, daß HERSCHEL in direkter Weise philosophische Anregungen in seinen wissenschaftlichen Schriften fruchtbar machte. So schrieb er 1785: „Zuerst aber sey es mir erlaubt zu erinnern, daß, wenn wir irgend einigen Fortschritt in einer Nachforschung ... zu machen hoffen wollen, wir zwey entgegengesetzte Abwege zu vermeiden haben, von denen sich kaum sagen läßt, welcher der gefährlichste sey. Hängen wir unserer phantastischen Einbildungskraft nach, und bauen Welten nach Belieben; so ist es kein Wunder, wenn wir vom Pfade der Wahrheit und der Natur weit abkommen ... Auf der andern Seite, wenn wir Beobachtung auf Beobachtung häufen, ohne allen Versuch, aus denselben nicht bloß gewisse Schlüsse, sondern auch müthmaßliche Vorstellungsarten zu ziehen; so verstoßen wir gegen den eigentlichen Endzweck, um dessentwillen allein Beobachtungen angestellt werden sollten." [1, S. 26] Mit anderen Worten: Das Wesen der Erkenntnis liegt in der Vereinigung von Beobachtung und theoretischer Bearbeitung; Hypothesen sind ein notwendiges Entwicklungselement wissenschaftlicher Forschung.

Diese erkenntnistheoretischen Einsichten versetzten HERSCHEL in die Lage, aus seinen empirischen Forschungen zur Morphologie der von ihm entdeckten „Nebelflecke" eine Theorie der kosmischen Entwicklung abzuleiten. Er legte ihr den Gedanken zugrunde, daß es unerheblich sei, ob man die Entwicklung einer Objektklasse anhand der Entwicklung eines ihrer Individuen verfolge oder die einzelnen Entwicklungsstadien durch jeweils ein Individuum dokumentiere. HERSCHEL zieht als Analogie die Entwicklung einer Pflanze heran. Diese Arbeitsmethodik sei deshalb erforderlich, weil kosmische Entwicklungsprozesse für eine direkte Beobachtung zu langsam verlaufen. Deshalb bleibe nur der Weg des Schlusses vom räumlichen Nebeneinander unterschiedlicher Formen auf ihr zeitliches Nacheinander – ein noch in der heutigen Forschung fundamentales methodisches Prinzip.

HERSCHEL schließt seine Arbeiten zur Entwicklung von Sternen und Sternsyste-

Riesenteleskop von HERSCHEL

men 1802 mit der Begründung von 12 Entwicklungsstadien im wesentlichen ab. An den Anfang dieser Reihe setzte er den „freien, selbstleuchtenden Lichtnebel" (diffus verteilte Materie). Infolge fortschreitender Verdichtung bildet sich daraus eine zentrale Konzentration, die bald als sternförmiger Kern sichtbar wird. Es entsteht ein planetarischer Nebel (dieser Begriff wurde von HERSCHEL geprägt) mit Zentralstern, der weitere Nebelmassen auf sich zieht und dann als rein leuchtender Einzelstern erscheint. Durch gegenseitige Anziehung benachbarter Sterne bildet sich zunächst ein Doppel-, dann ein Drei- und Mehrfachstern. Der weitere Zuwachs an Sternen führt schließlich zu „den ungeheuren Sammlungen kleiner Sterne", die unsere Milchstraße sowie die ähnlich gebauten elliptischen Nebelflecke darstellen.

Auch Himmelskörper und die von ihnen gebildeten Systeme haben eine Geschichte – das war ein Angriff auf die Vorstellung von der Ewigkeit des Himmels. HERSCHEL hatte wieder Neuland betreten (auch wenn KANT 1755 eine in der Theorie ähnliche Vorstellung von der Bildung kosmischer Körper publiziert hatte), diesmal so gründlich überkommene Vorstellungen hinter sich lassend, daß kaum ein Vertreter seines Faches ihm zu folgen vermochte.

So fand HERSCHEL lange Zeit keine Fortsetzer, weil er die zu seiner Zeit gegebenen Möglichkeiten voll ausgeschöpft hatte. Lediglich LAPLACE gab ab 1796 eine Theorie der Planetenentstehung aus von der Sonne abgelöster Materie. Erst nach 1850 griff man die Erkenntnisse der Geschichtlichkeit der Himmelskörper wieder auf, nachdem infolge der Entdeckung des Energieerhaltungssatzes deutlich wurde, daß z. B. die Sonne wegen der Abstrahlung von Energie nicht ewig existieren könne. Weitere 20 Jahre später vermochte ZÖLLNER in Leipzig und H. C. VOGEL in Potsdam unter Einsatz der Spektroskopie und anderer astrophysikalischer Forschungsmethoden eine Entwicklungstheorie der Sterne anzugeben.

Die als „Herschel-Prinzip" bezeichnete Methode des Schlusses vom Nebeneinander auf ein entwicklungsbedingtes Nacheinander bewährt sich bis heute. HERSCHEL hatte recht, als er von einer Entstehung der Sterne aus Verdichtungen diffus verteilter Gas- und Staubmassen (in heutiger Terminologie) unter Einfluß der eigenen Gravitation sprach. Dabei spielen sich jedoch sehr komplexe und komplizierte Prozesse ab, die z. T. erst mit Hilfe der modernen Elementarteilchenphysik beschreibbar sind.

Eine Entdeckung ganz anderer Art gelang HERSCHEL, als er 1800 zur Abschirmung des grellen Sonnenlichtes für Beobachtungen unseres Tagesgestirns mit verschiedenen Farbgläsern arbeitete. Er bemerkte, daß Farbgläser Licht und Wärme in unterschiedlichem Maße hindurchlassen, worauf er das Licht mittels eines Prismas in die einzelnen Spektralbereiche zerlegte und die jeweilige Temperatur maß. Im violetten Bereich erhielt er eine Temperaturerhöhung von 2 Grad, im grünen von 3¼ Grad, im roten von 6⅞ Grad, am Ende des roten von 8 Grad, und im infraroten Bereich waren es 9 Grad; danach sank die Temperatur wieder ab. HERSCHELS Schlußfolgerung war exakt: Es ist offenbar, daß es jenseits der sichtbaren Strahlung eine unsichtbare gibt mit einer „Kraft von wirkender Hitze". Dies bedeutete die Entdeckung der infraroten Strahlung. Folgerichtig schloß HERSCHEL daraus, daß sich Licht und Wärme zwar nach ihrer Wirkung, nicht aber ihrer physikalischen Natur voneinander unterscheiden.

HERSCHEL hat wie kaum ein anderer Gelehrter in der langen Geschichte der Astronomie diese Wissenschaft geprägt. Viele weitere Forschungsresultate, wie die Entdeckung je zweier Monde des Uranus und Saturn (1787 und 1789) die Größenbestimmung von Planetoiden oder seine langwirkende Sonnentheorie können hier nur genannt werden. Am Rande bleiben muß auch die stets als gebildet, warmherzig und verständnisvoll geschilderte Persönlichkeit von HERSCHEL, die fern jeder Selbstüberschätzung stand – ebenso der nicht unerhebliche Anteil von KAROLINE HERSCHEL, die ihrem Bruder unter Zurückstellung ihrer eigenen Persönlichkeit zur Seite stand. Das wissenschaftliche Werk von HERSCHEL fand seine würdige Fortsetzung im Schaffen seines Sohnes JOHN FREDERICK WILLIAM HERSCHEL (1792 bis 1871).

Lebensdaten zu FRIEDRICH WILHELM HERSCHEL

1738	am 15. November in Hannover geboren
1753	Eintritt in die Militärkapelle der Hannoverschen Garde
1757	Übersiedlung nach England, Anstellung als Notenschreiber, Musiker, Musiklehrer und Komponist
1766	erste astronomische Beobachtungen
1781	Entdeckung des Uranus; Mitglied der Royal Society of London
1782	Ernennung zum Königlichen Astronomen; Erster Doppelsternkatalog (weitere 1785 und 1821, 850 Objekte)
1783	Bestimmung der Bewegungsrichtung der Sonne im All
1784	erste Arbeit zum „Bau des Himmels", Begründung der Entwicklungstheorie kosmischer Objekte
1786	erster Katalog von Sternhaufen und kosmischen Nebeln
1787	Entdeckung zweier Uranusmonde
1789	Fertigstellung des 40-Fuß-Teleskops; Entdeckung zweier Saturnmonde
1800	Entdeckung der Infrarotstrahlung
1803	Nachweis von Bewegungsvorgängen in Doppelsternen
1822	am 15. August in Slough bei Windsor gestorben

Literaturverzeichnis zu Friedrich Wilhelm Herschel

[1] Herschel, W.: Über den Bau des Himmels. Drey Abhandlungen. Königsberg 1791

[2] Herschel, W.: W. Herschels sämtliche Schriften, Bd. 1. Dresden–Leipzig 1826 (mehr Bde. nicht erschienen).

[3] Hamel, J.: Friedrich Wilhelm Herschel. Biographien hervorragender Naturwissenschaftler, Techniker und Mediziner, Bd. 89. BSB B. G. Teubner Verlagsgesellschaft, Leipzig 1988

Friedrich Wilhelm Bessel (1784 bis 1846)

In der ersten Hälfte des 19. Jahrhunderts steht der Name von Bessel an der Spitze der bedeutenden Astronomen. Mit seinen Arbeiten zum Aufbau eines astronomischen Koordinatensystems, zur Bestimmung der Positionen und Bewegungen von Sternen, zur Theorie astronomischer Winkelmeßgeräte und der erstmaligen Messung der Entfernung eines Sterns führte er die klassische Astronomie zur Vollendung und setzte Normen, die über viele Jahrzehnte gültig blieben.

Friedrich Wilhelm Bessel wurde am 22. Juli 1784 in Minden (Westfalen) in einer Beamtenfamilie geboren. Da von der Familie insgesamt drei Söhne und sechs Töchter zu versorgen waren, blieben die finanziellen Mittel stets beschränkt. Im Unterschied zu den beiden Brüdern hatte der junge Fritz Bessel Probleme in der Schule, besonders mit Latein. Im Alter von vierzehn Jahren verließ er auf eigenen Wunsch das Gymnasium und trat, da er gern rechnete, als Lehrling in das Handelshaus Kulenkamp in Bremen ein.

In den ersten Lehrjahren offenbarten sich Bessels Leistungsvermögen und geistige Fähigkeiten, insbesondere ein ausgezeichnetes Gedächtnis. Obwohl ihn die Tätigkeit im Büro und in den Warenlagern täglich von 8 Uhr bis 20 Uhr beschäftigte und nur der arbeitsfreie Sonntagnachmittag zur Erholung blieb, fühlte er sich nicht ausgelastet. Da er als Handelsvertreter zur See fahren wollte, befaßte er sich – was eigentlich nicht nötig gewesen wäre – mit Nautik und eignete sich die dazugehörigen Grundlagen der Mathematik und Astronomie mit Hilfe von Büchern an. Dies tat er stets am Abend, für den Schlaf brauchte er nicht mehr als fünf Stunden.

Die Beschäftigung mit astronomischer Fachliteratur wurde Bessel zum Bedürfnis. Gleichzeitig führte er erste Beobachtungen mit einem selbstgebauten Sextanten aus, die zu seiner großen Befriedigung recht gut gelangen. 1804 wagte er sich daran, aus noch unbearbeiteten Beobachtungen von 1607 die Bahn des Halleyschen Kometen zu bestimmen. Für diese Rechnungen waren Kenntnisse auf dem Niveau eines Universitätsstudiums notwendig. Die fertige Arbeit legte er Olbers vor, den er auf der Straße ansprach.

Heinrich Wilhelm Olbers (1758 bis 1840) war praktizierender Arzt in Bremen und besaß eine private Sternwarte. Er entdeckte sieben Kometen, von denen einer seinen Namen trägt, sowie den zweiten und den vierten der kleinen Planeten. Nach Gauss' Berechnungen fand er den ersten kleinen Planeten wieder. Von den theoretischen Arbeiten Olbers' erhielt vor allem seine Methode zur Bestimmung einer Kometenbahn Anerkennung.

FRIEDRICH WILHELM BESSEL

OLBERS erkannte den Wert der Besselschen Arbeit und veröffentlichte sie. Er nahm dessen Angebot an, astronomische Rechnungen auszuführen, und brachte BESSEL in briefliche Verbindung mit dem bereits bekannten Mathematiker und Astronomen GAUSS. OLBERS bezeichnete es später als sein größtes Verdienst, BESSEL für die Astronomie gewonnen zu haben.
Durch Vermittlung von OLBERS erhielt BESSEL 1806 die Stelle eines Gehilfen auf der privaten Sternwarte von JOHANN HIERONYMUS SCHRÖTER in Lilienthal bei Bremen. Von OLBERS inspiriert, befaßte sich BESSEL hier vorrangig mit Berechnungen der Bahnen von Kometen und neu entdeckten kleinen Planeten.
Auf Initiative WILHELM VON HUMBOLDTS wurde BESSEL 1810 als Professor für Astronomie an die Universität in Königsberg (heute Kaliningrad) berufen. Die Universitätssternwarte, deren Direktor BESSEL wurde, war erst noch zu errichten, was drei Jahre in Anspruch nahm. In dieser Zeit befaßte sich BESSEL vor allem mit der Bearbeitung von BRADLEYS Beobachtungen. Dies hatte er auf Anregung von OLBERS in Lilienthal begonnen.
JAMES BRADLEY (1693 bis 1762) war zunächst Geistlicher gewesen. 1721 wurde er Professor für Astronomie in Oxford und 1742, nach dem Tod HALLEYS, Direktor der Sternwarte Greenwich und Königlicher Astronom. Er entdeckte die astronomische Aberration und die Nutation der Erdachse. Neben anderen Beobachtungen führte er von 1750 bis 1762 sehr genaue Positionsbestimmungen von Sternen durch, die aber unbearbeitet blieben und später in der Originalform veröffentlicht wurden.
Aus BRADLEYS Beobachtungen bestimmte BESSEL zunächst die Abhängigkeit der astronomischen Refraktion von der Höhe über dem Horizont und dem Zustand der Atmosphäre sowie die Fehler des von BRADLEY verwendeten Mauerquadranten.
Der Sternkatalog erschien 1818 unter dem Titel „Fundamenta Astronomiae ...“. Er enthält die gemittelten Positionen von 3 222 Sternen und für alle diejenigen Sterne, die PIAZZI in Italien um 1800 neu vermessen hatte, die durch ihre Bewegung hervorgerufenen Positionsänderungen. Außerdem führte BESSEL alle For-

HEINRICH WILHELM OLBERS

meln auf, die er zur Berücksichtigung des Einflusses von Refraktion, Aberration, Präzession und Nutation verwendet hatte. Aus dem Vergleich der Daten von BRADLEY und PIAZZI verbesserte BESSEL den Wert der Präzessionskonstante, wofür er einen Preis der Berliner Akademie erhielt.

Das Anliegen des Sternkatalogs war es, für die Untersuchung der Bewegungen von Körpern des Sonnensystems ein Koordinatensystem am Himmel zu repräsentieren. Streng genommen galt das System nur für BRADLEYS Zeiten, da die Positionsveränderungen der Sterne nicht oder nicht genau genug bekannt waren. Der Bestimmung von Sternbewegungen galt deshalb BESSELS weiteres Bestreben.

Die „Fundamenta Astronomiae" stellte die Vollendung der klassischen Astronomie des 18. Jahrhunderts dar und markierte zugleich den Beginn der modernen Positionsastronomie.

Das eigentliche „Fundament" der Positionsastronomie legte BESSEL aber mit den „Königsberger Tafeln" („Tabulae Regiomontanae", 1830). Sie enthalten für eine kleine Anzahl von Sternen sehr genaue Koordinaten in 10-Tage-Intervallen von 1750 bis 1850 und einige Hilfstafeln, die eine bequeme Bearbeitung von Positionsbeobachtungen gestatteten. Es handelte sich vor allem um 36 Sterne in der Zodiakalzone, die von BESSEL unabhängig von früheren Beobachtungen vermessen worden waren. Ihre Bewegungen leitete er durch Vergleich mit den Beobachtungen von BRADLEY und dessen Nachfolger MASKELYNE ab. Das Besondere an diesen hellen Sternen war, daß sie sich gemeinsam mit der Sonne und den Planeten beobachten ließen. Dadurch konnte ihre Lage relativ zur Erdäquatorebene und zum Frühlingspunkt bestimmt werden, welche das äquatoriale Koordinatensystem definieren. Damit hatte BESSEL einen Vorläufer des modernen Fundamentalkatalogs geschaffen, der als Grundlage für alle anderen Positionsmessungen dient. BESSELS Katalog blieb über fünfzig Jahre gültig.

Relativ zu den Fundamentalsternen bestimmte BESSEL in der Deklinationszone zwischen −15° und +45° die Positionen aller 75 000 Sterne, die mit seinem 1819 aufgestellten Meridiankreis sichtbar waren. Dieses große Unternehmen war beispielgebend für ähnliche Arbeiten im 19. Jahrhundert. BESSEL schuf damit auch

Königsberger Sternwarte um 1830

die Grundlage für die Berliner Akademischen Sternkarten, die auf seinen Vorschlag von ENCKE herausgegeben wurden und alle Sterne bis zur 9. Größenklasse in der Deklinationszone −15° bis +15° umfaßten.
Mit dem Problem der Fixsternparallaxen als Maß ihrer Entfernung hatte sich BESSEL bereits in Lilienthal beschäftigt, allerdings ohne Erfolg. Bei der Bearbeitung der Bradleyschen Beobachtungen fiel ihm der 61. Stern im Sternbild Schwan wegen seiner großen Eigenbewegung auf, die auf eine geringe Entfernung hindeutete. Diesen Stern nahm sich BESSEL vor, als er im Sommer 1837 mit Parallaxenmessungen am Heliometer von FRAUNHOFER begann. Das Instrument stand BESSEL seit 1829 zur Verfügung, doch erst eine Publikation von WILHELM STRUVE mit einem vorläufigen Parallaxenwert für den Stern Wega gab den äußeren Anstoß zu den Messungen. Im Oktober 1838 konnte BESSEL einen Parallaxenwert für 61 Cygni vorlegen, der wegen seines kleinen Fehlers als genügend gesichert gelten konnte. Dies ist BESSELS bekannteste wissenschaftliche Leistung.
BESSELS Erfolge bei den Beobachtungen, die er mit zuvor unerreichter Genauigkeit durchführte, beruhten nicht nur auf hervorragenden Instrumenten aus den Werkstätten von REICHENBACH, FRAUNHOFER und STEINHEIL. BESSEL hatte auch die Theorie der Instrumentenfehler und ihre Anwendung zur Vollendung geführt. Bis heute werden Durchgangsinstrumente, wie z. B. der Meridiankreis, nach BESSELS Vorbild geprüft.
BESSEL vereinte in erstaunlichem Maße beobachtungstechnische Geschicklichkeit und Ausdauer mit theoretischen Fähigkeiten. Zur Himmelsmechanik und der Theorie von Finsternissen lieferte er etliche Beiträge. Bei der Beschäftigung mit der Theorie der Störungen von Planetenbahnen untersuchte er die Eigenschaften bestimmter transzendenter Funktionen, später als Besselsche Funktionen bezeichnet, die besonders in der mathematischen Physik große Bedeutung erlangten.
Die Messung und Berechnung der Bewegungen von Himmelskörpern erklärte BESSEL zum eigentlichen Inhalt der Astronomie als mathematischer Wissenschaft. Über diese Verabsolutisierung setzte er sich allerdings selbst hinweg, als er 1835 beim Erscheinen des Halleyschen Kometen nicht nur dessen Bahn bestimmte,

JAMES BRADLEY

sondern auch mit einer mechanisch-physikalischen Theorie die interessanten Erscheinungsformen seines Schweifs zu erklären suchte.
Durch Beteiligung an der Ostpreußischen Gradmessung, der Bestimmung der Figur der Erde und Pendelmessungen zur Erforschung des Schwerefeldes der Erde trug BESSEL wesentlich zur Entwicklung der Geodäsie bei. Damit im Zusammenhang standen Arbeiten zur Umgestaltung des preußischen Maßsystems.
Als Professor für Astronomie hatte BESSEL das Ansehen der Königsberger Universität gefördert und mehrere bedeutende Astronomen ausgebildet. Besonders jedoch durch seine Arbeiten bestimmte er eine ganze Epoche der Astronomie mit.
BESSEL starb nach längerer Krankheit am 17. März 1846 in Königsberg. Einige Monate später wurde der Planet Neptun entdeckt, dessen Existenz er vermutet hatte. 1888 wurde die von ihm beobachtete Polhöhenschwankung bestätigt. Als zutreffend erwies sich auch die Existenz dunkler Begleiter der Sterne Sirius und Prokyon, die BESSEL aus den Schwankungen ihrer Bewegungen abgeleitet hatte.

Lebensdaten zu FRIEDRICH WILHELM BESSEL

1784	am 22. Juli in Minden geboren
1799	Aufnahme der Kaufmannslehre in Bremen
1804	erste astronomische Arbeit
1806–1810	Gehilfe an der Sternwarte von SCHROETER in Lilienthal
1810	Berufung als Professor für Astronomie und Direktor der Sternwarte in Königsberg
1812	Heirat mit JOHANNA HAGEN
1818	„Fundamenta Astronomiae“
1830	„Tabulae Regiomontanae“
1838	Parallaxe des Sterns 61 Cygni
1846	am 17. März in Königsberg gestorben

Literaturverzeichnis zu Friedrich Wilhelm Bessel

[1] Bessel, F. W.: Abhandlungen. Bd. 1–3. Leipzig 1875–1876

[2] Bessel, F. W.: Populäre Vorlesungen über wissenschaftliche Gegenstände. Hamburg 1848

[3] Bessel, F. W.: Recensionen. Leipzig 1878

[4] Erman, A. (Hrsg.): Briefwechsel zwischen W. Olbers und F. W. Bessel. Bd. 1–2. Leipzig 1852

[5] Briefwechsel zwischen Gauss und Bessel. Leipzig 1880

[6] Briefwechsel zwischen Bessel und Steinheil. Leipzig 1913

[7] Bessel, F. W.: Ich hab Euch lieb, aber der Himmel ist mir näher. Eine Autobiographie in Briefen. Minden 1984

[8] Hamel, J.: Friedrich Wilhelm Bessel. BSB B. G. Teubner Verlagsgesellschaft, Leipzig 1984

[9] Schmeidler, F.: Leben und Werk des Königsberger Astronomen Friedrich Wilhelm Bessel. ILMA-Verlag, Kelkheim/T. 1984

[10] Schmeidler, F.: Bessels Arbeiten zur Positionsastronomie. In: Mitteilungen der Astronomischen Gesellschaft Nr. 62, Hamburg 1984, S. 75–85

[11] Hamel, J.: Bessels Hypothese der spezifischen Gravitation und das Problem der Uranusbewegung. In: Die Sterne. Verlag J. A. Barth, Leipzig 60 (1984) 5, S. 278–283

[12] Herrmann, D. B.: Bessels Bibliothek an der Königsberger Sternwarte. In: Die Sterne. Verlag J. A. Barth, Leipzig 61 (1985) 2, S. 96–103

[13] Fricke, F.: Friedrich Wilhelm Bessel. In: Astrophysics and Space Science. D. Reidel Publishing Company, Dordrecht 110 (1985), S. 11–19

[14] Klauß, K.: Der Nachlaß von Friedrich Wilhelm Bessel (1784–1846) im Zentralen Archiv der Akademie der Wissenschaften der DDR. In: Die Sterne. Verlag J. A. Barth, Leipzig 62 (1986) 1, S. 35–39

[15] Dick, W. R.: Zur Frage der Priorität bei den ersten genauen Parallaxenmessungen durch Bessel, Struve und Henderson. In: Die Sterne. Verlag J. A. Barth, Leipzig 64 (1988) 5, S. 306–311

[16] Hamel, J.: Friedrich Wilhelm Bessel und die Berliner Akademischen Sternkarten. In: Die Sterne. Verlag J. A. Barth, Leipzig 65 (1989) 1, S. 11–19

[17] Lavrinovič, K.: Friedrich Wilhelm Bessel (russ.). Verlag „Nauka“, Moskva 1989

Johann Franz Encke

Johann Franz Encke (1791 bis 1865)

Johann Franz Encke wurde vor allem durch den nach ihm benannten Kometen bekannt, für den er als erster eine Bahn berechnet hatte. Enckes Bedeutung in seiner Zeit liegt in der Verbindung der astronomischen Theorie mit den Beobachtungen, indem er für die Rechnungen günstige Formeln aufstellte und sie in unermüdlicher Arbeit auf die Bahnbestimmungen von Kometen und Planetoiden und andere astronomische Probleme anwandte.

Johann Franz Encke wurde am 23. September 1791 in Hamburg in einer Predigerfamilie geboren. Sein Vater starb bereits 1795. Encke erhielt zunächst Privatunterricht, später besuchte er ein Gymnasium. Rechnen war eine seiner Lieblingsbeschäftigungen. 1811 starb Enckes Mutter, im gleichen Jahr verließ er die Schule und begab sich nach Göttingen zum Studium der Mathematik, wofür er von seiner Heimatstadt ein Stipendium erhalten hatte.

Enckes bedeutendster Lehrer an der Universität war Carl Friedrich Gauss, der Mathematik und Astronomie unterrichtete und Direktor der Sternwarte war. Das Studium war zweimal unterbrochen, da sich Encke freiwillig zum Militärdienst in der Befreiungsarmee gegen Napoleon gemeldet hatte.

Bei Gauss lernte Encke etliche bedeutende Astronomen kennen, die auf sein mathematisches Talent aufmerksam wurden. Encke selbst zweifelte stets an seinen Fähigkeiten und Leistungen, so daß ihn seine Freunde und Gönner zur Übernahme verantwortungsvoller Aufgaben überreden mußten.

Auf Wunsch Bernhard August von Lindenaus, Direktor der Sternwarte auf dem Seeberg bei Gotha, wurde Encke dessen Gehilfe und später Stellvertreter. Da Lindenau zahlreiche Staatsgeschäfte im Dienste des Herzogs von Altenburg-Gotha verrichtete, war Encke die meiste Zeit allein auf der Sternwarte. Hauptsächlich beschäftigte er sich mit den Berechnungen der Bahnen von Kometen und kleinen Planeten, worin er große Fertigkeiten entwickelte. Solche Rechnungen per Hand, nur mit Hilfe von Logarithmentafeln, zogen sich teilweise über Monate hin. Sie verlangten Ausdauer, Sorgfalt und gute Kenntnis der Theorie.

Die neue Berliner Sternwarte

Da ENCKE sich alle neuentdeckten Kometen vornahm, bearbeitete er auch den von PONS im November 1818 gefundenen. Er erkannte, daß der Komet eine elliptische Bahn mit einer Umlaufzeit von weniger als vier Jahren besitzen mußte und mit einem 1805 beobachteten Kometen identisch war. Damit hatte ENCKE den Kometen mit der kürzesten Umlaufzeit um die Sonne nachgewiesen, der auch heute noch eines der interessantesten Objekte im Sonnensystem ist. Er erhielt den Namen Enckescher Komet. ENCKE selbst bezeichnete ihn aber stets als Ponsschen.
In Gotha bearbeitete ENCKE auch die Beobachtungen des Vorübergangs der Venus vor der Sonne von 1761 und 1769, eines seltenen Ereignisses. Er berechnete daraus einen Wert für die Sonnenparallaxe, der längere Zeit gültig war. Die Parallaxe ist ein Maß für die Entfernung der Erde von der Sonne.
1825 wurde ENCKE auf Vorschlag BESSELS als Mitglied der Akademie der Wissenschaften und Direktor der Sternwarte nach Berlin berufen. Von seinem Vorgänger JOHANN ELERT BODE übernahm er nach dessen Tode 1826 auch die Herausgabe des Berliner Astronomischen Jahrbuchs, das er wesentlich verbesserte. Es enthielt sogenannte Ephemeriden, d. h. vorausberechnete Örter der Körper des Sonnensystems für zahlreiche Zeitpunkte des Jahres.
Unter der Leitung von ENCKE und mit Unterstützung durch BESSEL und ALEXANDER VON HUMBOLDT wurde in Berlin eine neue Sternwarte errichtet, die ENCKE 1835 bezog. Sie bestand bis 1913, wurde dann nach Potsdam-Babelsberg verlegt.
ENCKES Stärke lag darin, die von anderen Astronomen – besonders GAUSS, BESSEL und HANSEN – entwickelten Theorien und Formeln in eine elegante und für die Anwendung günstige Form zu bringen. Seine Arbeiten wurden damit in vielen Fällen zum Bindeglied zwischen Theorie und Praxis in der klassischen Astronomie des 19. Jahrhunderts. Dieses Prinzip zeigte sich auch in seinen astronomischen Vorlesungen an der Universität, die er zunächst gegen Honorar, ab 1844 als ordentlicher Professor hielt. Obwohl ENCKES Vortragsweise oft nicht leicht verständlich war, zog er doch als bekannter Gelehrter zahlreiche Zuhörer an, von denen etliche bedeutende Astronomen wurden. Seinen Schülern gegenüber verhielt sich ENCKE sehr wohlwollend.

Im Auftrag der Akademie gab ENCKE die von BESSEL initiierten Akademischen Sternkarten heraus, was ihm viel Mühe mit dem Schriftverkehr und den organisatorischen Arbeiten bereitete. Mit Hilfe der Karten wurden mehrere kleine Planeten entdeckt und 1846 durch GALLE als Beobachter der Berliner Sternwarte und dem Studenten D'ARREST der theoretisch vorausgesagte Planet Neptun gefunden – gerade an ENCKES fünfundfünfzigstem Geburtstag.
ENCKE war konservativ, patriotisch und königstreu. Die revolutionären Ereignisse von 1848 bereiteten ihm deshalb großes Unbehagen.
1863 begab sich ENCKE aus gesundheitlichen Gründen in den Ruhestand. Er starb am 26. August 1865 in Spandau.

Lebensdaten zu JOHANN FRANZ ENCKE

1791	am 23. September in Hamburg geboren
1811–1816	Studium in Göttingen
1816–1825	Astronom auf der Sternwarte Seeberg bei Gotha
1819	Arbeit über den Ponsschen (Enckeschen) Kometen
1825	ordentliches Mitglied der Berliner Akademie, Sekretär der physikalisch-mathematischen Klasse
1825–1863	Direktor der Berliner Sternwarte
1826	Herausgeber des Berliner Astronomischen Jahrbuchs
1835	Bezug der neuen Berliner Sternwarte
1844	ordentlicher Professor der Astronomie an der Universität
1863	Pensionierung, Übersiedlung nach Spandau
1865	am 26. August in Spandau gestorben

Literaturverzeichnis zu JOHANN FRANZ ENCKE

[1] Bruhns, C.: Johann Franz Encke. Sein Leben und Wirken. Leipzig 1869

[2] Wattenberg, D.: Aus der Geschichte des Enckeschen Kometen. In: Die Himmelswelt. Ferd. Dümmlers Verlag, Bonn 56 (1949), S. 16–23

[3] Wattenberg, D.: Johann Franz Encke und Wilhelm Olbers in ihrem gegenseitigen Briefwechsel. In: Jackisch, G. (Hrsg.): Sternzeiten, Bd. 1. Akademie-Verlag, Berlin 1977, S. 69–95

[4] Marold, Th. u. Strumpf, M.: Astronomie in Gotha. Die Seebergsternwarte. In: Die Sterne. Verlag J. A. Barth, Leipzig 56 (1980) 3, S. 160–169

[5] Dick, W. R.: Zur Auffindung des Planeten Neptun an der Berliner Sternwarte im September 1846. In: Die Sterne. Verlag J. A. Barth, Leipzig 62 (1986) 5, S. 251–258

Johann Gottfried Galle

Johann Gottfried Galle (1812 bis 1910) und Urbain Jean Joseph leverrier (1811 bis 1877)

Die hervorragendste Leistung in Galles Leben war die Entdeckung des Planeten Neptun, der auf der Grundlage der Gravitationstheorie von dem französischen Mathematiker Leverrier theoretisch berechnet wurde.
Johann Gottfried Galle wurde am 9. Juni 1812 als das älteste von sieben Geschwistern in einem Waldhaus in der Nähe von Gräfenhainichen bei Wittenberg geboren. Sein Vater, Johann Gottfried Galle (1790 bis 1853), betrieb hier eine Teerschwelerei. Bis zum dreizehnten Lebensjahr ging er in die Dorfschule von Radis. Vom Pastor wurde er gemeinsam mit dessen Sohn in den alten Sprachen unterrichtet. Von 1825 bis 1830 besuchte Galle das Gymnasium in Wittenberg. Schon hier hob man die hervorragenden Fähigkeiten auf den Gebieten der Mathematik und Naturwissenschaften hervor. Im Sommersemester 1830 nahm Galle an der Königlichen Universität Berlin ein Studium zur Erlangung eines Examens als Oberlehrer auf. Für dieses Mathematik- und Astronomiestudium hatte er Empfehlungsschreiben von seinem Lehrer Johann Heinrich Deinhart (1805 bis 1867), einem ehemaligen Schüler des Astronomen Encke (↗ Encke), an den letzteren und den Chronologen Christian Ludwig Ideler (1766 bis 1846). In dieser Studienzeit, die er mit ausgezeichneten Leistungen abschloß, entstand eine engere Beziehung zu Encke, welche sich ab Mitte der dreißiger Jahre unter anderem in der Betrauung Galles mit der Berechnung der Merkur- und anderen Ephemeriden für das angesehene Berliner Astronomische Jahrbuch niederschlug.
Ab 1833 absolvierte Galle seine Probezeit als Gymnasiallehrer für Mathematik und naturwissenschaftliche Fächer in Guben, wo er aber nur ein halbes Jahr tätig war, und am Friedrich-Werderschen-Gymnasium in Berlin. Schon im Jahr 1835 verließ er diese Lehrerstellung, da seine Bewerbung an der soeben neu gegründeten Berliner Sternwarte positiv beantwortet wurde und er mit seinem Lehrer und Förderer Encke im April desselben Jahres die neue Wirkungsstätte betreten

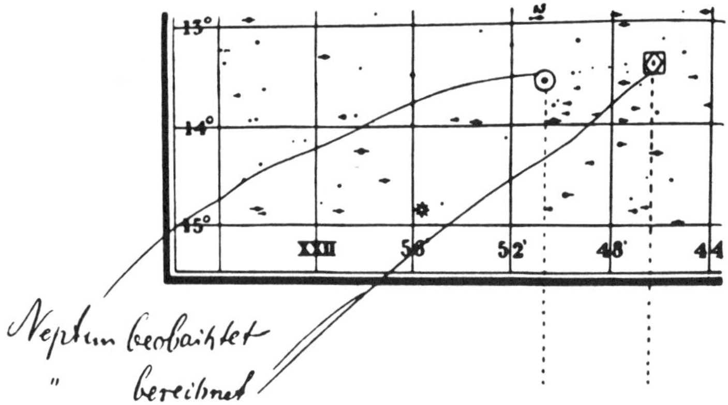

Neptunpositionen
(a – berechnet,
b – entdeckt)

konnte. Schon in Guben begannen seine intensiven astronomischen Beobachtungen, wo er u. a. an den von Brandes angeregten korrespondierenden Meteorbeobachtungen teilnahm. Um die Zeit seines Arbeitsbeginns an der Berliner Sternwarte hat er noch auf dem alten Observatorium in der Dorotheenstraße den Boguslawskischen Kometen beobachtet. Im August 1835 zog der Halleysche Komet den jungen Assistenten Galle in seinen Bann. Es war dies die zweite Wiederkehr des berühmten Kometen, seitdem Halley die Periodizität erkannt hatte. Zu diesem Zeitpunkt ahnte der 23jährige Galle nicht, daß ihm in seinem letzten, dem 98. Lebensjahr, der Anblick dieses Weltenbummlers noch einmal vergönnt sein würde. Bis 1851 arbeitete Galle an der Berliner Sternwarte, wo er u. a. die astronomischen Beobachtungen, meteorologische und magnetische Meßreihen von Alexander von Humboldts (1769 bis 1859) Reisen auswertete, Ephemeriden für das Berliner Astronomische Jahrbuch berechnete und sich mit Finsternissen, Sternbedeckungen durch den Mond und Doppelsternen beschäftigte. Bemerkenswert ist die Entdeckung von drei Kometen durch Galle in den Jahren 1839 und 1840, was ihm die Achtung anderer Astronomen und königliche Anerkennung von Preußen und Dänemark sowie der französischen Akademie der Wissenschaften einbrachte. Bereits in den Jahren 1838 und 1839 erkannte Galle den Flor- und Kreppring des Saturn, obwohl erst 1850 W. C. Bond (1825 bis 1865) diese Entdeckung zugesprochen wurde. Galle äußerte sich zu diesem Sachverhalt selbst: „Dass ich die Details jener schon 12 Jahre früher angestellten Messungen dann ebenfalls auch erst nach dem Bekanntwerden der Beobachtungen von 1850 veröffentlicht habe, hatte vorzugsweise darin seinen Grund, dass ich den dunklen Ring eben nur als einen schleierförmigen Anhang des inneren hellen Rings betrachtete, welcher ohnehin nach innen zu schwächer und dunkler wird, und es sich nur um eine, allerdings beträchtliche Verschiebung des bisher angenommenen inneren Ringes zu handeln schien.“ [1, Sp. 221] „Dass ich damals das Phänomen nicht als einen besonderen Ring, … aufgefasst habe, ändert nichts an der Tatsache der vollständigen Sichtbarkeit … vor der Entdeckung von Bond.“ [1, Sp. 222]

Nachdem GALLE 1841 eine Berufung an die Sternwarte von Dorpat (Tartu) ablehnte, begann er an einer Dissertation zu arbeiten. In dieser Arbeit beschäftigte er sich mit der Geschichte der Lichtgeschwindigkeitsbestimmung des dänischen Astronomen OLAUS ROEMER (1644 bis 1710). In den Römerschen Beobachtungen ist ein Katalog von 88 Sternen, Meridiandurchgängen des Mondes, Positionen der Sonne und der Planeten und die Mondfinsternis vom 21. Oktober 1706 enthalten. Am 1. März 1845 promovierte GALLE.
In der ersten Hälfte des 19. Jahrhunderts erfolgte eine der aufregendsten Entdekkungen in der Astronomie, bei der GALLE eine entscheidende Seite mitschrieb. Seit der Entdeckung des Planeten Uranus 1781 durch HERSCHEL (↗ HERSCHEL) wurde durch Vergleich mit älteren Beobachtungen versucht, die Bahn dieses äußeren Planeten zu beschreiben. Aber je mehr sich neue Beobachtungen ansammelten und mit ihnen die Bahn des Uranus verbessert werden konnte, um so schlechter paßten die alten Beobachtungen zur Bewegung des Planeten. ALEXIS BOUVARD (1767 bis 1843) hatte in seinem Tabellenwerk für die Bewegungen der Planeten Jupiter, Saturn und Uranus, welches er 1821 in Paris herausgab, den neueren Beobachtungen die Priorität gegeben, was ihm bei seinen Kollegen aber keineswegs nur Beifall einbrachte. Am 28. Februar 1840 hielt BESSEL (↗ BESSEL) in Königsberg (Kaliningrad) eine Vorlesung, in der er sich dagegen wandte, daß man die alten Uranusbeobachtungen als ungenau abtat und sich damit das Problem der Bewegung des Uranus künstlich vereinfachte. Er vertrat wie THOMAS JOHN HUSSEY (1792 bis 1868), ein englischer Amateurastronom, die Meinung, daß nur ein neuer Planet, jenseits der Uranusbahn, das Problem löst. HUSSEY schrieb 1834 an GEORGE BIDDELL AIRY (1801 bis 1892), dem späteren Direktor der Sternwarte in Greenwich: „Die offensichtlichen und unerklärbaren Unterschiede in den älteren und den neuen Beobachtungen ließen mich an die Möglichkeit eines Störkörpers noch hinter Uranus denken, den man, weil er nicht bekannt war, nicht berücksichtigt hatte.“ [Nach 2, S. 49] Die Göttinger Akademie der Wissenschaften setzte 1842 einen Preis für die Lösung des Uranusproblems aus. Die beiden Hauptpersonen bei den theoretischen Vorarbeiten dieser Entdekkung waren der Engländer ADAMS und der Franzose LEVERRIER.
JOHN COUCH ADAMS wurde am 5. 6. 1819 in Lidcot, einem Grundbesitz der Gemeinde Laneast in Cornwall, geboren. Als 22jähriger hervorragender Mathematikstudent in Cambridge wurde er durch AIRYS Report von 1831 auf das bis 1832 für die „Britsh Association for the Advancement of Science“ ungelöste Problem der Uranusbewegung aufmerksam gemacht. Nach seiner Promotion 1843 arbeitete er an diesem Problem und untersuchte die Fragestellung nach dem Einfluß durch einen äußeren Planeten. Durch eine Anfrage von JAMES CHALLIS (1803 bis 1882), dem Direktor der Cambridger Sternwarte, sandte ihm AIRY 1844 die genaueren Fehlerdaten zu den neueren Uranusbeobachtungen aus Greenwich. Daraufhin hatte ADAMS 1845 die Bahn und die Masse des unbekannten Planeten berechnet. Er zeigte diese Daten CHALLIS, der vorschlug, die Ergebnisse sofort AIRY zu übergeben. CHALLIS schrieb einen Brief an den Astronomer Royal, worin er ankündigte, daß ihn ADAMS die Uranusberechnungen selbst überbringen werde. Nachdem ADAMS eine Zusammenfassung seiner Daten bei CHALLIS ließ, reiste er nach Greenwich. Trotz mehrmaliger Versuche konnte er AIRY nicht erreichen, so

daß ADAMS die Abhandlung nur hinterlegen konnte. Erst nach zwei Wochen antwortete AIRY mit einer Gegenfrage, indem er wissen wollte, ob die Theorie auch die Ungenauigkeiten in der Uranusentfernung zur Sonne löst. ADAMS antwortete auf diesen Brief ungefähr ein Jahr lang nicht, so daß AIRY nicht nach diesem Planeten suchen ließ und eine Veröffentlichung der Arbeit ablehnte. Schließlich erhielt AIRY 1846 eine Antwort von ADAMS. Aber erst das Vorliegen der Arbeit von LEVERRIER, in der AIRY eine Übereinstimmung mit den Daten von ADAMS feststellte, veranlaßte ihn, CHALLIS in Cambridge den Auftrag zu erteilen, den berechneten Himmelskörper mit dem Northumberland-Teleskop zu suchen. Dieser begann am 29. Juli 1846 mit den umfangreichen Beobachtungen, bei denen er die Positionen der Sterne in dem angegebenen Gebiet zweimal bestimmen mußte, um durch die Bewegung den planetaren Charakter des Objektes nachweisen zu können. Hätte CHALLIS seine Messungen laufend ausgewertet, so wäre ihm aufgefallen, daß er am 4. und 12. August den Planeten beobachtet hatte. Durch diese Umstände verlor ADAMS den Wettlauf bei der Entdeckung des Neptun. In einer später erschienenen Arbeit beschrieb er genau, zu welchem Zeitpunkt seine Berechnungen welchen Stand gehabt hatten, nicht um die Priorität der LEVERRIER-schen Arbeiten bei der Entdeckung des Neptun anzuzweifeln, sondern um zu zeigen, daß er diese Ergebnisse unabhängig von ihm gewonnen hatte. Seine Berechnungen erscheinen erst 1847. In Anerkennung dieser Verdienste wurde ADAMS 1858 als Professor für Astronomie und Mathematik an die Universität von Cambridge berufen. Hier beschäftigte er sich besonders mit dem Zusammenhang von Meteorströmen und periodischen Kometen. Nach dem Tode von CHALLIS übernahm er 1861 das Direktorat der dortigen Sternwarte. Jetzt dehnte sich seine astronomische Tätigkeit auch auf Beobachtungsprogramme aus.

Im Oktober 1889 wurde ADAMS von einer schweren Krankheit befallen, von der er sich zwar noch einmal erholte, aber nach einem Rückfall im Juni 1890 konnte seine Gesundheit nicht wieder hergestellt werden, so daß ADAMS am 21. Januar 1892 in Cambridge starb.

URBAIN JEAN JOSEPH LEVERRIER wurde am 11. März 1811 in St. Lo geboren. Nach dem Besuch des Gymnasiums in Caen, wo es ihm 1829 nicht gelang, das Abgangsexamen zu erlangen, ging er nach Paris und legte am College Louis le Grand den Abschluß mit dem ersten Preis in der Mathematik ab. Nach dem Besuch der polytechnischen Schule in Paris arbeitete LEVERRIER 1833 als Ingenieur in der Tabakverwaltung. Zwei Jahre später ging er als Lehrer in das College Stanislas. Hier beschäftigte er sich mit chemischen Studien und führte nebenbei astronomische Berechnungen durch. Als begabtem Mathematiker bot man ihm 1837 eine Stelle als Dozent für Astronomie an der Ecole Polytechnique an. Damit begann seine Laufbahn als Himmelsmechaniker. Der Direktor der Pariser Sternwarte FRANCOIS ARAGO (1786 bis 1853) lenkte das Interesse LEVERRIERS auf das ungelöste Problem der Merkurbewegung. Aus diesem Grunde schickte 1845 GALLE seine Dissertation an LEVERRIER, da er in dieser die Merkurbeobachtungen ROEMERS und ähnliche Veröffentlichungen der Pariser Akademie auswertete. Indessen beschäftigte sich aber der französische Gelehrte mit dem Uranusproblem. Bald darauf errechnete er wie ADAMS die Parameter des hypothetischen äußeren Planeten. Am 10. November 1845 legte LEVERRIER diese Abhandlung der Akade-

Urbain Jean Josef Leverrier

mie vor und ließ schließlich am 1. Juni 1846 eine zweite Akademieschrift folgen, in welcher bereits die Bahn und der Ort des unbekannten Wanderers für den 1. Januar 1847 angegeben waren. Aber auch in Frankreich, selbst in Paris, wurde nach dem unbekannten Planeten nicht gesucht, obwohl leistungsstarke Fernrohre vorhanden waren. Selbst Karl Friedrich Gauss (1777–1855) schreibt noch am 11. Juli 1846 an Heinrich Christian Schumacher (1780 bis 1850) in Altona: „Über das Gewicht, welches seiner (Leverriers, d. A.) Hypothese beigelegt werden darf, läßt sich nicht urteilen, bis seine Rechnungen zu gründlicher Prüfung vorgelegt sind." [3, S. 177] Daraufhin sandte Leverrier am 18. September 1846 seinen Brief an Galle, wo er sich über die zugeschickte Dissertation bedankte. Berühmt geworden sind folgende Textzeilen: „Heute möchte ich von dem unermüdlichen Beobachter verlangen, daß er einige Augenblicke der Durchforschung einer Region des Himmels widmen möge, wo es einen Planeten zu entdecken geben kann. Es ist die Theorie des Uranus, welche mich auf dieses Resultat geführt hat." [4, S. 48] Die darauf erfolgte Entdeckung des Planeten brachte Leverrier eine Reihe von Ehrungen. Die französische Regierung ernannte ihn zum Professeur de la mécanique céleste an der faculté des sciences und die Pariser Akademie nahm ihn in die Reihe ihrer Mitglieder auf. Leverrier und Adams begegneten sich zum ersten Mal im Jahr 1847 und es entstand eine Freundschaft zwischen ihnen. Nach dem Tode Bouvards und Aragos wurde er 1854 zum Direktor der Pariser Sternwarte auf Lebenszeit gewählt. In diesen Jahren beschäftigte sich Leverrier wieder mit dem Problem der Merkurbahn und versuchte auch hier durch das Hinzufügen eines weiteren Planeten die Drehung der Bahnellipse zu lösen. 1859 sagte er den Planeten Vulkan voraus, der innerhalb der Merkurbahn die Sonne umlaufen sollte. Nachdem Leverrier auf diesen neuen Planeten aufmerksam gemacht hatte, wollten viele den Planeten schon gesehen haben, meist beim Vorübergehen vor der Sonnenscheibe. Im Jahre 1876 sah man einen derartigen Durchgang eines runden Objektes. Leverrier benutzte diese Beobachtung und sagte einen weiteren Durchgang voraus. Viele Astronomen richteten ihre Fernrohre auf die Sonne um Vulkan zu sehen. Er blieb aus. Als Leverrier am 23. September 1877 starb, glaubte er fest an den Planeten innerhalb der Merkurbahn. Den Planeten Vulkan gibt es nicht; die Lösung des Merkurproblems brachte erst ALBERT EINSTEIN (1879 bis 1955).

LEVERRIERS Brief traf am 23. September 1846, am 55. Geburtstag von ENCKE, in der Berliner Sternwarte ein. Noch am selben Abend gelang es GALLE mit dem bei der Sternwarte nur „außerordentlich" tätigen Studenten und Astronomie-Aspiranten D'ARREST den vorausgesagten Planeten zu entdecken. Da in den darauffolgenden Jahren diese Entdeckungsgeschichte in bezug auf die Leistungen von D'ARREST unterschiedlich dargestellt wurden, sah sich GALLE veranlaßt, diesen Sachverhalt selbst ausführlich zu erläutern. „Ich erhielt diesen Brief am Morgen des 23. September und theilte ihn Encke mit, der nunmehr, wodurch Herrn LEVERRIERS Brief mir eine gewisse moralische Verpflichtung zum Nachsehen an der betreffenden Stelle oblag, der Aufsuchung zustimmte, während er vorher sich sehr zweifelnd und ablehnend über die auch sonst bereits bekannt gewordene Angelegenheit ausgesprochen hatte. Es fiel dies in Berlin in jene Zeit, wo daselbst seit einigen Jahren auch d'Arrest seine Studien begonnen hatte und in seine astronomische Laufbahn eingetreten war, ohne jedoch bei der Sternwarte, bei der ich alleiniger Gehülfe war, angestellt zu sein. ... Als ich von der Ankunft des Le Verrierschen Briefes Mittheilung machte, äusserte derselbe den Wunsch, am Abend der Nachsuchung nach dem Planeten mit beiwohnen zu dürfen, welchem Wunsche, wie sich von selbst verstand, gern entsprochen wurde. ..., besondere Vorbereitungen für die Beobachtung wurden nicht getroffen, ... Da indess bei der in Wirklichkeit 2" wenig überschreitenden Größe desselben auf diesem Wege keine Sicherheit zu erreichen war, so mußte an die Beschaffung einer Sternkarte gedacht werden, wofür es damals neben dem Hardingschen Atlas nur die noch sehr lückenhaften und seit langem ihrer Vollendung harrenden Berliner akademischen Sternkarten gab. Obgleich diese mir nichts weniger als fremd waren ..., so dachte ich doch meinerseits nicht sofort an eine Herbeiholung derselben, und es war zuerst d'Arrest, welcher die Frage aufwarf, ob nicht doch einmal unter den akademischen Sternkarten nachgesehen werden möchte, ... und in der That fand sich ein Abdruck der Sternkarte von Bremiker h. XXI, der, wie in den damaligen Berichten bemerkt ist, vor nicht langer Zeit erst in Berlin fertig geworden und durch den Buchhandel noch nicht verbreitet war. Mit dieser Karte zu dem Refraktor zurückkehrend fand ich ... den betreffenden Stern 8. Größe, dessen Fehlen auf der Karte zu bemerkenswerth erschien, um nicht wenigstens mit einer Beobachtung desselben den Versuch zu machen, ... Mit vieler Spannung mußte daher noch der Abend des 24. September abgewartet werden, ... wo nun die Existenz des Planeten sich zweifellos herausstellte." [5, Sp. 350 bis 352] Die Entdeckung war mit einem Fernrohr der Fraunhoferschen Werkstatt gemacht worden. Man darf auch die Leistung CARL BREMIKERS (1804 bis 1877), dessen sorgfältiger Arbeit die bei der Entdeckung des Neptun verwendete Karte zu danken ist, nicht unterschätzen. Ob GALLE den neuen Planeten, den man nach längerer Diskussion mit dem Namen Neptun versah, auch ohne D'ARREST gefunden hätte, muß Spekulation bleiben.

HEINRICH LOUIS D'ARREST wurde am 13. August 1822 in Berlin als Sohn eines Rechnungsrates geboren. Er, das älteste von sechs Geschwistern, besuchte die höhere Knabenschule, dann das Collége Francais zu Berlin bis 1839 und schließlich die Universität seiner Heimatstadt. Er widmete sich dem Studium der mathematischen Wissenschaften und zeigte eine besondere Neigung zur Astronomie, so daß er bald als „außerordentlicher“ Mitarbeiter in die Sternwarte eingeführt wurde. Seine ersten astronomischen Leistungen waren die Mitentdeckungen des Kometen (1844 II) und die Erstentdeckung des Kometen (1845 I), wofür er eine vom König von Dänemark gestiftete Kometenmedaille erhielt. Zwei weitere Weltenbummler fand er 1851 und 1857. Seit 1846 arbeitete er regelmäßig auf der Berliner Sternwarte, jedoch mehr als Rechner, als mit den Instrumenten. Ab dem 1. Mai 1848 war D'ARREST dann Mitarbeiter an der Leipziger Sternwarte. Die Beobachtungen mußten sich wegen des geringen Instrumentariums auf die Kleinen Planeten beschränken. Nachdem ihn die Leipziger Univerisät 1850 zum Doktor der Philosophie ernannt hatte, habilitierte er im April des folgenden Jahres mit der Arbeit: „Ueber das System der Kleinen Planeten zwischen Mars und Jupiter“. In seiner Hauptarbeit wertete D'ARREST mehr als 200 Nebelfleckenpositionen aus, die er mit dem viereinhalbzölligen Refraktor der Leipziger Sternwarte gewonnen hatte. Durch seine genauen Ringmikrometer-Messungen verbesserte er die Herschelschen Nebelfleck-Positionen. Diese Arbeit brachte D'ARREST große Anerkennung. Das Angebot 1856 das Direktorat der Sternwarte Kiew anzunehmen, lehnte er 1857 nach der Berufung als Professor der Astronomie an der Kopenhagener Universität ab. 1858 wurde er zum ordentlichen Professor der Astronomie und zum Direktor der dortigen Sternwarte ernannt. Unter seiner Leitung entstand bis 1861 der Neubau des Observatoriums. Mit dem neuen Merz-Refraktor führte D'ARREST seine Vermessungen der Nebelflecken weiter und konnte 1863 eine Arbeit mit 215 neu entdeckten Nebeln veröffentlichen. Durch seinen geschwächten Gesundheitszustand mußte er dann diese Arbeiten abschließen. Ein Katalog mit den vollständigen Beobachtungen von Nebeln gab er 1867 heraus, in dem etwa 4 800 einzelne Positionen von 1 842 Nebeln, von denen etwa 390 von ihm erstmals entdeckt wurden, enthalten sind. Im Jahr 1864 lieferte er eine Karte und ein Verzeichnis aller Sterne bis zur 16. Größe der Umgebung der Tychonischen Stella nova. Für BRAHES Leben, dessen Schriften und Arbeiten zeigte er ein besonderes Interesse, das sich besonders mit der Herausgabe der Braheschen Kometenbeobachtungen und in den regelmäßigen Besuchen der Insel Hveen zeigte. Sein letztes Unternehmen war eine Durchmusterung der Fixsterne in spektroskopischer Beziehung. Sporadisch hatte diese ihn seit 1872 beschäftigt, aber erst das Anbringen eines Spektroskopen nach der Bauart von HERMANN CARL VOGEL (1841 bis 1907) im Jahre 1874 führte zu regelmäßigen Messungen. Die Durchmusterung führte er im Winter 1874/75 durch. Vier Arbeiten in den Astronomischen Nachrichten zeigen die große Sorgfalt, die D'ARREST auch hier an den Tag legte. Ein Herzleiden beendete nach kurzer Krankheit sein Leben am 14. Juni 1875.

Im Jahre 1847 stellte GALLE auf Anregung ENCKES seinen ersten Kometenkatalog zusammen, in dem er die bis zu diesem Zeitpunkt bekannten Kometenbahnen zusammenfaßte. In diesem gab er 171 Erscheinungen an. Einen umfassenden Katalog veröffentlichte er 1893/94 mit 414 berechneten Kometenbahnen. Fünf Jahre nach der Entdeckung Neptuns siedelte GALLE nach Breslau (heute Wroclaw) über und übernahm im September 1851 das Direktorat der Universitätssternwarte und

wurde gleichzeitig zum außerordentlichen sowie 1856 zum ordentlichen Professor ernannt. Die äußeren Bedingungen für seine astronomische Tätigkeit verschlechterte sich in vielerlei Hinsicht. Die Sternwarte war unvollkommen ausgerüstet und diente vor allem der astronomischen Lehrtätigkeit. Aber die Gelegenheit selbständig arbeiten zu können, veranlaßte GALLE über diese Nachteile hinwegzusehen. In der Ausbildung errang GALLE besondere Verdienste, indem er sich dem astronomischen Nachwuchs mit aller Hingabe widmete. Sein wissenschaftliches Interesse lag auf dem Gebiet der Kometenforschung. Hier zeigte sich in zunehmendem Maße eine Verbindung zwischen den Bahnen der sich auflösenden Weltenbummler und den bekannten Meteorströmen. GALLE wies an dem konkreten Beispiel des Kometen 1861 I und den Lyriden diesen Zusammenhang nach. Mit besonderem Interesse untersuchte er die Erscheinung des 1845 zersplitterten Bielaschen Kometen und den mit dem absteigenden Knoten seiner Bahn assoziierten, von ihm vorausgesagten, sehr ausgiebigen Meteorschwarm vom 28. November 1872. Gleichzeitig widmete sich GALLE auch einer Reihe von meteorologischen und geodätischen Beobachtungen.
In den Jahren 1872 bis 1875 führte GALLE einen umfangreichen Briefwechsel mit einigen Leitern von Südsternwarten durch, weil die Beobachtungen von vorbeiziehenden Planetoiden koordiniert werden sollten, um aus diesen Messungen die Sonnenparallaxe besser ableiten zu können. Der gewonnene Wert stimmte mit dem von SIMON NEWCONB (1835 bis 1900) überein. Hervorzuheben ist aus dieser Zeit auch eine Arbeit zur Bestimmung der Höhe und des Ortes über der Erdoberfläche von Polarlichterscheinungen. Gleichzeitig beschäftigte er sich mit dem Problem der Nebensonnen und Halos. Erwähnenswert sind auch die zahlreichen sehr sorgfältigen Beobachtungen der Sonnen- und Mondfinsternisse sowie der Merkurdurchgänge.
In den Jahren 1867 und 1883 stand GALLE der Philosophischen Fakultät Breslau als Dekan vor. Der um jene Zeit aus Anlaß ihrer bevorstehenden Einführung viel diskutierten „Normalzeit“ bzw. Zonenzeit widmete GALLE einen beträchtlichen Anteil seiner auch im Dienste der Öffentlichkeit stehenden Aktivität. 1895 stellte GALLE den Antrag, von seinen akademischen Verpflichtungen entbunden zu werden; doch führte der 84jährige aus administrativen Gründen das Direktorat der Sternwarte bis 1897 fort. Nach Abschluß dieser Arbeiten zog GALLE mit seiner Frau CÄCILIE E. N., geborene REGENBRECHT, und seinen Söhnen ANDREAS (1858 bis 1942), Astronom und Geodät am Astrophysikalischen Observatorium Potsdam und GEORG (1860 bis 1946), praktischer Arzt, nach Potsdam. Hier lebte er noch 13 Jahre. Am 10. Juli 1910, zwei Monate nachdem er den Halleyschen Kometen, den er 1835 als 23jähriger Assistent erstmals beobachtet hatte, wieder beobachten konnte, verstarb GALLE, 98jährig, im Hause seines Sohnes ANDREAS.

Lebensdaten zu Johann Gottfried Galle

1812	am 9. Juni bei Gräfenhainichen geboren
1825	Besuch des Gymnasiums in Wittenberg
1830	Beginn des Mathematik- und Astronomiestudiums in Berlin
1833	Gymnasiallehrer in Guben und Berlin
1835	Assistent an der Berliner Sternwarte
1845	Promotion in Berlin
1846	am 23. September mit d'Arrest den Planeten Neptun nach den theoretischen Berechnungen von Leverrier entdeckt
1851	Direktor der Sternwarte Breslau
1856	ordentlicher Professor an der Universität Breslau
1897	Übersiedlung nach Potsdam
1910	am 10. Juli in Potsdam gestorben

Lebensdaten zu Urbain Joseph Leverrier

1811	am 11. März in St. Lo geboren
1829	Besuch des College Louis le Grand in Paris
1833	Ingenieur in der Pariser Tabakverwaltung
1835	Lehrer im College Stanislas von Paris
1846	Vorlage der Akademieschrift mit den Positionen eines transuranischen Planeten; am 18. September einen Brief mit diesen Daten an Galle geschickt
1854	Direktor der Pariser Sternwarte
1877	am 23. September in Paris gestorben

Literaturverzeichnis zu Johann Gottfried Galle und Urbain Joseph Leverrier

[1] Galle, J. G.: Einige nachträgliche ergänzende Bemerkungen in Betreff der Auffindung des Planeten Neptun und der Beobachtungen der dunklen Saturnringe in den Jahren 1838 und 1839. In: Astronomische Nachrichten, Kiel 101 (1882), S. 219–222

[2] Grosser, M.: Entdeckung des Planeten Neptun. Suhrkamp Verlag, Frankfurt a. M. 1970

[3] Peters, C. A. F. (Hrsg.): Briefwechsel zwischen C. F. Gauss und H. C. Schuhmacher, Bd. V. Altona 1886

[4] Wattenberg, D.: Johann Gottfried Galle 1812–1910 Lebensdarstellungen deutscher Naturforscher. Verlag J. A. Barth, Leipzig 1963

[5] Galle, J. G.: Ein Nachtrag zu dem in Band 25 und dem Ergänzungsheft von 1849 der Astr. Nachrichten enthaltenen Berichten über die erste Auffindung des Planeten Neptun. In: Astronomische Nachrichten, Kiel 89 (1877), S. 349–352

[6] Dreyer, J.: Heinrich Louis d'Arrest. In: Vierteljahrsschrift der Astronomischen Gesellschaft, Verlag Wilhelm Engelmann, Leipzig 11 (1876), S. 1–14

[7] Riedel, P.: Urbain Jean Joseph Leverrier. In: Himmel und Erde. Verlag von Hermann Paetel, Berlin XXIII. (1911), S. 251–255

[8] Downing, A.: John Couch Adams. In: Vierteljahrsschrift der Astronomischen Gesellschaft. Leipzig 27 (1892), S. 168–171

[9] Dick, W. R.: Die Auffindung des Planeten Neptun an der Berliner Sternwarte im September 1846. In: Die Sterne. Verlag J. A. Barth, Leipzig 62 (1986), S. 251–258

Johann Heinrich Mädler

Johann Heinrich Mädler (1794 bis 1874)

Im Zentrum des Interesses von Johann Heinrich Mädler stand zunächst der Mond, später die Bewegung der Sterne. Mit seiner ausgezeichneten Mondkarte fand er zu Lebzeiten allgemeines Ansehen, seine Arbeiten zur Struktur des Milchstraßensystems stießen aber auf Unverständnis von seiten der Fachkollegen. Trotz der darin enthaltenen Irrtümer ist Mädler als einer der Pioniere der Stellardynamik zu betrachten. Gleichzeitig machte er sich um die Verbreitung astronomischer Kenntnisse verdient.

Johann Heinrich Mädler wurde am 29. Mai 1894 in Berlin als ältestes von fünf Kindern einer Handwerkerfamilie geboren. Er erwies sich als begabter Schüler und besuchte deshalb das Friedrich-Werdersche Gymnasium, ab 1812 das Seminar für Volksschullehrer in Berlin. Ein Jahr darauf verlor er beide Eltern und begann, Privatunterricht zu erteilen. 1819 gründete er eine Privatschule für Kinder wenig bemittelter Eltern.

Als 1831 das „Königliche Seminar für Stadtschullehrer" unter dem Direktorat des fortschrittlichen Pädagogen Diesterweg geschaffen wurde, erhielt Mädler eine Stelle als Schreiblehrer, die er bis zu seiner Berufung als Sternwartendirektor innehielt. Er gab Lehrmaterialien für „Schönschreibekunst" heraus, beschäftigte sich aber parallel intensiv mit Astronomie. Mit dem Bankier Wilhelm Beer beobachtete er auf dessen Privatsternwarte, an der Universität hörte er als Gast astronomische Vorlesungen.

1830 begannen Beer und Mädler mit genauen Beobachtungen des Mondes, die dank der sorgfältigen und fleißigen Arbeit Mädlers innerhalb kurzer Zeit zu einer Karte der gesamten sichtbaren Mondoberfläche führten („Mappa Selenographica"). Die Weiterführung der Arbeiten ergab 1837 ein umfangreiches Werk über die physischen Eigenschaften des Mondes.

Ab 1836 arbeitete Mädler für die neuerbaute Berliner Sternwarte unter Encke, ohne fest angestellt zu sein. Zu dieser Zeit begann er auch mit volkstümlichen Vorlesungen über die Astronomie und der Niederschrift seiner „Populären Astro-

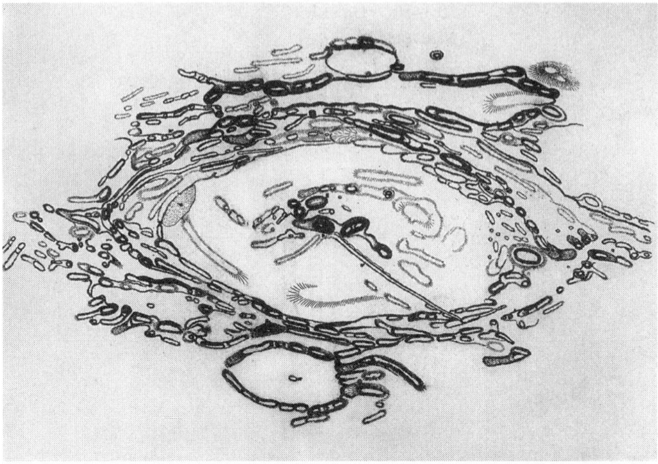

Ausschnitt aus der „Mappa Selenographica“

nomie“. Das umfangreiche Buch erschien 1841 und erlebte mehrere Auflagen. Es war eines der beliebtesten Astronomiebücher des 19. Jahrhunderts.
1840 wurde MÄDLER vom Rat der Universität Dorpat (heute Tartu) zum Professor für Astronomie und Direktor der Universitätssternwarte gewählt. Im gleichen Jahr heiratete der sechsundvierzigjährige Gelehrte und siedelte mit seiner Frau in die Ostseeprovinz des Russischen Reiches über, wo er an der deutschsprachigen Universität die Nachfolge von WILHELM STRUVE antrat.
FRIEDRICH GEORG WILHELM STRUVE (1793 bis 1864), in Hamburg geboren, studierte in Dorpat Philologie. Danach wandte er sich der Astronomie zu und wurde bald Professor der Astronomie und Direktor der Sternwarte, die unter seiner energischen Leitung ihre Blütezeit hatte. Mit dem damals weltgrößten Refraktor aus der Werkstatt von FRAUNHOFER erstellte er umfangreiche Doppelsternkataloge und bestimmte fast gleichzeitig mit BESSEL 1837/38 eine der ersten beiden Fixsternparallaxen. Daneben führte er bedeutende geodätische Arbeiten aus. Wie MÄDLER war er einer der Pioniere der Stellarstatistik, seine Untersuchungen (1847) fanden aber gleichfalls heftigen Widerspruch. 1839 übersiedelte STRUVE als Direktor der neuerbauten Hauptsternwarte Rußlands nach Pulkowo bei Petersburg. Etliche seiner Schüler wurden bedeutende Astronomen. Auch sein Sohn OTTO STRUVE, die Enkel HERRMANN und LUDWIG STRUVE sowie die Urenkel GEORG und OTTO STRUVE machten sich als Astronomen in Rußland, Deutschland und den USA einen Namen.
In Dorpat führte MÄDLER die Doppelsternmessungen von STRUVE fort, allerdings nicht mit der gleichen Intensität und Genauigkeit. Das Wirken des Newtonschen Gravitationsgesetzes, das er an den Bahnen der Doppelsterne beobachtet hatte, übertrug er als einer der ersten auf das Milchstraßensystem als Ganzes. In seinem Werk „Die Centralsonne“ (1846) und späteren Veröffentlichungen nahm er u. a. richtig an, daß sich die Sterne im Sternsystem um ein Zentrum bewegen, das kein überschwerer Körper zu sein braucht. Als Zentrum betrachtete er den Sternhaufen der Plejaden, der sich aber später als genau entgegengesetzt zum Zentrum des Milchstraßensystems erwies. Für seine Untersuchungen leitete MÄDLER Eigenbe-

FRIEDRICH GEORG WILHELM STRUVE

wegungen von über 2000 Sternen durch Vergleich der Positionsbestimungen von BRADLEY mit neueren Katalogen ab.
Die führenden Astronomen jener Zeit lehnten MÄDLERS Arbeiten zur Stellardynamik als Spekulationen ab, wobei auch Mißverständnisse eine Rolle spielten. Ebenso verkannten sie seine prinzipiell richtigen Überlegungen zum endlichen Alter des Weltalls, mit dem er den Entwicklungsgedanken in der Astronomie wieder aufgriff. MÄDLER selbst konnte allerdings auch nicht immer die Ergebnisse anderer richtig beurteilen.
Bedeutende Schüler hatte MÄDLER nicht. Sein schwieriger Charakter verstärkte die Antipathien von Seiten vieler Gelehrter, so daß zu Lebzeiten und darüber hinaus im wesentlichen nur seine Mondkarte Anerkennung in Fachkreisen fand.
Nach fünfundzwanzigjähriger Tätigkeit ließ sich MÄDLER 1865 emeritieren und zog im folgenden Jahr nach Hannover um, wo er am 14. März 1874 starb. Sein letztes Werk war eine faktenreiche Geschichte der Astronomie.

Lebensdaten zu JOHANN HEINRICH MÄDLER

1794	am 29. Mai in Berlin geboren
1819	Gründung einer Privatschule in Berlin
1831–1840	Schreiblehrer am Seminar für Stadtschullehrer
1834–1836	„Mappa Selenographica“
1840–1865	Professor für Astronomie an der Universität Dorpat und Direktor der dortigen Sternwarte
1846	„Die Centralsonne“
1866	Übersiedlung nach Hannover
1874	am 14. März in Hannover gestorben

Literaturverzeichnis zu Johann Heinrich Mädler

[1] Mädler, J. H.: Der Wunderbau des Weltalls oder populäre Astronomie. 8. Auflage, Straßburg 1884

[2] Eelsalu, H. u. Herrmann, D. B. (unter Mitarbeit von J. Hamel): Johann Heinrich Mädler (1794–1874). Eine dokumentarische Biographie. Akademie-Verlag, Berlin 1985

[3] Wattenberg, D.: Johann Heinrich Mädler. Archenhold-Sternwarte Berlin-Treptow, Vorträge und Schriften, Nr. 48 (1974)

[4] Batten, A. H.: Resolute and Undertaking Characters: The Lives of Wilhelm and Otto Struve. D. Reidel Publishing Company, Dordrecht 1988

Wilhelm Julius Foerster (1832 bis 1921)

Nicht spektakuläre Entdeckungen, sondern herausragende organisatorische und propagandistische Leistungen sind es, die Foerster für immer einen festen Platz in der Wissenschaftsgeschichte einnehmen lassen.

Wilhelm Julius Foerster wurde am 16. Dezember 1832 im schlesischen Grünberg als Sohn eines begüterten, geistig-kulturell aufgeschlossenen und vielseitig wirkenden Tuchfabrikanten und -händlers geboren. Er nahm nach Erwerb des Reifezeugnisses am Magdalenen-Gymnasium in Breslau zum Wintersemester 1850/51 das Studium der Astronomie und Mathematik an der Berliner Universität auf. Ostern 1852 wechselte er zur Bonner Alma mater, um sich unter der Leitung von Friedrich Argelander (1799 bis 1875), einem der renommiertesten deutschen Astronomen des vorigen Jahrhunderts, gänzlich der Himmelskunde zu widmen. Am 5. August 1854 verteidigte Foerster seine Dissertationsschrift „De altitudine poli Bonnensi" mit dem Prädikat „magna cum laude". Zunächst als Einjährig-Freiwilliger das obligate Militärdienstjahr ableistend, nahm er dann am 1. Oktober 1855 als zweiter Assistent seine berufliche Tätigkeit an der von Johann Franz Encke (↗ Encke) geleiteten Berliner Sternwarte auf. Fünf Jahre später bereits zum ersten Assistenten aufgerückt, wurde ihm 1863, im Alter von 30 Jahren, die interimistische und mit Wirkung vom 1. April 1865 die definitive Leitung der zu diesem Zeitpunkt bedeutendsten astronomischen Lehr- und Forschungsstätte Deutschlands übertragen. Im Laufe der insgesamt 39 Jahre währenden Amtszeit festigte Foerster den Ruf der Berliner Sternwarte, eine Forschungsstätte zu sein, an der vor allem fundamentale Orts- und Zeitbestimmungen mit höchster Präzision durchgeführt wurden. Für internationales Aufsehen sorgten insbesondere die im Juni 1888 im Heft 3 der Beobachtungsergebnisse der Berliner Sternwarte veröffentlichten „Untersuchungen über die Veränderlichkeit der Polhöhe". Mit ihnen konnte der Sternwartenassistent Friedrich Küstner (1856 bis 1936) erstmalig den experimentell gesicherten Nachweis erbringen, daß die Rotationsachse der Erde nicht wie bis dahin allgemein angenommen, starr gelagert ist, sondern merkliche Taumelbewegungen vollzieht. Foersters eigene wissenschaftliche Arbeit war vor allem auf die gründliche Kritik und Ausarbeitung der Methoden zur Erzielung möglichst vollkommener Beobachtungsergebnisse

Wilhelm Julius Foerster

auf dem Gebiete der Astrometrie gerichtet. Zeugnis davon legen zahlreiche, insbesondere im Berliner Astronomischen Jahrbuch und in den Astronomischen Nachrichten, publizierte Abhandlungen ab, unter denen zwei Arbeiten „Zur Theorie des Durchgangs-Instrumentes“ (1878/80) und die „Beiträge zur Ausgleichung der fundamentalen Ortsbestimmungen am Himmel“ (1904) zu den wertvollsten zählen.

Neben der astronomischen Forschung fühlte sich Foerster gleichermaßen der astronomischen Lehre verpflichtet. Am 20. Mai 1858 sich an der Berliner Universität habilitierend, begann er schon im Alter von 25 Jahren eine mehr als 62 Jahre währende, überaus erfolgreiche und alle Gebiete der Astronomie, der Astronomiegeschichte und der astronomieverwandten Wissenschaftsdisziplinen umfassende Lehrtätigkeit. [Vgl. 1, S. 20ff.] Von seinen zahllosen in- und ausländischen Schülern, zu denen u. a. die erste Generation der neuzeitlichen japanischen Astronomen gehörte, wurde er als „der geborene Lehrer“ charakterisiert, welcher ausgestattet mit „ausgezeichneter Rednergabe“ in seinen Vorträgen „fachmännisches Wissen mit allgemein ästhetischen und philosophischen Ansichten“ verflocht und „nicht nur den Verstand, sondern auch das Gemüt“ gewann. [1, S. 11] Geleitet von dem heute mehr denn je volle Gültigkeit besitzenden Grundsatz, „daß es eine der höchsten Aufgaben des auch in der Forschung tätigen Lehrers ist, zu der bestmöglichen Gestaltung von Lehr- und Handbüchern das seinige beizutragen“ [1, S. 81], veröffentlichte Foerster 1904 sein Lehrbuch „Die Astrometrie oder die Lehre von der Ortsbestimmung im Himmelsraum“. Im Jahre 1863 zum außerordentlichen, 1875 zum ordentlichen Professor ernannt, nahm er ferner als Dekan (1884/85) und als Rektor (1891/92) gestaltenden Einfluß auf die bedeutendste deutsche und zugleich internationale Ausstrahlung besitzende Berliner Universität.

Die an sich schon verdienstvollen Betätigungen Foersters als Dozent, Forscher und Sternwartendirektor – sie begründeten bereits frühzeitig seinen Ruf, einer der angesehendsten deutschen Astronomen in der 2. Hälfte des 19. Jahrhunderts zu sein – wurden in ihrer Bedeutung durch das ungemein umfangreiche und viel-

Friedrich Simon Archenhold

gestaltige wissenschaftsorganisatorische und -propagandistische Wirken noch weit überragt. Getrieben von der Erkenntnis, daß Organisationen „Vereinfachungen und Verfeinerungen geistiger Arbeit, verbunden mit Verminderungen materieller Aufwände“ [2, S. 5] zur Folge haben, und ausgestattet mit solchen vorzüglichen, ihn zu einem erfolgreichen Wissenschaftsorganisator geradezu prädestinierenden intellektuellen und charakterlichen Fähigkeiten wie vielseitige Interessiertheit, Spürsinn für das Neue, Weitblick, Freude am Organisieren, diplomatisches Geschick, Überzeugungskraft, Zivilcourage, Zähigkeit, Pflichtgefühl und immenser Arbeitsfleiß, nutzte Foerster seine einflußreiche Stellung als Sternwartendirektor und als Universitätslehrer, um durch Initiierung und/oder Mitbegründung zahlreicher Institute, Gesellschaften, Gemeinschaftsunternehmungen und Zeitschriften dem aus dem wissenschaftlichen Erkenntnisfortschritt und aus dem veränderten gesellschaftlichen Bedingungsgefüge entspringenden Erfordernis nach tiefgreifenden organisatorischen Veränderungen aktiv Rechnung zu tragen.

Zu seinen bedeutendsten organisatorischen Leistungen auf dem Gebiet der Astronomie zählen insbesondere die Mitbegründung der Astronomischen Gesellschaft (1863), die Herausgabe der Vierteljahrsschrift der Astronomischen Gesellschaft (1865), die Vorbereitung der ersten beiden astronomischen Expeditionen Deutschlands zur Beobachtung der Sonnenfinsternis am 18. August 1868, die Mitbegründung des Astrophysikalischen Observatoriums Potsdam (1874), die Gründung des Astronomischen Recheninstituts (1874), die Vorbereitung der deutschen Expeditionen zur Beobachtung des Venusdurchganges im Dezember 1874 sowie im Dezember 1882, die Gründung der Zentralstelle für astronomische Telegramme in Kiel (1882) und die systematische Erforschung der sogenannten leuchtenden Nachtwolken (1885 bis 1895).

Die Mitwirkung der Berliner Sternwarte an Längengradmessungen erlaubte es Foerster, auch in der Geodäsie organisatorisch wirksam zu werden. So bereitete er die 1. Generalkonferenz der Mitteleuropäischen Gradmessung im Jahre 1864 vor, des weiteren gehörte er zu den Mitbegründern des Zentralbüros der Mittel-

europäischen Gradmessung (1864), 1885/86 war er maßgeblich an der Reorganisation des Geodätischen Instituts und der Internationalen Erdmessung beteiligt, 1888 initiierte er den 11 Jahre später seine Arbeit aufnehmenden Internationalen Breitendienst zur Beobachtung der Variationen der Erdrotationsachse.
Anknüpfend an die 1787 übernommene Verpflichtung der Sternwarte, für die minutengenaue Zeitangabe der ersten Normaluhr Berlins zu sorgen, erwarb sich FOERSTER ebenfalls bleibende Verdienste auf dem Gebiet der Chronometrie. Mit den zwischen 1869 bis 1875 errichteten ersten Normalsekundenuhren Deutschlands und den 1892 in Betrieb genommenen Uraniasäulen – sie verkörperten eine einzigartige Kombination von Uhren-, Wetter- und Litfaßsäulen – begründete er in Berlin ein auf hohem technischen Niveau stehendes, zuverlässig funktionierendes und durchdacht gestaltetes Netz öffentlicher Normaluhren, welches bis 1914 vielfältige nationale und internationale Nachahmung fand. Unter Ausnutzung der kommunalen Erfahrungen organisierte er ferner die ersten Formen eines nationalen Zeitdienstes, so die täglichen Zeitsignale des Berliner Zentraltelegraphenamtes ab 1868, die Errichtung von vier Zeitballstationen an der deutschen Nord- und Ostseeküste (1875 bis 1877), die Zeitübertragungen der Berliner Sternwarte an die Deutsche Uhrmacherschule in Glashütte (1880) sowie die 1892 aufgenommenen täglichen Zeitsignalisierungen im Eisenbahnbereich.
Aus der Fülle der weiteren organisatorischen Leistungen auf anderen wissenschaftlichen Gebieten unbedingt hervorgehoben werden muß schließlich noch FOERSTERS maßgeblicher Anteil bei der Begründung der Physikalisch-Technischen Reichsanstalt – sie entwickelte sich binnen kurzem zu einer der führenden Institutionen auf dem Gebiet der Präzisionsphysik und Präzisionsmechanik mit internationaler Ausstrahlung – sowie bei der nationalen und internationalen Einführung und Fundierung des metrischen Systems. So schuf er als erster und bedeutendster Direktor der Kaiserlichen Normaleichungskommission in den Jahren von 1869 bis 1885 ein mustergültig organisiertes und auf fester wissenschaftlicher Grundlage stehendes Meß- und Eichwesen in Deutschland. Auf internationaler Ebene gehörte er dem kleinen Expertenkreis an, welchem die wissenschaftliche Vorbereitung des am 20. Mai 1875 im Rahmen einer diplomatischen Konferenz abgeschlossenen Pariser Metervertrages oblag. 1875 zum Mitglied des Internationalen Komitees für Maße und Gewichte gewählt, übernahm er von 1891 bis 1920 den Vorsitz dieses – nach den Generalkonferenzen – höchsten metrologischen Gremiums der Welt.
Geprägt durch die persönliche Bekanntschaft mit dem bedeutenden Altertumsforscher AUGUST BOECK (1785 bis 1867) und mit ALEXANDER VON HUMBOLDT (1769 bis 1859) sowie in Ausübung der von seinem Amtsvorgänger ENCKE übernommenen Verpflichtung, interessierten Laien die Besichtigung der Sternwarte zu gestatten, begann sich FOERSTER schon in jungen Jahren aktiv für die Popularisierung wissenschaftlicher Kenntnisse zu engagieren. Unter seinen institutionellen Aktivitäten sind die Initiierung der „Vereinigung von Freunden der Astronomie und kosmischen Physik“ im Jahre 1891 sowie insbesondere die drei Jahre zuvor gemeinsam mit WERNER VON SIEMENS (1816 bis 1892) und MAX WILHELM MEYER (1853 bis 1910) bewerkstelligte Konstituierung der Urania-Gesellschaft hervorzuheben.

Treptower Sternwarte um 1900

Max Wilhelm Meyer wurde am 15. Februar 1853 in Braunschweig als Sohn eines Glasermeisters geboren. Es gelang ihm, dank mehrerer glücklicher Umstände, ein Studium der Astronomie an den Sternwarten in Göttingen, Leipzig und Zürich in den Jahren 1872 bis 1875 zu absolvieren. An den Sternwarten in Neuchâtel, Genf und Wien zunächst bemüht, seine berufliche Laufbahn fortzusetzen, entschloß er sich 1884/85 seinen Neigungen folgend zu dem bis dahin erst vereinzelt praktizierten Schritt, ein berufsmäßiger populärwissenschaftlicher Schriftsteller zu werden. Seine ungemein fesselnd geschriebenen Artikel und Bücher erregten von Beginn an große Aufmerksamkeit, so daß er im Herbst 1885 das Angebot erhielt, nach Berlin überzusiedeln und als Feuilletonist im renommierten „Berliner Tageblatt" zu arbeiten. Im Rahmen der journalistischen Tätigkeit lernte Meyer dann Foerster im Winter 1886/87 persönlich kennen. Sich ideal ergänzend und unterstützt durch Siemens, schafften es die beiden Männer innerhalb der kurzen Frist von einem Jahr, ihr Urania-Projekt zu verwirklichen. Mit der Doppelfunktion des wissenschaftlichen und des kaufmännischen Direktors betraut, erwarb sich Meyer als „Seele" des Unternehmens den Ehrennamen „Urania-Meyer". Wissenschaftspropagandistische Differenzen und subjektive Reibereien mit einflußreichen Mitgliedern des Urania-Aufsichtsrates führten 1897 zu seiner fristlosen Entlassung. Bis zu seinem Tode am 17. Dezember 1910 in Untermais bei Meran (Südtirol) wirkte Meyer als eminent produktiver populärwissenschaftlicher Schriftsteller. [Vgl. 3, S. 69]
Die einen völlig neuartigen Organisationstyp verkörpernde und dem sprunghaft gestiegenen gesellschaftlichen Stellenwert der Naturwissenschaften auf zweckmäßige Art und Weise Rechnung tragende Urania entwickelte sich binnen kurzem zu einer wahren naturwissenschaftlichen Volksakademie. Mehr als durchschnittlich 180 000 Besucher pro Jahr, vor allem Schulkinder und Arbeiter, fühlten sich bis 1914 von den ihnen erstmals dargebotenen Möglichkeiten, dem wissenschaftlichen Theater, den Experimentiersälen für Physik und Mikroskopie sowie den astronomischen Einrichtungen – sie stellten die erste Volkssternwarte der Welt dar –, in den Bann gezogen. Wegen ihres beispiellosen Erfolges fand die Urania

schnell nationale und internationale Nachahmung und trug dadurch entscheidend dazu bei, daß bis heute der Name „Urania“ weltweit als Synonym für erfolgreiche populäre Verbreitung wissenschaftlicher Kenntnisse verstanden wird.
Besondere Verdienste erwarb sich FOERSTER auch bei der Förderung von FRIEDRICH SIMON ARCHENHOLD (1861 bis 1939), seinem bekanntesten Schüler auf populärwissenschaftlichem Gebiet.
FRIEDRICH SIMON ARCHENHOLD wurde am 2. Oktober 1861 als Sohn einer alten jüdischen Familie in Lichtenau/Westfalen geboren. Von 1882 bis 1887 studierte er an den Universitäten in Berlin und Straßburg (heute Straßbourg). Als prägend erwies sich die persönliche Bekanntschaft mit FOERSTER. „Nicht nur förderte er meine Studien auf astronomischem Gebiet, er legte auch“, bekannte ARCHENHOLD später, „den Keim zu meinen volksbildenden Bestrebungen.“ [4, S. 5] Zunächst noch unschlüssig in der endgültigen Berufswahl, wirkte ARCHENHOLD nach Beendigung des Universitätsstudiums erst an der neu erbauten Urania-Sternwarte, um anschließend in den Jahren 1890 bis 1895 als freier Mitarbeiter bei FOERSTER zu arbeiten. Während dieser Zeit widmete er sich vorrangig der fotografischen Beobachtung von Himmelsobjekten und -erscheinungen, wobei ihm 1891 die Entdekkung des Perseus-Nebels gelang. Ab 1896 konzentrierte sich ARCHENHOLD auf sein Lebenswerk, die Errichtung und Profilierung der Treptower Sternwarte zu einer Massenzulauf und überregionale Ausstrahlungskraft besitzenden populärwissenschaftlichen Bildungsstätte im besten Sinne des Wortes. ARCHENHOLD starb am 14. Oktober 1939. Seine großen Verdienste werden durch die Umbenennung der Treptower Sternwarte in „Archenhold-Sternwarte“ gewürdigt und so sein humanistisches Vermächtnis erfüllt und fortgeführt.
Getragen von der weltanschaulichen Position eines ethisch geprägten bürgerlichen Humanismus zählte FOERSTER zu den wenigen Gelehrten im wilhelminischen Deutschland, die sich mutig für die Völkerverständigung einsetzten. In den Jahren 1870/71 war er der einzige deutsche Naturwissenschaftler, der die Annexion von Elsaß-Lothringen „als eine für die Zukunft der deutschen und europäischen Völker äußerst gefährliche Verirrung“ brandmarkte und – erfolglos – die Organisation einer „kräftigen Gegenwehr“ [5] versuchte. Am 9. November 1892 gründete er mit 14 weiteren Persönlichkeiten die Deutsche Friedensgesellschaft, in der er neben dem Schriftsteller FRIEDRICH SPIELHAGEN (1829 bis 1911) das mit Abstand prominenteste Gründungsmitglied war. Zunächst als geschäftsführender Vorsitzender und später als Vorsitzender der Berliner Ortsgruppe entfaltete FOERSTER ein reges Friedensengagement, welches Mitte Oktober 1914 seinen Höhepunkt in der Mitwirkung bei der Endfassung des humanistischen Friedensmanifests „Aufruf an die Europäer“ fand. [Vgl. 5] Für FOERSTER war es besonders tragisch, daß dieses die Ehre der deutschen Intelligenz rettende Manifest erst nach dem 1. Weltkrieg veröffentlicht wurde, denn durch arglistige Täuschung war sein Name unter den chauvinistischen „Aufruf an die Kulturwelt“ geraten. [Vgl. 6, S. 262] Für die Erhaltung des Friedens zu kämpfen und mit Hilfe der Wissenschaft das Leben der Menschheit vernunftgemäßer und inhaltsreicher zu gestalten – das ist das Vermächtnis des am 18. Januar 1921 in Potsdam-Bornim im Hause seines Sohnes KARL verstorbenen WILHELM JULIUS FOERSTER.

Lebensdaten zu Wilhelm Julius Foerster

1832	am 16. Dezember im schlesischen Grünberg (Zielona Gora) geboren
1863	Mitbegründer und Vorstandsmitglied der Astronomischen Gesellschaft
1865	Direktor der Berliner Sternwarte
1869	Direktor der Normaleichungskommission des Norddeutschen Bundes; Errichtung der ersten fernregulierten öffentlichen Normalsekundenuhr Deutschlands
1874	Mitbegründer und Direktoriumsmitglied des Astrophysikalischen Observatoriums Potsdam; Gründung des Astronomischen Recheninstituts
1875	Ordentlicher Professor an der Berliner Universität
1882	Gründer und Vorsitzender der Zentralstelle für astronomische Telegramme
1886	Mitglied der Permanenten Kommission der Internationalen Erdmessung
1887	Mitbegründer und Kuratoriumsmitglied der Physikalisch-Technischen Reichsanstalt
1888	Mitbegründer und Aufsichtsratsvorsitzender der Urania-Gesellschaft
1891	Präsident des Internationalen Komitees für Maße und Gewichte
1892	Mitbegründer der Deutschen Friedensgesellschaft; Korrespondierendes Mitglied der Bayerischen Akademie der Wissenschaften
1894	Verleihung der Ehrendoktorwürde durch die Universität Oxford
1910	Mitglied des europäischen Rates der Carnegiestiftung für internationalen Frieden
1914	Mitverfasser des „Aufrufs an die Europäer“
1921	am 18. Januar in Potsdam-Bornim gestorben

Literaturverzeichnis zu Wilhelm Julius Foerster

[1] Hamel, J. u. Tiemann, K.-H.: Die Vertretung der Astronomie an der Berliner Universität in den Jahren 1810–1914. In: Beiträge zur Geschichte der Astronomie in Berlin, Vorträge und Schriften der Archenhold-Sternwarte Berlin-Treptow, Nr. 69, Berlin 1988

[2] Tiemann, K.-H.: Wilhelm Julius Foerster – Leben und Werk. Druck GmbH Potsdam 1990

[3] Ders.: Man nannte ihn den Urania-Meyer. In: Astronomie und Raumfahrt 26 (1988) 3

[4] Herrmann, D. B.: Friedrich Simon Archenhold und seine Treptower Sternwarte. In: Vorträge und Schriften der Archenhold-Sternwarte Berlin-Treptow, Nr. 65, Berlin 1986

[5] Tiemann, K.-H.: Wilhelm Julius Foerster (1832–1921) . In: Strube, I., Kästner, I.; Brentjes, S. (Hrsg.): Bekenntnisse bedeutender Naturwissenschaftler und Mediziner zum Frieden. Akademie-Verlag, Berlin 1989

[6] Foerster, F. W.: Mein Kampf gegen das militaristische und nationalistische Deutschland. Stuttgart 1920

3 Von der Astrophysik zur Kosmosforschung

Noch während sich Himmelsmechanik und Positionsastronomie in voller Entwicklung befanden, bahnten sich im Umfeld der astronomischen Forschung Gedanken an, die eine weiterreichende Zielstellung der Erkenntnis verfolgten. Zunächst keimten solche Ideen unsystematisch auf, ohne daß ihre Urheber selbst sie in einen künftigen Entwicklungsablauf der Wissenschaft hätten einordnen wollen oder können. Rückwirkend betrachtet läßt sich feststellen, daß es sich um das Eindringen von Methoden der Physik und Chemie in die astronomische Forschung handelte, die zur Entstehung einer neuen wissenschaftlichen Disziplin, der Astrophysik, führte, wobei insbesondere die Fotometrie und die Spektroskopie eine konstituierende Rolle spielten.
Die Fotometrie erhielt vor allem durch LAMBERTS Untersuchungen zur Lichtmessung einen wesentlichen Impuls, die bereits 1760 erschienen und in denen LAMBERT u. a. das Fehlen eines Meßinstrumentes der Lichtlehre beklagte, wie es die Wärmelehre im Thermometer besitze. Zugleich ergaben sich aber auch konkrete Interessen der Astronomen an einer theoretisch besser verstandenen und praktisch handhabbaren „Lichtmeßkunst“, da sich die Anzahl der bekannten in ihrer Helligkeit als veränderlich geltenden Sterne ständig vergrößerte. Nur genauere Helligkeitsbeobachtungen vermochten darüber zu entscheiden, wie sich die Helligkeitsschwankungen bei Sternen im einzelnen vollziehen und ob es nicht noch weitaus mehr solcher Objekte gibt. Der deutsche Astronom ARGELANDER veröffentlichte deshalb im Jahre 1844 eine „Aufforderung an Freunde der Astronomie“, in der er systematische Helligkeitsbeobachtungen anregte. Bekannt ist bei Sternfreunden bis heute die von ihm entwickelte Methode der genaueren Schätzung von Sternhelligkeiten (Argelandersche Stufenschätzungsmethode).
Mit dieser wissenschaftsinternen Situation traf eine Entwicklung zusammen, die sich im Rahmen der Gesellschaft vollzog: die weitere Vervollkommnung der Produktionsverhältnisse erforderte die rasche Entwicklung einer wirksamen Beleuchtungstechnik, die mit der Forderung nach präzisen Lichtmessungen einherging. Die Folge war eine lebhafte Tätigkeit von Physikern und Astronomen auf den Gebieten der wissenschaftlichen und technischen Fotometrie, die sich gegenseitig be-

fruchteten und zu sichtbaren Fortschritten sowohl bei der Entwicklung der Beleuchtungstechnik als auch der Astrofotometrie führten.
Gleichzeit bildete sich die Spektroskopie heraus, deren Anfänge bis zu den klassischen Experimenten von NEWTON ins 17. Jahrhundert zurückreichen. Einen deutlichen Fortschritt auf diesem Gebiet erzielte WOLLASTON, der im Jahre 1802 erstmals einen von der Sonne beschienenen Spalt durch ein Prisma betrachtete und dabei ein durch dunklere Teile im Farbenband deutlich strukturiertes Spektrum erzielte. Diese experimentelle Entwicklungslinie wurde durch FRAUNHOFER fortgesetzt, der das Sonnenspektrum benutzen wollte, um es als Meßmarke zur Bestimmung der Brechungseigenschaften von optischen Gläsern zu nutzen. Zu seiner Überraschung fand er dabei insgesamt 475 dunkle Linien im Sonnenspektrum, deren Herkunft ihm freilich rätselhaft blieb. Dennoch war die Entdeckung dieser „Fraunhofer-Linien" ein wichtiger Schritt auf dem Wege zu einer wissenschaftlich nutzbaren Spektroskopie. Die sorgfältige Bestimmung der Lage der dunklen Linien führte nämlich schon FRAUNHOFER zu der Feststellung, daß die Brechbarkeit der gelben Natriumlinie im Flammenspektrum mit der einer dunklen Linie im Sonnenspektrum (D) übereinstimmte. Gerade dieser Befund spielte eine herausragende Rolle bei der Entwicklung der Spektralanalyse durch KIRCHHOFF und BUNSEN in deren klassischer Arbeit „Chemische Analyse durch Spectralbeobachtungen" (1860). Die Begründung der Spektralanalyse eröffnete für die Erforschung der kosmischen Objekte qualitativ völlig neuartige Möglichkeiten, die letztlich zu einer umfassenden Neuorientierung der tradierten astronomischen Forschung hinsichtlich Methodik und Zielstellung führten. Die rasche Entwicklung der Spektralanalyse bereits in den ersten Jahren nach ihrer Begründung ist nicht zuletzt auf ihre unmittelbare Verwertungsmöglichkeit in der chemischen Industrie zurückzuführen. Insofern finden wir mit Bezug auf die Spektralanalyse eine ähnliche gesellschaftliche Verwurzelung dieser für die astronomische Forschung bedeutsamen Methoden wie in der Fotometrie. Die aus der Industrie erwachsenden und somit letztlich ökonomisch bedingten Erfordernisse stimulierten die Entwicklung der Meßtechnik, wobei die gleichzeitige technische und wissenschaftliche Nutzbarkeit der Methodik ihre Entwicklung befruchtete.
Die herausragende Bedeutung der Spektroskopie für die Erforschung des Universums bestand darin, daß durch sie erstmals wissenschaftlich begründete Aussagen über die chemische und physikalische Beschaffenheit der Himmelskörper möglich wurden. Die klassische Astronomie hatte die Himmelskörper im Sinne der Mechanik stets als Massenpunkte betrachtet und entsprechend der Besselschen Auffassung ihre Zielstellung ausschließlich darin gesehen, Regeln für die Bewegung der kosmischen Objekte zu finden, aus denen ihr jeweiliger Ort am Himmel abgeleitet werden kann. Nun aber deutete sich eine erhebliche Ausweitung der Zielstellung astronomischer Forschung an, wie sie KARL FRIEDRICH ZÖLLNER treffend mit den Worten kennzeichnete: „War es die Aufgabe (der früheren Astronomie, d. A.) unter Voraussetzung der Allgemeinheit **einer** Eigenschaft der Materie (der Gravitation) alle Ortsveränderungen der Gestirne zu erklären, so wird es die Aufgabe der Astrophysik sein, unter Voraussetzung der Allgemeinheit **mehrerer** Eigenschaften der Materie, alle übrigen Unterschiede und Veränderungen der Himmelskörper zu erkennen." [1] ZÖLLNER definiert somit die neue Diszi-

Astronom am Fernrohr mit Spektroskop

plin „Astrophysik", indem er sie gleichzeitig als einen Prozeß der weiteren Physikalisierung der Astronomie kennzeichnet. Auch die Keplersche „Neue Astronomie" (Astronomia Nova, 1609) war ein solcher Vorgang, denn die Mechanik als ein legitimer Bestandteil der Physik war von Kepler zum Bestandteil der Astronomie erhoben worden. Wenn er selbst auch nicht zur Entdeckung der universellen Gravitation gelangte, so führte er doch den Begriff der Kraft (vis) anstelle des Begriffes der Seele (animus) als bewegendes agens der Himmelskörper ein, womit tatsächlich eine „Physik des Himmels" (Physica Coelestis) konstituiert wird, wenn auch die Frage nach der stofflichen Beschaffenheit der Himmelskörper noch nicht zum Gegenstand dieser Himmelsphysik gehört. Erst die von Zöllner als „Astrophysik" (der US-Amerikaner S. P. Langley spricht von „New Astronomy") bezeichnete neue Disziplin bringt diese inhaltliche Ausweitung der Forschung, die letztlich in verschiedenen Phasen bis in die moderne Kosmosforschung führt.

Die bedeutendsten Vertreter der neuen Disziplin in den ersten Jahrzehnten ihres Bestehens waren nach Ausbildung und Tätigkeit anfangs kaum mit der Astronomie verbunden. Vielmehr handelte es sich meist um Vertreter anderer Wissenschaftsdisziplinen, insbesondere um Physiker. Sie vollbrachten ihre Pionierleistungen, die unmittelbar zur Begründung der neuen Disziplin beitrugen, in deutlich jüngerem Alter als herausragende Leistungen sonst in der Wissenschaft durchschnittlich auftreten. Das Bewußtsein der Herausbildung einer neuen, dauerhaft bestehenden Disziplin war in der wissenschaftlichen Gemeinschaft kaum ausgeprägt. Auch betrug der Anteil astrophysikalischer Arbeiten an der literarischen Gesamtproduktion der Astronomie in den ersten Jahrzehnten der Astrophysik nur einige Prozent. Um so bedeutungsvoller waren die Erkenntnisse, die hier gewonnen wurden, und Methoden, die in intensiver Arbeit entstanden.

Neben Spektroskopie und Fotometrie spielte auch die Fotografie eine bedeutende Rolle für die Entwicklung der Astrophysik. Auch hier ist die gleichzeitige Entwicklung einer förmlichen Industrie mit der Astrofotometrie festzustellen, wovon die Anwendung des Verfahrens auf astrophysikalische Forschungsprobleme er-

Astrophysikalisches Observatorium Potsdam

heblich profitierte. Die Fotografie erwies sich nach intensiver Forschung und Entwicklung bald als ein universell anwendbares Hilfsmittel der astronomischen Forschung, das erst in den 50er Jahren des 20. Jahrhunderts durch das Vordringen elektronenoptischer Bildwandler und in jüngster Zeit durch die CCD-Technik verdrängt wird. Einerseits besteht der Wert fotografischer Aufnahmen unter Verwendung entsprechend lichtempfindlicher Materialien in der Möglichkeit, Objekte abzubilden, die der visuellen Beobachtung nicht zugänglich sind. Andererseits stellt die fotografische Platte ein dauerhaftes Dokument dar, das zur beliebigen späteren Auswertung bereitsteht.
Bedeutsam wurde die Fotografie vor allem durch das Bestehen eines objektiven Zusammenhangs zwischen Intensität der Lichtquelle, Belichtungszeit und Schwärzung auf der fotografischen Schicht, den besonders SCHWARZSCHILD erforscht hat. Damit wurde die Platte zu einem rationellen Hilfsmittel der Massenfotometrie und Spektralfotometrie. Die aufwendigen, wenig effektiven und von subjektiven Mängeln behafteten visuellen Verfahren in Fotometrie und Spektroskopie wurden durch den Einsatz der Fotografie verdrängt, so daß die fotografische Fotometrie, die Spektrografie und die Spektralfotometrie schließlich als astrophysikalische Methoden hoher Effektivität und Aussagekraft dominierten.
Die erste Phase astrophysikalischer Forschungen, die etwa von 1860 bis 1877 währte, ist vor allem durch die Anwendung der zum Teil noch nicht voll entwickelten Verfahren zur Gewinnung umfassender Datenmassive gekennzeichnet. In der Mehrzahl der Fälle war der konkrete Erkenntnisgewinn anfangs noch unklar. So schrieb z. B. ZÖLLNER 1861: „Ob es dereinst möglich sein wird, das auf photometrischen Wege gesammelte Beobachtungsmaterial in ähnlicher Weise ... zur Erweiterung unserer Kenntnis der Fixsternwelt zu verwerten, wie dies auf dem Wege der Positionsbestimmungen in so glänzender und erfolgreicher Weise geschehen ist – dies zu entscheiden, muß der Zukunft ... überlassen bleiben.“ [2]
Die großen fotometrischen Datensammlungen des 19. und frühen 20. Jahrhunderts haben sich als unverzichtbare Grundlagen der Astrophysik erwiesen, wobei

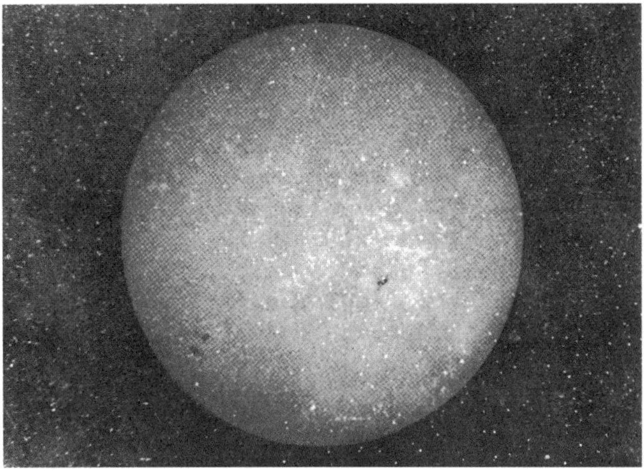

Erste Fotografie der Sonne (1844)

ihre Aussagekraft mit der wachsenden Kenntnis theoretischer Zusammenhänge noch erheblich zunahm.

Berühmte Helligkeitskataloge des 19. und 20. Jahrhunderts

Katalog und Herausgeber	Jahr	Sternzahl	Deklinationsbereich
Uranometria Nova (Argelander)	1843	3 256	+90° bis −35°
Bonner Durchmusterung (Argelander)	1859–1862	314 189	−2° bis +90°
Uranometria Argentina (Gould)	1879	7 756	+10° bis −90°
Bonner südliche Durchmusterung (Schönfeld)	1886	133 659	−2° bis −22°
Uranometria Oxoniensis (Pritchard)	1885	2 784	+90° bis −10°
Cordoba Durchmusterung (J. Thome)	1892–1914	578 802	−22° bis −62°
Harvard Revised Photometry (Pickering)	1907	9 110	+90° bis −90°
Potsdamer Durchmusterung (Müller und Kempf)	1907	14 199	0° bis +90°
Göttinger Aktiometrie (Schwarzschild)	1910	3 689	0° bis +20°
Selected Area, Harvard-Groningen-Durchmusterung (Pickering, Kapteyn, van Rhijn)	1918–1924	250 000	

Von großer Bedeutung für die Entwicklung der Astrophysik waren auch die Massenarbeiten auf dem Gebiet der Sternspektroskopie. Eine wichtige Voraussetzung für diese Katalogarbeiten bildeten die Vorschläge zur Klassifikation der Sternspektren nach morphologischen Merkmalen, wie sie u. a. von SECCHI, VOGEL und LOCKYER, dann aber mit gültigen Resultaten vor allem von PICKERING, W. P. FLEMING, MAURY und CANNON vom Harvard Observatory (USA) unterbreitet wurden. Die Spektralklassifikation von Miß CANNON wurde die Grundlage der bis heute international verwendeten Einteilung und Nomenklatur von Sternspektren, wie sie die Internationale Astronomische Union (IAU) 1922 zur allgemeinen Anwendung empfahl. Es war ein glücklicher Umstand, daß die Klassifikationskriterien ein physikalisches Prinzip zum Ausdruck brachten, und sich die Spektralsequenz zugleich als eine Temperatursequenz erwies. Die theoretische Begründung im Detail erfolgte allerdings erst 1921 durch die Ionisationstheorie von SAHA und FOWLER.

Berühmte Spektralkataloge des 19. und 20. Jahrhunderts

Bezeichnung des Spektralkatalogs oder Name des Autors	Jahr der Publikation	Anzahl der Objekte
Suggle Spettri Prismatici dei Corpi Celesti (Secchi)	1867	316
Vogel und Müller	1893	4051
Lockyer	1902	470
Miß Flemming	1890	10351
Miß Cannon	1909	1122
Henry Draper Catalogue (Pickering, Miß Cannon)	1918–1924	225300
Selected Areas (Becker, Payne, Schwassmann)	1929–1931	etwa 35000

In der frühen Entwicklungsgeschichte der Astrophysik fehlte es durchaus nicht an theoretischen Arbeiten. Sie leiteten vor allem spätere grundlegende Erkenntnisse über das physikalische Wesen der Sterne und ihre Entwicklung ein. In diesem Zusammenhang sind vor allem die Untersuchungen von HELMHOLTZ, LANE, ZÖLLNER, EMDEN u. a. zu nennen. Eine qualitativ ganz neuartige Rolle spielte jedoch die physikalische Theorie im Rahmen der Astrophysik seit der Entstehung der Quantentheorie (PLANCK, 1900) und der Relativitätstheorie (EINSTEIN, 1905 bis 1916). Mit diesen revolutionierenden Erkenntnissen der Physik begann eine ausgeprägt theoretische Phase der Astrophysik, die schließlich im Zusammenwirken von Beobachtung und Theorie zu einem neuen astronomischen Weltbild führte, in dem der Gedanke der Evolution der Objekte des Universums (Kosmogonie) und des Universums selbst (Kosmologie) eine dominierende Rolle spielt.

Fragen der Sternentwicklung sind von Anbeginn der Astrophysik eng mit dieser wissenschaftlichen Disziplin verbunden. Die von KANT bereits 1755 publizierten grundlegenden Ideen zur Evolution, die – in anderer Weise – auch von LAPLACE vertreten wurden, galten in den Kreisen der Astronomen lange Zeit als spekulativ. Erst die Astrophysik schuf Möglichkeiten der konkreten Untersuchung von Entwicklungsvorgängen im Weltall, wobei die empirischen Resultate von HERTZSPRUNG und RUSSELL (1905 bis 1907, 1913) und die theoretischen Studien von EDDINGTON u. a. (Kosmogonie) sowie die Beobachtungen von HUBBLE u. a. und die theoretischen Erkenntnisse von EINSTEIN, FRIEDMANN u. a. (Kosmologie) Höhepunkte des Erkenntnisfortschritts im 20. Jahrhundert darstellen.
Heute verfügen wir über ein bereits gutes Verständnis der Sternevolution und über wichtige Grundzüge der Theorie eines evolutionären Kosmos. Die Entdekkung der Expansion des Universums (1929) und ihre Deutung im Rahmen verschiedener relativistischer Theorien bestimmt bis heute in starkem Maße die internationale Diskussion. In jüngster Zeit wurden durch die neuesten Erfolge der Elementarteilchenphysik weitere Fortschritte in der Darstellung der Geschichte des Weltalls von etwa 10^{-35} Sekunden nach Beginn der Expansion erzielt. Dazu trug insbesondere auch die Theorie von der inflationären Phase der Expansion bei.
Für die Beobachtungsgrundlagen der astronomischen Forschung des 20. Jahrhunderts ist der Übergang von der traditionellen optischen Datenerfassung zur Allwellenastronomie kennzeichnend. Die Grundlage ist die Entwicklung von Detektoren für praktisch alle Bereiche des elektromagnetischen Spektrums. Den Beginn dieser Entwicklung bildete die Radioastronomie, wobei neben den technischen Voraussetzungen in den vierziger Jahren unseres Jahrhunderts auch der Umstand bedeutsam war, daß Radiowellen des elektromagnetischen Spektrums in bestimmten Wellenlängenbereichen die Erdoberfläche ungehindert erreichen. Später wurden auch andere Bereiche des Spektrums, die nur in großen Höhen der Erdatmosphäre oder außerhalb davon nachgewiesen werden können, meßtechnisch erfaßbar. Heute werden alle Bereiche des Spektrums vom extrem langwelligen Radiostrahlungsgebiet bis zum extrem kurzwelligen Gammastrahlengebiet durch entsprechende Detektoren zur Gewinnung von Informationen aus dem Universum benutzt. Eine bedeutsame Voraussetzung für die Entwicklung der Allwellenastronomie bildet natürlich die Raumfahrt. Nur unter Benutzung von Raketen, Sonden und Satelliten ist es überhaupt möglich, in jene Bereiche vorzudringen, in denen die von der Erdatmosphäre mehr oder weniger zurückgehaltenen Wellenlängenbereiche der elektromagnetischen Strahlung auftreten. Weitere Informationen bezieht die Forschung der Gegenwart durch das Studium der Partikelstrahlung einschließlich der schwierig nachzuweisenden Neutrinos. Insbesondere für die Erforschung der Körper unseres Sonnensystems und des interplanetaren Raumes hat die Raumfahrt eine förmliche Revolution mit sich gebracht. Der quantitative und qualitative Wissenszuwachs durch den Einsatz von Sonden, die unmittelbar zu Planetenerkundungen in den vergangenen mehr als 25 Jahren auf den Weg geschickt wurden, übertrifft alle auf traditionellem Wege gewonnenen Erkenntnisse der letzten Jahrhunderte bei weitem. Praktisch sind bis heute fast alle großen Planeten des Sonnensystems sowie mehrere Satellitensy-

steme, aber auch der Komet Halley als Vertreter einer speziellen Klasse astronomischer Objekte, in diese Forschungen einbezogen worden.
Die vielfältigen Zielstellungen, aber auch die Breite der angewendeten Methoden und das enge Zusammenwirken zahlreicher Wissenschaftsdisziplinen rechtfertigen es, die Gesamtheit der gegenwärtigen Aktivitäten des Menschen bei der Erforschung des Universums unter der umfassenden Bezeichnung **Kosmosforschung** zusammenzufassen.
Da wir im vorliegenden Band die Entwicklung der Astronomie anhand vergleichsweise weniger Biographien bedeutender Forscher der letzten zweitausend Jahre darzustellen versuchen, sei schließlich auch darauf verwiesen, daß nie zuvor so viele Wissenschaftler mit der Erforschung des Universums befaßt waren wie in der Gegenwart. Die Auswahl fällt deshalb einerseits für die jüngste Vergangenheit schon aus subjektiven Gründen außerordentlich schwer, andererseits zeigt sich auch in der Kosmosforschung, daß die Anzahl der Arbeiten, die in kollektiver Zusammenarbeit größerer Teams entstehen, ständig zunimmt. Der einzelne bedeutende Gelehrte, der weitblickend und aus eigener Kraft ganze Felder der Forschung durch bedeutende Entdeckungen zu bereichern weiß, wird wohl schon bald als ein Phänomen der Vergangenheit zu betrachten sein. Damit geht aber die Forschung nicht in einen Zustand anonymer Massenarbeit über, in der dem einzelnen weder Verantwortung noch Leistung abverlangt werden; vielmehr werden an die Forscherpersönlichkeiten neue Ansprüche gestellt, unter denen Kooperations- und Kommunikationsfähigkeit eine große Rolle spielen. Begabung, Fleiß und jene „heilige Neugierde“, von der EINSTEIN mit Bezug auf den Forscher gesprochen hat, sind deshalb aber keineswegs veraltet; sie bleiben vielmehr unabdingbare Eigenschaften eines Wissenschaftslers, wenn er – wie die Großen vor ihm – erfolgreich teilhaben will am Prozeß der Erforschung der Natur.

Literaturverzeichnis

[1] Herrmann, D.B.: Geschichte der modernen Astronomie. Deutscher Verlag der Wissenschaften, Berlin 1984

[2] Gingerich, O. (Hrsg.): Astrophysics and twentieth-century astronomy to 1950 (= vol 4A The General History of Astronomy), Cambridge University Press, Cambridge 1984

[3] Whitney, Ch.A.: The Discorvery of our Galaxy. Alfred A. Knopf New York 1971

[4] Littmann, M.: Planets Beyond. Discovering the outer Solar System. Wiley Science Editions, New York 1988

[5] Lang, K.R. u. Gingerich, O. (Hrsg.): A Source Book in Astronomy and Astrophysics 1900–1975. Cambridge (USA) – London 1979

Gustav Robert Kirchhoff

Gustav Robert Kirchhoff (1824 bis 1887) und Robert Wilhelm Bunsen (1811 bis 1899)

Durch Kirchhoffs Wirken sind drei Wissensgebiete entstanden und durch wesentliche Arbeiten gefördert worden: die chemische Spektralanalyse, die Physik der Strahlungsemmission und -absorption von Körpern und die Astrophysik. Eine nähere historische Analyse zeigt natürlich, daß diese Forschungsgebiete durch eine Reihe von Physikern bearbeitet wurden und Kirchhoff auf viele Erkenntnisse zurückgreifen konnte. Ein besonderes Verdienst stellt die mit Bunsen entwickelte Spektralanalyse dar.

Gustav Robert Kirchhoff wurde am 12. März 1824 in Königsberg (heute Kaliningrad) als jüngster von drei Söhnen des Justizrates und dessen zweiter Frau, geb. von Wilke, geboren. Kirchhoff zeigte sich im Kindes- und Jugendalter als lebhaft und gesprächig, was der Mentalität der Mutter entsprach. Später zeigte er mehr die stille und ernste Natur seines Vaters. Im Jahre 1842 legte er das Abiturexamen am Kneiphofschen Gymnasium seiner Heimatstadt ab. Noch im gleichen Jahr begann er sein Studium an der dortigen Universität. Sein besonderes Interesse galt den Naturwissenschaften. Durch seine geringe körperliche Größe hatte er oft das Gefühl, nicht als Student anerkannt zu werden. „Ich ärgere mich jetzt mehr denn je über meine Kleinheit und würde mich auf der Universität besser amüsieren, wenn meine Gestalt mit meinen Jahren in Einklang wäre.“ [Nach 1, S. 205]

Nachdem Kirchhoff die Vorlesungen zur Experimentalchemie als ungeschickt und einschläfernd empfand, widmete er sich vor allem den Vorlesungen des Physikers und Mineralogen F. Neumann (1798 bis 1895). „Durch ihn ist auch größtenteils meinem Schwanken, welcher Wissenschaft ich mich zuwenden soll, ein Ende gemacht und ich bin fest entschlossen, mich ganz auf die Physik zu legen, wenn das auch langweilige Beobachtungen und noch langweiligere Rechnungen mit sich bringt.“ [Nach 1, S. 205] Seine erste, durch eigene Experimente untermauerte Arbeit, führte Kirchhoff in Neumanns Seminar aus: „Über den Durchgang

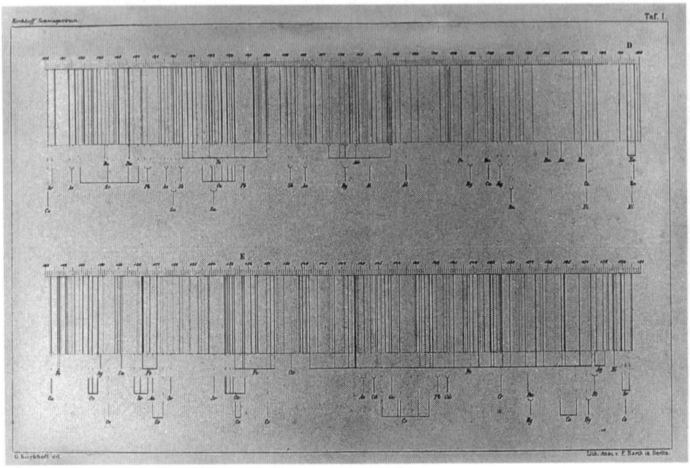

Sonnenspektrum nach Kirchhoff und Bunsen

eines elektrischen Stromes durch eine Ebene, insbesondere durch eine kreisförmige.“ Sie wurde 1845 in „Poggendorffs Annalen“ Bd. 64 (1845) veröffentlicht und brachte ihm den doppelten Preis der Königsberger Fakultät ein, veranlaßte die physikalische Gesellschaft zu Berlin ihn zum auswärtigen Mitglied zu ernennen, und diente ihm schließlich als Grundlage für seine Doktorarbeit, mit welcher er am 4. September 1846 promovierte. Eine für 1846 von der philosophischen Fakultät der Königsberger Universität geplante Studienreise Kirchhoffs nach Paris endete bereits in Berlin, da die politischen Verhältnisse am Vorabend der französischen Februarrevolution von 1846 für Kirchhoff zu unsicher erschienen. Aus diesem Grunde empfahlen ihm H. G. Magnus (1802 bis 1870) und C. G. Jacobi (1804 bis 1851), die als Physik- und Mathematikprofessoren in Berlin wirkten, sein Stipendium für die hiesigen Studien zu nutzen. In der Habilitationsschrift beschäftigte er sich mit weiterführenden Arbeiten zum Ohmschen Gesetz. Seine akademische Lehrtätigkeit begann er bereits 1848 als 23jähriger Privatdozent in Berlin, von wo aus er 1850 einem Rufe zum außerordentlichen Professor nach Breslau (heute Wroclaw) folgte. Hier stellte sich heraus, daß die Teilung der Direktion des Physik-Institutes zwischen dem neu ernannten Ordinarius der Physik der Universität M. L. Frankenheim (1801 bis 1869) und ihm die Arbeit sehr erschwerte. In einem Brief an seine Mutter schreibt Kirchhoff am 21. 5. 1851: „Mein Aufenthalt in Breslau ist mir neuerdings angenehmer geworden durch die Besetzung der Professur Chemie. ... Zu Anfang des Semesters kam der neue Chemiker Prof. Bunsen, früher in Marburg hier an; über seine Berufung freue ich mich ungemein, weil ich in ihm einen ausgezeichneten Fachgenossen erhalten habe und weil er ein Mensch von ungewöhnlicher Liebenswürdigkeit ist ...“ [S. 1, S. 207]

Robert Wilhelm Bunsen wurde am 31. März 1811 in Göttingen als Sohn eines Professors für neuere Sprachen und Universitätsbibliothekars geboren. Seine Gymnasialzeit hatte er in Holzminden 1828 absolviert und widmete sich nun dem Studium der Physik und Chemie in Göttingen, Paris, Berlin und Wien. 1831 promovierte er in Göttingen mit einer gekrönten Preisschrift über die Hygrometer.

Robert Wilhelm Bunsen

Seine Lehrtätigkeit begann 1836 in der Gewerbeschule Kassel. Bunsen mußte hier seinen Wagemut bei den Experimenten mit dem Verlust eines Auges bezahlen. Aber trotz der Explosion führte er seine Versuchsreihen weiter durch, und es konnte das von ihm selbst als „organisches Element" bezeichnete Kakodyl ($C_4H_{12}As_2$) in Gestalt einer stark lichtbrechenden, sich an der Luft entzündenden Flüssigkeit isoliert werden. Inzwischen ging er 1839 als Universitätsprofessor nach Marburg. Hatten die Untersuchungen in Kassel mehr theoretischen Charakter, so wandte er sich in Marburg mehr den praktischen Fragen zu. Er untersuchte die chemischen Vorgänge in einem Hochofen und erreichte damit einen wesentlich rationelleren und ökonomischeren Betrieb. Im Jahre 1840 entwickelte Bunsen ein galvanisches Element mit einem wesentlich höheren Wirkungsgrad als zuvor, so daß es möglich war, elektrische Maschinen in einem größeren Umfang für die Produktion einzusetzen.

1851 wurde Bunsen nach Breslau berufen, wo er allerdings nur ein Jahr blieb, da er schon 1852 an seine bedeutendste Wirkungsstätte, der Heidelberger Universität, ging. Der kurze Breslauer Aufenthalt war trotzdem für die Astrophysik von großer Bedeutung, da hier die Freundschaft mit Kirchhoff begann. Bunsen gelang es 1854, Kirchhoff ebenfalls nach Heidelberg zu ziehen. Er schreibt darauf an ihn: „Die gestrige Fakultätssitzung ist auf eine in den Annalen der Fakultät noch nicht dagewesenen Weise verlaufen. Sie sind nämlich einstimmig und allein von der Fakultät zum Nachfolger Jollys vorgeschlagen worden ...". [Nach 1, S. 208]

Bei einem Ferienaufenthalt in seiner Heimatstadt Königsberg lernte Kirchhoff 1856 die Tochter seines ehemaligen Lehrers Reichelt kennen. Die 1857 geschlossene Ehe war sehr glücklich; sie hatten miteinander zwei Söhne und zwei Töchter.

Auf die großen physikalischen Errungenschaften Kirchhoffs und auf die hervorragenden Leistungen auf dem Gebiet der Chemie, die Bunsen errang, soll hier nicht näher eingegangen werden. Hierzu befinden sich in [2] und [3] ausführliche Darstellungen.

Wenn KIRCHHOFF und BUNSEN als die Entdecker der Spektralanalyse angesehen werden, so darf aber nicht vergessen werden, daß viele Physiker Vorarbeit geleistet haben. An erster Stelle muß hier NEWTON genannt werden, der 1672 die Zusammensetzung des weißen Lichtes erkannt hatte. FRAUNHOFER entdeckte 1814 eine große Anzahl von dunklen Linien im Sonnenspektrum. In den ersten Jahrzehnten des 19. Jahrhunderts untersuchten u. a. HERSCHEL, TALBOT, WHEATSTONE und BREWSTER die Spektren von gefärbten Flammen und kamen zum Teil der Entdeckung der Spektralanalyse sehr nahe. Um 1859 beschäftigte sich BUNSEN mit der Färbung von Flammen durch Salze. Diese Arbeit hatte er selbst durch die Erfindung des Bunsenbrenners erleichtert. Dabei betrachtete er die Flammen zwecks genauer Unterscheidung der wechselnden Farbtöne durch entsprechende farbige Gläser, deren Absorptionswirkung bekannt war. In Verbindung mit derartigen Untersuchungen regte KIRCHHOFF an, diese mit Hilfe eines Spektroskops durchzuführen. Hier bot KIRCHHOFF seinem Freund BUNSEN Hilfe an. Zu dieser Zeit äußerte KIRCHHOFF während eines Spazierganges mit BUNSEN, die regelmäßig an Sommerabenden stattfanden: „Man müsse mal eine so wunderbare Beobachtung machen, daß man glaubte, verrückt zu sein; aber man müsse sie doch aufklären können.“ [4, S. 171]
Bei den gemeinsamen spektroskopischen Untersuchungen tauchte bei KIRCHHOFF der Gedanke auf, die von FRAUNHOFER beobachtete Koinzidenz der D- und Na-Linien zu prüfen. Dazu stellte er nach dem Erscheinen der dunklen D-Linien des Sonnenspektrums in einem feststehenden Spektroskop, welches von KIRCHHOFF und BUNSEN entwickelt wurde, eine Natriumflamme vor die Spaltöffnung in der Annahme, dadurch die D-Linien heller zu sehen. Wider Erwarten sah KIRCHHOFF die Sonnenlinien aber dunkler statt heller. Er konnte dann nicht nur nachweisen, daß die Absorption des Lichtes eng verbunden ist mit der Emmission, sondern er lieferte 1860 auch in streng mathematischer Form den umfassenden Nachweis, daß die Linienumkehr sogar zu den fest verankerten Naturerkenntnissen zu zählen sei. Welchen Anteil KIRCHHOFF und BUNSEN an der Entdeckung der Spektralanalyse haben, läßt sich aus einer Kirchhoffschen Notiz aus den Berichten der Berliner Akademie von 1859 ableiten. „Bei Gelegenheit einer von Bunsen und mir in Gemeinschaft ausgeführten Untersuchung über die Spektren farbiger Flammen, durch welche es uns möglich geworden ist, die qualitative Zusammensetzung komplizierter Gemenge aus dem Anblick des Spektrums ihrer Lötrohrflamme zu erkennen, habe ich einige Beobachtungen gemacht, welche einen unerwarteten Aufschluß über den Ursprung der Fraunhoferschen Linien geben und zu Schlüssen berechtigen von diesen auf die stoffliche Beschaffenheit der Atmosphäre der Sonne und vielleicht auch der helleren Fixsterne.“ [1, S. 209]
Der Schluß auf die Zusammensetzung der Sonnenatmosphäre aus den Fraunhoferschen Linien gehört daher ausschließlich KIRCHHOFF. BUNSENS Anteil an dieser Leistung ist die Entdeckung neuer chemischer Elemente, z. B. Cäsium und Rubidium.
1862 unternahm KIRCHHOFF gemeinsam mit BUNSEN eine längere Englandreise. Nach diesem Zusammenspiel beider Gelehrter trennten sich ihre wissenschaftlichen Wege wieder. BUNSEN arbeitete an der elektrolytischen Gewinnung von Leichtmetallen. Aus dem Jahre 1868 stammt seine Erfindung der Wasserluft-

Spektralapparat nach KIRCHHOFF

pumpe. 1878 erfand BUNSEN auch einen neuen Typ von Eiskalorimeter. Kalorimetrische Untersuchungen bildeten den Abschluß seiner wissenschaftlichen Tätigkeit. 1889 legte er sein Lehramt nieder und genoß noch ein volles Jahrzehnt die Ruhe seines Alters. Am 16. August 1899 verstarb BUNSEN in Heidelberg.
Beiden Forschern wurden zahlreiche Ehrungen zuteil, z. B. ernannte die Berliner Akademie KIRCHHOFF zum korrespondierenden und 1870 zum auswärtigen Mitglied. 1862 erwarb er die Mitgliedschaft der Petersburger Akademie.
Sehr eingehend beschäftigte sich KIRCHHOFF mit dem Sonnenspektrum. Er untersuchte etwa 2000 Fraunhofersche Linien, wobei die Koinzidenz zahlreicher Linien des Sonnenspektrums mit den Linien bekannter Metalle augenscheinlich wurde. In diesem Zusammenhang erzählte KIRCHHOFF gern eine Anekdote: Bei einem Gespräch über die Metalle in der Sonne hatte sein Bankier ihn gefragt, was es ihm nütze, wenn die ganze Sonne aus Gold bestünde. Als er nun zu dem Bankier ging um den Geldbetrag, der zu der goldenen Rumford-Medaille gehörte, abzuholen, sagte er zu diesem: „Sehen Sie, da habe ich mir doch etwas von dem Golde aus der Sonne geholt."
Erwähnen muß man KIRCHHOFFS Hypothese vom Aufbau eines Sterns, da sie im Widerspruch zu den damaligen Ansichten stand. Nach der vorherrschenden Theorie sollte das Innere der Sonne dunkel und von einer leuchtenden Wolke umgeben sein, und die Sonnenflecken nur zeitweilige Öffnungen in dieser Hülle darstellen. KIRCHHOFFS Ansicht, die sich auf die Spektralanalyse stützt, war, daß das Auftreten von Absorptionslinien im Sonnenspektrum nur unter der Voraussetzung eines von leuchtenden Gasen umhüllten festen oder flüssigen Körpers im glühenden Zustand eine Erklärung findet. Die innerhalb der Gasatmosphäre auftretenden Temperaturunterschiede sollten zu Wolkenbildungen führen, die die Wärmestrahlung der tieferen Schichten der Hülle und damit die Entstehung der Sonnenflecken bewirken. Diese Theorie mußte zwar bald neueren Einsichten das Feld räumen, bedeutete 1861 aber einen beachtlichen Fortschritt.
1868 stürzte KIRCHHOFF eine Treppe so unglücklich hinunter, daß er mehrere Jahre gezwungen war, an Krücken zu gehen; 1869 verstarb seine Frau. Doch

beide tragischen Ereignisse vermochten es nicht, ihn zu zwingen, seine Lehrtätigkeit aufzugeben. Die freudlosen Jahre waren 1872 durch seine Heirat mit L. Brümmel, einer Oberin der Augenklinik, beendet.
Mehrmalige Versuche der Berliner Universität, Kirchhoff an die Fakultät zu berufen, fruchteten erst 1874. Erstmals versuchte es die Universität 1870, als er die Nachfolge von Magnus antreten sollte. Im Jahr 1874 folgte der zweite Ruf. Es handelte sich jetzt um die Stelle als Direktor für das sich im Bau befindliche Astrophysikalische Observatorium in Potsdam. Obwohl er auch diese Berufung ablehnte, war Kirchhoff bereit, mit Auwers und Foerster zusammen von 1876 bis 1882 in einem Direktorium dieses neuartige Observatorium zu leiten. Da sich aber sein Heidelberger Freundeskreis aufzulösen begann, folgte er dann dem dritten Ruf nach Berlin. Die Universität gründete einen Lehrstuhl für mathematische Physik. Am 1. April 1875 siedelte er nach Berlin über. Obwohl er hier Theoretiker war, nahm er aus alter Gewohnheit wieder experimentelle Untersuchungen auf, die vor allem in dem Privatlaboratorium von G. Hansemann durchgeführt wurden. Unter anderem führten seine Untersuchungen in der Elektrizitätslehre zu praktischen Anwendungen bei den Signalausbreitungen in unterseeischen und unterirdischen Telegrafendrähten. Durch diese Arbeiten war er Delegierter des Internationalen Kongresses der Elektriker 1881 in Paris. Kirchhoffs Vorlesungstätigkeit erstreckt sich in Berlin von 1875 bis 1886. Die letzten Vorlesungen hielt er nur mit großer Anstrengung. Schon 1885 lehnte er die Wahl zum Rektor der Universität ab. In dieser Zeit verschlechterte sich sein Gesundheitszustand ständig. Die Ärzte vermuteten, daß Kirchhoff am 17. Oktober 1887 an einem Gehirntumor starb.

Lebensdaten zu Gustav Robert Kirchhoff

1824	am 12. März in Königsberg geboren
1842	Beginn des Mathematikstudiums in Königsberg
1846	Promotion in Königsberg
1848	Habilitation in Berlin
1850	außerordentlicher Professor für Experimentalphysik in Breslau
1854	Ordinarius für Physik in Heidelberg
1860	gemeinsame Arbeit mit Bunsen zur Spektralanalyse
1875	Berufung nach Berlin als Extraordinarius für mathematische Physik
1887	am 17. Oktober in Berlin gestorben

Lebensdaten zu Robert Wilhelm Bunsen

1811	am 31. März in Göttingen geboren
1828	Physik- und Chemiestudium in Göttingen, Paris, Berlin und Wien
1831	Promotion in Göttingen
1836	Lehrtätigkeit an der Gewerbeschule Kassel

1839	außerordentlicher Professor für Experimentalchemie in Marburg
1851	Professor für Chemie in Breslau
1852	Ordinarius für Chemie in Heidelberg
1860	gemeinsame Arbeit mit KIRCHHOFF zur Spektralanalyse
1889	Niederlegung des Lehramtes in Heidelberg
1899	am 16. August in Heidelberg gestorben

Literaturverzeichnis zu GUSTAV ROBERT KIRCHHOFF und ROBERT WILHELM BUNSEN

[1] Warburg, E.: Zur Erinnerung an Gustav Kirchhoff. In: Die Naturwissenschaften. Springer-Verlag, Berlin 13 (1925), S. 205–212

[2] Danzer, K.: Robert W. Bunsen und Gustav R. Kirchhoff. Reihe: Biographien hervorragender Naturwissenschaftler und Techniker. BSB B. G. Teubner Verlagsgesellschaft Leipzig 1972

[3] Kant, H.: Gustav Robert Kirchhoff (1824–1887). In: Schreiber, W.: Biographien bedeutender Physiker. Volk und Wissen Verlag, Berlin 1988, S. 177–183

[4] Kayser, H.: Entwicklung der Spektroskopie. In: Forschungen und Fortschritte. Akademie-Verlag GmbH, Berlin 1935, S. 171–174

[5] Kongro, H.: Gustav Robert Kirchhoff. Untersuchungen über das Sonnenspektrum und die Spectren der chemischen Elemente. In: Milliaria. Otto Zeller Verlag, Osnabrück XVII (1972)

[6] Körber, F.: Robert Wilhelm Bunsen. In: Himmel und Erde. Verlag Hermann Paetel, Berlin XII (1900), S. 564–568

Karl Friedrich Zöllner

Karl Friedrich Zöllner (1834 bis 1882)

Karl Friedrich Zöllner zählt zu der international kleinen Gruppe von Physikern, die um 1860 mit großem Engagement und Weitblick am Aufbau der neuen wissenschaftlichen Disziplin Astrophysik mitwirkten und sowohl bei der Gewinnung erster astrophysikalischer Forschungsergebnisse als auch bei der Ausarbeitung grundlegender Methoden und Verfahren Bahnbrechendes leisteten.
Karl Friedrich Zöllner wurde am 8. November 1834 in Berlin geboren. Bereits als Gymnasiast begann er sich für physikalische Versuche und apparative Lösungen zu interessieren, woraus bei ihm der Wunsch nach einem Physikstudium erwuchs. Ab 1855 studierte er neben Physik und Mathematik auch Meteorologie, Chemie und andere Fächer. Der Physiker G. Wiedemann veranlaßte ihn, seine Studien ab 1857 in Basel fortzusetzen, wo er im folgenden Jahr mit der Arbeit „Photometrische Untersuchungen, insbesondere über die Lichtentwickelung galvanisch glühender Platindrähte“ promovierte. Auch nach seiner Rückkehr in seine Vaterstadt Berlin beschäftigte sich Zöllner intensiv mit fotometrischen Problemen und veröffentlichte 1861 seine klassische Arbeit „Grundzüge einer allgemeinen Photometrie des Himmels“, die den Beginn der modernen visuellen Astrofotometrie markiert. Die Schrift enthält auch die erste ausführliche Beschreibung des Zöllnerschen Astrofotometers, das in den folgenden Jahrzehnten an vielen Sternwarten der Welt Anwendung bei der Lösung fotometrischer Aufgaben fand. Aufgrund eines Angebotes des Direktors der Leipziger Sternwarte, C. Bruhns, setzte Zöllner seine fotometrischen Untersuchungen ab 1862 in Leipzig fort und habilitierte sich dort mit „Photometrischen Untersuchungen“, die vor allem beleuchteten Himmelskörpern galten. 1866 wurde er außerordentlicher Professor für physikalische Astronomie und schließlich 1872 ordentlicher Professor. Von einigen Reisen abgesehen verbrachte Zöllner die gesamten Jahre bis zu seinem Tode am 25. April 1882 als Mitglied des Lehrkörpers der Leipziger Universität.
Der wissenschaftliche Weitblick, mit dem Zöllner die Entwicklung der Astrophysik voraussah und selbst beeinflußte, ist bereits in seiner Habilitationsschrift

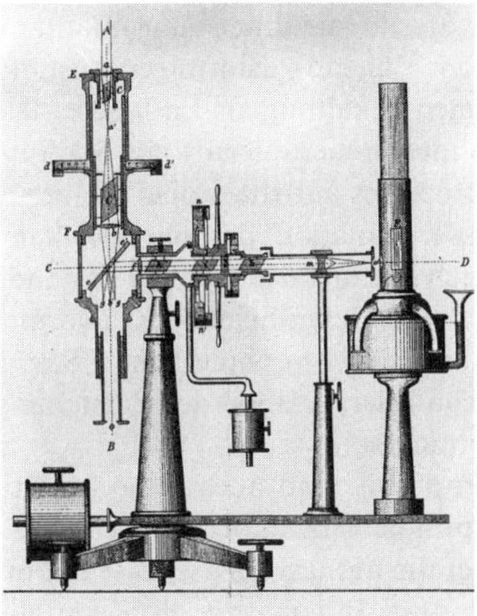

Schema des
ZÖLLNER-Fotometers

klar zu erkennen. Von ZÖLLNER stammt auch der heute international gebräuchliche Terminus „Astrophysik" für diese Disziplin. Neben seinem auf dem Polarisationsprinzip beruhenden Astrofotometer entwickelte Zöllner auch ein spezielles Reversionsspektroskop zur Messung der Radialgeschwindigkeiten kosmischer Objekte (1869) und ein Protuberanzenspektroskop zur Beobachtung der Sonnenprotuberanzen außerhalb totaler Sonnenfinsternisse (1869). In zahlreichen Arbeiten beschäftigte er sich mit der wichtigen Frage nach der Aussagekraft der Spektren astronomischer Objekte. So untersuchte er schon in einer Publikation aus dem Jahre 1870 den möglichen Einfluß der Dichte und Temperatur auf die Spektren glühender Gase. In dieser Arbeit finden wir bereits die Erkenntnis, daß der Linienreichtum von Fixsternspektren unter sonst gleichen Umständen um so größer ist, je niedriger die Temperaturen liegen. Dieser Befund konnte allerdings erst im 20. Jahrhundert physikalisch zutreffend begründet werden.

Wegweisend war ZÖLLNERS Hinweis, durch die Fotometrie von Sternspektren Temperaturen kosmischer Objekte zu bestimmen, falls die Verteilung der Energie eines Strahlers auf die Wellenlängen als Funktion der Temperatur (Kirchhoffsche Funktion) bekannt wäre.

Gleichzeitig bemühte sich ZÖLLNER um leicht zu handhabende Klassifikationskriterien für die Fixsternspektren. Dazu schlug er vor, die Farbangaben von Sternen mit den Secchischen Spektraltypen zu vergleichen und so die aufwendige Spektroskopie auf eine routinemäßig durchführbare Kolorimetrie zurückzuführen. Später wurde von SCHWARZSCHILD (↗ SCHWARZSCHILD) durch Einführung der Farbenindizes als Äquivalente für die Intensitätsverteilung der Spektren in diesem Sinne erfolgreich verfahren.

Große Bedeutung besaßen ZÖLLNERS Versuche, die Evolution kosmischer Objekte in den Bereich astrophysikalischer Untersuchungsverfahren zu integrieren. Bemerkenswert ist in diesem Zusammenhang, daß ZÖLLNER die bereits von KANT (1755) ausgearbeiteten Ideen zur Evolution kosmischer Objekte erstmals mit Nachdruck aufgriff und popularisierte, wofür es in der zeitgenössischen Literatur nur vereinzelte Ansätze gab (H. v. HELMHOLTZ). Anknüpfend an KANTS Ideen entwickelte ZÖLLNER eine Entwicklungstheorie der Sterne, die ihnen fünf qualitativ voneinander unterschiedene Phasen zuordnet, vom glühend-gasförmigen Zustand als Anfangsstadium bis zur Periode der vollendeten Erkaltung als Endphase. Die Sterne mit veränderlicher Helligkeit (Variable) interpretierte er als ein Stadium der Entwicklung, das während des Erkaltungsprozesses auftritt, wobei die periodischen Helligkeitsschwankungen eine Folge der Rotation der mit erkalteter Schlacke bedeckten Oberfläche der ansonsten noch leuchtenden Gebilde zustande kommen. Hierzu führte ZÖLLNER auch fotometrische Experimente an Labormodellen durch. Die von ZÖLLNER entwickelte Theorie der veränderlichen Sterne wurde für mehrere Jahrzehnte als die maßgebliche Interpretation der Entstehung der Helligkeitsschwankungen dieser Objekte betrachtet.

Neben ZÖLLNERS Forschungsbeiträgen zur Astrophysik sind auch seine Initiativen zur Institutionalisierung dieser neuen Disziplin bemerkenswert. Durch ZÖLLNERS Vermittlung entstand in Bothkamp bei Kiel die auf astrophysikalische Forschungen orientierte Privatsternwarte des Herrn VON BÜLOW, die als Keimzelle des Astrophysikalischen Observatoriums Potsdam fungierte, das 1874 gegründet wurde. Die Forschungen in Bothkamp wurden auf ZÖLLNERS Vorschlag von dessen Schüler HERMANN CARL VOGEL durchgeführt, der später auch erster Direktor des Potsdamer Observatoriums wurde. Das Forschungsprogramm des Potsdamer Observatoriums blieb für Jahrzehnte deutlich von ZÖLLNERS Ideen inspiriert.

Widerspruchsvoll waren die philosophischen Auffassungen ZÖLLNERS. In einigen Positionen stand er materialistischen Positionen sehr nahe. So erkannte er z. B. die objektiv reale Existenz der Außenwelt und die universelle Gültigkeit der Naturgesetze an. Gegenüber seinen Fachkollegen vertrat ZÖLLNER mit großem Nachdruck den Standpunkt, daß philosophisches Denken für den Fortschritt naturwissenschaftlicher Forschung unabdingbar sei und belegte dies an eindrucksvollen Beispielen aus der Wissenschaftsgeschichte. In späteren Jahren wendete sich ZÖLLNER von einigen früheren Ansichten total ab und bezeichnete Gott als „höchste, intelligente und persönliche Ursache der Natur". Auch die Hinwendung ZÖLLNERS zum Spiritismus ist in diesem Zusammenhang zu erwähnen. Aus anfänglich wissenschaftlich motiviertem Interesse führten ZÖLLNERS diesbezügliche Aktivitäten bis in mystizistische Vorstellungen. Dadurch kam es zu scharfen Auseinandersetzungen zwischen ihm und namhaften Vertretern der zeitgenössischen Wissenschaft, so z. B. mit H. v. HELMHOLTZ und E. HAECKEL, die den verdienstvollen Pionier der Astrophysik schließlich weitgehend in die Isolation trieben.

Lebensdaten zu KARL FRIEDRICH ZÖLLNER

1834	am 8. November in Berlin geboren
1853	Tod des Vaters
1855	Immatrikulation an der Berliner Universität
1857	Erste wissenschaftliche Veröffentlichung über Fotometrie
1858	Promotion in Basel
1861	„Grundzüge einer allgemeinen Photometrie des Himmels"
1862	Übersiedlung nach Leipzig
1865	Habilitation

1866	außerordentlicher Professor für physikalische Astronomie
1870	Erscheinen des Buches „Die Natur der Kometen"; Beginn der „polemischen Epoche"
1872	ordentlicher Professor
1876	„Theorie des vierdimensionalen Raumes"; Beginn der Beschäftigung mit spiritistischen Phänomenen
1882	am 25. April in Leipzig gestorben

Literaturverzeichnis zu Karl Friedrich Zöllner

[1] Zöllner, J. K. F.: Wissenschaftliche Abhandlungen, 4 Bände. Leipzig 1878–1881

[2] Hamel, J.: (Bearb.) Bibliographie der Schriften von Karl Friedrich Zöllner. In: Veröffentlichungen der Archenhold-Sternwarte Berlin-Treptow, Nr. 10 (1982)

[3] Herrmann, D. B.: Karl Friedrich Zöllner. Biographien hervorragender Naturwissenschaftler, Techniker und Mediziner, Bd. 57. BSB B. G. Teubner Verlagsgesellschaft, Leipzig 1982

Karl Schwarzschild (1873 bis 1916)

Schwarzschilds Wirken bezog sich nicht nur auf ein Gebiet der Himmelskunde, sondern er gilt als einer der vielseitigsten Astronomen des 20. Jahrhunderts. Im besonderen Maße befruchtete er das im Entstehen begriffene Gebiet der Astrophysik, welches er durch Kenntnisse aus der theoretischen Physik, der Optik, der Elektrizitätslehre und der modernen Atomtheorie in das Gesamtensemble der Astronomie und Physik einarbeitete.

Karl Schwarzschild wurde am 9. Oktober 1873 in Frankfurt a. M. als ältestes Kind von sechs Geschwistern einer wohlhabenden Familie geboren. 1882 begann er das städtische Gymnasium zu besuchen. Noch als Schüler, im Alter von 16 Jahren, veröffentlichte er in den Astronomischen Nachrichten zwei Abhandlungen über Bahnbestimmungen von Sternen in denen er durch eine neue Formulierung des Lambertschen Satzes über die Krümmung der geozentrischen Bahn eines Planeten oder Kometen zu einer wesentlichen Vereinfachung der analytischen Methode der Bahnbestimmung von Laplace gelangte. Schwarzschild zeigte, wie man durch Benutzung von höheren Differentialgleichungen Näherungswerte bekommt, die das Brunssche Verfahren noch praktikabler in der Anwendung macht. Dasselbe Verfahren führte ihn auch zu einer eleganten Methode der Bahnbestimmung von visuellen Doppelsternen. In beiden Arbeiten zeigt er schon früh eine hervorragende Begabung für Mathematik und Astronomie.

Ab 1891 studierte er zunächst in Straßburg, ging dann 1893 nach München und promovierte hier 1896 mit einer Arbeit über die Poincaresche Theorie des Gleichgewichts einer homogenen rotierenden Flüssigkeitsmasse. In dieser Schrift hatte es sich Schwarzschild zur Aufgabe gemacht, die Arbeit von Poincare (1854 bis 1912), die 1885 erschien und mathematisch sehr abstrakt gehalten war, in eine Form für die praktische Astronomie zu bringen. Oppenheim schätzt ein: „Doch

KARL SCHWARZSCHILD

geht die Abhandlung Schwarzschilds weit über dieses Ziel hinaus. Sie ist nicht bloß pädagogisch von Bedeutung, sondern hat auch ihren selbständigen Wert, indem sie eine präzisere Formulierung des Poincareschen Theorems über den Wechsel der Stabilität bei der Verzweigung zweier Reihen von Gleichgewichtsfiguren gibt, die von diesem auch später anerkannt wurde.“ [4, S. 195] Praktische Anwendung fand dies in der Erklärung von Gezeitendeformationen eines Mondes in der Nähe seines Hauptplaneten. Weitere Veröffentlichungen in der Frühphase seiner wissenschaftlichen Tätigkeit beinhalten Fragen des Dreikörperproblems und der Stabilität von Planetoiden- und Kometenbahnen.

SCHWARZSCHILD war ab 1897 Assistent an der Kuffnerschen Sternwarte in Wien, wo er sich als praktischer Astrophysiker betätigte, und seine wichtigen Untersuchungen über die fotografische Fotometrie der Gestirne anstellte. Er benutzte hier erstmals im größeren Umfang eine neue Methode zur Bestimmung von Sternhelligkeiten. Man ging von der Messung der Schwärzung der durch extrafokale Aufnahmen verbreiteten Sternscheiben aus. Er bestimmte mit dieser Methode die Helligkeit von 44 Sternen aus dem offenen Sternhaufen der Plejaden, von 202 aus den beiden Haufen h und χ im Perseus und 119 Sternen der Praesepe. 1899 ging er als Privatdozent nach München und habilitierte hier mit diesen Untersuchungen, wo er die Fehlergrenzen seiner Methode mit der visuellen Messung mit dem Zöllnerschen Fotometer vergleicht. Im Jahre 1901 wurde SCHWARZSCHILD zum Professor der Astronomie und Leiter der Universitätssternwarte nach Göttingen berufen. Seine wichtigsten, dort entstandenen Arbeiten sind die bekannte „Göttinger Aktionometrie“, die Studien zur Physik der Sonne und Untersuchungen über die Eigenbewegung der Sterne. Über die Aktionometrie, die er zwischen den Jahren 1905 bis 1908 durchführte und 3 522 Sterne sowie einen Zusatzkatalog mit 168 polnahen Sternen umfaßt, schreibt OPPENHEIM: „Die Aktionometrie, gab als erste für eine größere Anzahl von Sternen deren Farbindex, d. i. den Überschuß der visuell-photometrisch bestimmten Helligkeit gegenüber ihrer fotografisch-aktinisch gemessenen und schuf damit die Grundlagen für die auf diesen Begriff sich stützenden theoretischen und statistischen Untersuchungen.“ [4, S. 199] Die-

ser eingeführte neue Begriff des Farbindexes bildet heute die Grundlage zur Bestimmung von wesentlichen physikalischen Zustandsgrößen der Sterne. Parallel zu dieser Beobachtungstätigkeit führte Schwarzschild theoretische Untersuchungen durch, die die Abhängigkeit der Schwärzung der fotografischen Schicht von der Intensität und Zeitdauer des einwirkenden Lichtes zeigten. Diese Meßreihen gipfelten in dem Schwarzschild-Gesetz.
Die zweite Untersuchungsrichtung entstand durch die Beobachtung der totalen Sonnenfinsternis am 30. August 1905 in Algier.
Schwarzschild führte während der Totalität neben fotografischen Aufnahmen der Korona auch Flash-Aufnahmen durch, die einen Übergang zwischen dem Fraunhofer- und Chromosphärenspektrum zeigten. Deren Messung lieferte ein Profil des Mondrandes zur Zeit der Totalität und aus dessen Kenntnis folgten wieder zuverlässige Angaben über die Höhe der verschiedenen Gase in der Chromosphäre. Seine Vorstellungen vom Strahlungsgleichgewicht der Sonne gehen davon aus, daß die Wärmeübertragung von innen nach außen nur durch Strahlung geschieht und die beiden anderen Prozesse (Wärmeleitung und -strömung) vernachlässigt werden können. Diese Erkenntnis ist von Eddington durch das Hinzufügen des Strahlungsdruckes ergänzt worden, was das Problem des Gleichgewichts eines Sterns als Gaskugel löste.
In dem dritten Forschungsgebiet der Göttinger Zeit wandte sich Schwarzschild der Theorie der Eigenbewegung der Sterne zu, die er durch eine Ellipsoidhypothese bereichert. Seine Theorie zur Bestimmung des Apex der Sonnenbewegung bildet neben der Schwarmhypothese von J. C. Kapteyn (1855 bis 1922) die Grundlage aller Untersuchungen über die Eigenbewegung der Fixsterne. Keine der beiden Theorien vermag es, die wirklichen Bewegungsverhältnisse im Milchstraßensystem zu beschreiben. Sie stellen jedoch eine bessere Annäherung als die Maxwellschen Gesetze dar.
Neben diesen umfangreichen theoretischen Arbeiten fand Schwarzschild noch die Zeit, als praktischer Astronom tätig zu sein. Davon zeugen einige Arbeiten, die sich mit der Berechnung von Abbildungsfehlern bei Spiegelteleskopen beschäftigten. Eine Anwendung fand seine Arbeit in der Konstruktion eines lichtstarken Kameraobjektivs, das von der Firma Carl Zeiss für das Potsdamer Observatorium angefertigt wurde.
Im Jahre 1909 wurde ihm die Leitung des Astrophysikalischen Observatoriums in Potsdam, dem damals bedeutendsten einschlägigen Institut, übertragen, und hier entwickelte sich sein Universalgenie zur vollen Blüte. Im gleichen Jahre ging er mit Else Rosenbach die Ehe ein, aus der drei Kinder hervorgingen. Darunter Sohn Martin, der den fachlichen Spuren des Vaters folgte. Seine zahlreichen, meist theoretischen Arbeiten erstrecken sich auf alle Zweige der Astrophysik, Astronomie und Mathematik. 1912 wurde Schwarzschild zum ordentlichen Mitglied der Berliner Akademie gewählt. Wenige Wochen vor seinem Tod, am 11. Mai 1916, nachdem er todkrank aus dem 1. Weltkrieg zurückgekommen war, ernannte ihn der Dekan der Berliner Universität zum Honorarprofessor.
Seine mathematischen Fähigkeiten zeigten sich besonders in den Arbeiten zur Stellarstatistik. Hier schuf er auf den Grundlagen der Arbeiten über die Eigenbewegung der Sterne (1908, 1910) die Grundgleichung für dieses Gebiet, welche

eine wesentliche Grundlage wiederum für die Arbeiten von HERTZSPRUNG war. Er erkannte, daß die Leuchtkraft der Sterne große Unterschiede zeigt, so daß man von der scheinbaren Helligkeit nicht direkt auf die Entfernung der Sterne schließen kann. SCHWARZSCHILD war zu dieser Zeit einer der wenigen Astronomen, die die Bedeutung der Astrophysik als eine Verbindung von Astronomie und Mikrophysik verstanden. Auf dieser Grundlage versuchte er die Aufspaltung der Spektrallinien im Rahmen der klassischen Elektrodynamik zu lösen, erkannte aber bald, daß nur eine quantenmechanische Lösung in Frage komme. Mit gleichem Interesse verfolgte er die allgemeine Relativitätstheorie von EINSTEIN (1879 bis 1955). SCHWARZSCHILD veröffentlichte 1916 in einer Schrift vollständige und eindeutige Lösungen der Bewegungs- und Feldgleichungen für die EINSTEIN nur Näherungslösungen fand.

In einer weiteren Arbeit aus dem Jahr 1916 schuf er Grundlagen für die Theorie der „Schwarzen Löcher". Dieses Endstadium eines Sterns ist bis heute nur eine theoretische Lösung. SCHWARZSCHILD berechnete den Radius eines Körpers in Abhängigkeit von seiner Masse, unterhalb dessen keine elektromagnetischen Wellen die Oberfläche dieses Körpers verlassen können. Dieser kritische Radius wird als „Schwarzschild-Radius" bezeichnet.

SCHWARZSCHILD war ein Universalgelehrter, der es auch verstand, für die Popularisierung der Astronomie wirksam zu werden. Als Beispiel ist hier seine Arbeit „Astronomische Beobachtungen mit elementaren Hilfsmitteln" und eine Darstellung über Astronomie für Gymnasien zu nennen. Zu Ehren von SCHWARZSCHILD wurden von der Astronomischen Gesellschaft die Karl-Schwarzschild-Vorlesungen eingerichtet, deren erste 1959 sein Sohn MARTIN hielt, der als Astrophysiker grundlegende Arbeiten über den Sternaufbau und die Sternentwicklung veröffentlichte. Die 1960 eingeweihte Sternwarte Tautenburg bei Jena mit dem 2-m-Spiegelteleskop erhielt den Namen „Karl-Schwarzschild-Observatorium".

Lebensdaten zu KARL SCHWARZSCHILD

1873	am 9. Oktober in Frankfurt a. M. geboren
1882	Eintritt in das Gymnasium von Frankfurt a. M.
1890	erste wissenschaftliche Veröffentlichung in den Astronomischen Nachrichten
1896	promovierte in München mit einer Arbeit über die Poincaresche Theorie des Gleichgewichts einer homogenen Flüssigkeitsmasse
1897	Assistent an der Kuffnerschen Sternwarte in Wien
1898	habilitierte sich in München mit einer Arbeit über eine neue Methode zur Bestimmung von Sternhelligkeiten
1901	Professor der Astronomie und Leiter der Universitätssternwarte in Göttingen
1906	Veröffentlichung der Arbeit über die „Göttinger Aktionometrie"
1909	Direktor des Astrophysikalischen Observatoriums Potsdam
1912	ordentliches Mitglied der Berliner Akademie
1916	Honorarprofessor an der Berliner Universität
1916	am 11. Mai in Potsdam gestorben

Literaturverzeichnis zu Karl Schwarzschild

[1] Schwarzschild, K.: Zur Bahnbestimmung nach Bruns. In: Astronomische Nachrichten. Kiel 124 (1890), S. 211

[2] Schwarzschild, K.: Zur Bahnbestimmung von Doppelsternen. In: Astronomische Nachrichten, Kiel 124 (1890), S. 215

[3] Bruns, H.: Der Lambertsche Satz. In: Astronomische Nachrichten, Kiel 118 (1888), S. 241–250

[4] Oppenheim, S.: Karl Schwarzschild. In: Vierteljahrsschrift der Astronomischen Gesellschaft, Verlag Wilhelm Engelmann, Leipzig 58 (1923), S. 191–209

[5] Kienle, H.: Auf den Spuren Karl Schwarzschilds. In: Sterne und Weltraum. Verlag Sterne und Weltraum, Düsseldorf 13 (1974) 3, S. 79–82

[6] Karl Schwarzschild – Gesammelte Werke, Hrsg. H. H. Voigt. Springer-Verlag, Berlin – Heidelberg 1991

Ejnar Hertzsprung (1873 bis 1967)

Hertzsprung war einer der bedeutendsten Astrophysiker der ersten Hälfte des 20. Jahrhunderts und gelangte bei seinen Forschungen zu grundlegenden Erkenntnissen, die Eingang in das Weltbild der modernen Astrophysik gefunden haben.

Ejnar Hertzsprung wurde am 8. Oktober 1873 in Fredriksborg bei Kopenhagen geboren. Sein Vater, Severin Hertzsprung, hatte zwar Astronomie studiert, jedoch dann keine Anstellung gefunden. Er riet seinem Sohn daher, sich einer anderen Wissenschaft zu widmen. Deshalb nahm Herztsprung am Polytechnikum in Kopenhagen ein Studium der Chemie auf und arbeitete anschließend einige Jahre als Chemie-Ingenieur in Sankt Petersburg, von wo aus er im Jahre 1901 an die Leipziger Universität kam, um sich bei W. Ostwald in der Fotochemie zu vervollkommnen. Seine speziellen fotochemischen Kenntnisse haben für seine wissenschaftliche Tätigkeit auf dem Gebiet der Astrophysik später eine herausragende Rolle gespielt. Wieder in Dänemark, war Hertzsprung an der privaten Urania-Sternwarte und auch an der Universitäts-Sternwarte in Kopenhagen tätig. Während dieser Zeit erschienen auch seine ersten Veröffentlichungen über verschiedene Probleme der Optik und Fotochemie. In enger Zusammenarbeit mit dem jungen Astronomen H. E. Lau qualifizierte sich Hertzsprung so weit, daß er an die Lösung astronomischer Probleme gehen konnte, die als bahnbrechende Ergebnisse der modernen Forschung Eingang in die Geschichte gefunden haben.

Die ersten Veröffentlichungen Herztsprungs erregten unter anderem die Aufmerksamkeit von Schwarzschild, so daß es zu einem Briefwechsel und persönlichen Begegnungen kam. Hertzsprung wurde durch Schwarzschild an die Sternwarte Göttingen geholt und ging anschließend mit ihm an das Astrophysikalische Observatorium Potsdam, dessen Direktor Schwarzschild ab 1909 gewesen ist. Nach dem Tode Schwarzschilds (1916) wurde Hertzsprung zum stellvertretenden Direktor der Sternwarte in Leiden (Holland) berufen, deren Direktor er 1935 wurde. Nach seiner Entpflichtung (1944) ging er nach Dänemark zurück,

Ejnar Hertzsprung

wo er sich bis kurz vor seinem Tode intensiv mit astrophysikalischen Problemen beschäftigte. Hertzsprung starb am 21. Oktober 1967 in Roskilde.

Zu den bedeutendsten Entdeckungen Hertzsprungs gehört die Aufklärung des Zusammenhanges zwischen den absoluten Helligkeiten und den Spektralklassen der Sterne, was ihm durch kritische Auswertung bereits vorliegenden Beobachtungsmaterials (Parallaxen, scheinbare Helligkeiten, Eigenbewegungen und Farben von Sternen) gelang. Die entsprechenden Ergebnisse veröffentlichte Hertzsprung 1905 und 1907 unter dem Titel „Zur Strahlung der Sterne" in der „Zeitschrift für wissenschaftliche Photographie". Das wichtigste Ergebnis dieser Arbeit bestand in der Entdeckung, daß die Sterne mittlerer bis später Spektralklassen in zwei „Serien" aufgespalten sind, die zwar den gleichen Spektraltyp, aber extrem unterschiedliche absolute Helligkeiten besitzen. Die Erklärung dieses Phänomens ergab sich, wie Hertzsprung bereits vermutet hatte, durch die Annahme von Sternen unterschiedlicher Oberflächen (Riesen- und Zwergsterne). Unabhängig von Hertzsprung kam Russell 1913 zu denselben Ergebnissen. Das Bestehen von Riesen- und Zwergsternen bildet den Schlüssel für das Verständnis der Evolution der Sterne. In einer Reihe von weiteren Arbeiten beschäftigte sich Hertzsprung mit den Sternen offener Sternhaufen. Dabei entdeckte er typische Unterschiede der Farben-Helligkeits-Diagramme zwischen den einzelnen Haufen. Diese Entdeckung führte später dazu, die Aussagekraft von Farben-Helligkeits-Diagrammen für die Einschätzung von Sternentwicklungsprozessen herauszuarbeiten. Im Jahre 1913 gelang es Hertzsprung zum ersten Mal in der Geschichte der Astronomie, die Entfernung eines extragalaktischen Objektes zu bestimmen. Hertzsprung benutzte den von Miß Leavitt entdeckten Zusammenhang zwischen der Periode des Lichtwechsels und der absoluten Helligkeit von Delta-Cephei-Sternen und wendete dieses Verfahren auf die Kleine Magellansche Wolke an. Damit stellte er zugleich eine Methode für die Bestimmung großer Distanzen im Weltall zur Verfügung, die später auch bei der Entfernungsbestimmung des Andromeda-Nebels (M 31) von Hubble mit Erfolg benutzt wurde und heute zu den grundsätzlichen Verfahren kosmischer Distanzmessungen gehört.

E. Hertzsprung.

Überreicht vom Verfasser.

H

Zur Strahlung der Sterne.

Von

Ejnar Hertzsprung.

Separatabdruck aus der

Zeitschrift für wissenschaftliche Photographie, Photophysik und Photochemie.

Herausgegeben von

K. Schaum.

Band III. Heft 11.

1905.

Leipzig,

Johann Ambrosius Barth

Roßplatz 17.

Titelseite „Zur Strahlung der Sterne“

Von ähnlicher Bedeutung war auch HERTZSPRUNGS Hinweis aus dem Jahre 1911, daß die Sternspektren spezielle Eigentümlichkeiten aufweisen, die in einem direkten Zusammenhang mit den absoluten Helligkeiten der Sterne zu stehen scheinen. Aus diesem Hinweis wurde später durch die Arbeiten von ADAMS und KOHLSCHÜTTER die Methode der spektroskopischen Parallaxen entwickelt. Im Jahre 1915 fand HERTZSPRUNG aus einem umfangreichen Material von Doppelsternen eine Beziehung zwischen den Massen und den Leuchtkräften, die er 1919 allgemein für die Hauptreihensterne des Hertzsprung-Russell-Diagramms formulierte. Damit war ihm auf dem Wege der Beobachtung die Entdeckung der bedeutsamen Masse-Leuchtkraft-Beziehung gelungen, die später von EDDINGTON theoretisch begründet wurde.

Aus der Fülle der Arbeiten von HERTZSPRUNG zum Problemkreis der veränderlichen Sterne sei lediglich die Entdeckung der Veränderlichkeit des Polarsterns (Alpha Ursae Minoris) erwähnt. Der Polarstern wurde bereits seit längerem zur Eichung der astronomischen Helligkeitsskala benutzt, wobei ihm eine Helligkeit von 2,12 Größenklassen zugeschrieben wurde. HERTZSPRUNG entdeckte jedoch, daß der Polarstern ein Veränderlicher vom Typ der Delta-Cephei-Sterne ist, der geringe periodische Lichtschwankungen aufweist.

HERTZSPRUNG vertrat nachdrücklich die Ansicht, daß die internationale Zusammenarbeit ein wichtiges Element der astronomischen Forschung sei. Er führte selbst zahlreiche Reisen durch, die speziellen Forschungen an ausländischen Sternwarten dienten. Bereits während seiner Tätigkeit in Potsdam reiste er für 6 Monate an das Mt.-Wilson-Observatorium (USA), um die speziell von ihm entwickelte Objektivgittermethode auf lichtschwache Sterne anzuwenden. Dabei handelte es sich um ein Verfahren, mittels eines Gitters vor dem Objektiv des Fernrohres sogenannte effektive Wellenlängen zu bestimmen, die als Farbäquivalente dienten.

Herausragende Ergebnisse erzielte HERTZSPRUNG auch über veränderliche Sterne des südlichen Himmels. Die von seinem Amtsvorgänger in Leiden DE SITTER geschlossene Vereinbarung über Zusammenarbeit mit der Unions-Sternwarte in Johannesburg erfüllte Hertzsprung durch mehrere längere Forschungsaufenthalte mit Leben. Er brachte hunderte Aufnahmen von Sternfeldern der südlichen Milchstraße von dort zurück, die zur Untersuchung veränderlicher Sterne gebraucht wurden.

Die Sternwarte Leiden entwickelte sich unter Hertzsprungs Direktorat zu einem bekannten Zentrum für die Erforschung veränderlicher Sterne. Ab 1931 stand dem Observatorium ein eigenes Teleskop auf dem Gelände der Unions-Sternwarte zur Verfügung. Hertzsprung erhielt zahlreiche hohe internationale Auszeichnungen, darunter die Goldmedaille der Royal Astronomical Society (1929) und die Goldene Bruce-Medaille der Astronomical Society of the Pacific (1937).

Lebensdaten zu Ejnar Hertzsprung

1873	am 8. Oktober in Frederiksborg bei Kopenhagen geboren
1898	Abschluß der Ausbildung als Chemie-Ingenieur
1905–1907	Entdeckung der Riesen- und Zwergsterne
1909	Observator am Astrophysikalischen Observatorium Potsdam
1911	Erstes Farben-Helligkeits-Diagramm
1913	Bestimmung der Entfernung der Kleinen Magellanschen Wolke
1913–1919	Entdeckung der Masse-Leuchtkraft-Beziehung
1919	Adjunkt-Direktor an der Sternwarte Leiden
1922	Entdeckung der „Hertzsprung-Lücke“ im Hertzsprung-Russell-Diagramm
1935	Direktor der Sternwarte Leiden als Nachfolger von de Sitter
1946	Nach der Pensionierung Fortsetzung der Forschungsarbeiten in Tølløse bei Kopenhagen
1967	am 21. Oktober in Roskilde gestorben

Literaturverzeichnis zu Ejnar Hertzsprung

[1] Ejnar Hertzsprung – Zur Strahlung der Sterne (drei Arbeiten von E. Hertzsprung, eingeleitet und mit Anmerkungen versehen von Dieter B. Herrmann), Ostwalds Klassiker der exakten Wissenschaften, Bd. 225. Akademische Verlagsgesellschaft Geest & Portig K.-G., Leipzig 1976

[2] Nielsen, A. V.: Contributions to the History of the Hertzsprung-Russell-Diagramm. In: Centaurus 9 (1963), S. 219–253

[3] Oosterhoff, P. Th.: Ejnar Hertzsprung. In: Astronomische Nachrichten, 291 (1968), S. 85–86

[4] Strand, K. A.: Hertzsprung, Ejnar. In: Dictionary of Scientific Biography, Vol 6, Charles Scribner's Sons, New York 1972, S. 350–353

Henry Norris Russell

Henry Norris Russell (1877 bis 1957)

Russell zählt zu den bedeutendsten Astrophysikern der ersten Hälfte des 20. Jahrhunderts. Durch seine Forschungsarbeiten zum Problem der Sternevolution und der Astrospektroskopie erwarb er sich bleibende Verdienste um das astronomische Weltbild der Gegenwart.

Henry Norris Russell wurde am 25. Oktober 1977 in Oyster Bay, New York (USA), geboren. Er entwickelte schon sehr frühzeitig intensives Interesse an mathematischen Problemen und wurde darin vor allem von seiner Mutter und Großmutter unterstützt. Das Thema seiner Dissertation galt einem Problem der Himmelsmechanik, nämlich den Störungen der Bahn des Kleinen Planeten Eros durch den Planeten Mars (1900). Anschließend war Russell als Forschungsassistent am Cambridge Observatory in England tätig, wo er mit finanzieller Unterstützung der US-amerikanischen Carnegie Institution gemeinsam mit A. Hinks Parallaxenbestimmungen an Fixsternen mittels fotografischer Verfahren vornahm. Im Jahre 1905 wurde er als Astronom nach Princeton berufen, wo er 1912 das Direktorat der Sternwarte übernahm, das er bis zu seiner Emeritierung im Jahre 1947 innehatte. Daneben war Russell ab 1921 auch als Research Associate am Mt.-Wilson-Observatorium tätig, wo er jährlich zwei Monate im Rahmen eines Forschungsaufenthaltes verbrachte. Später arbeitete er auch noch am Lick- und Harvard-Observatorium mit.

Die thematische Breite der Forschungsthemen Russells ist beträchtlich gewesen. In den ersten Jahren seiner aktiven wissenschaftlichen Tätigkeit standen die Bedeckungsveränderlichen im Mittelpunkt seiner Untersuchungen. Vor allem beschäftigte ihn die Aussagekraft der Lichtkurven, zumal die Erklärung des Helligkeitswechsels der sogenannten Algol-Sterne noch nicht allgemein anerkannt war. Für Russells spätere Arbeiten zur Sternentwicklung war vor allem seine aus der Analyse zahlreicher Bedeckungsveränderlicher abgeleitete Erkenntnis maßgebend, daß die Algol-Sterne eine wesentlich geringere Dichte aufweisen als z. B. unsere Sonne.

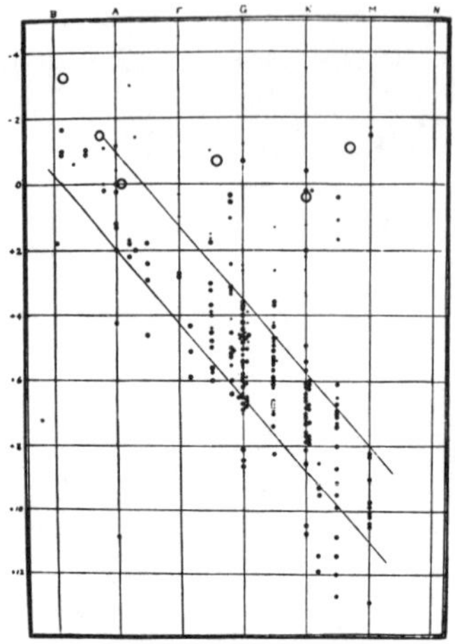

Erste Darstellung des HRD

Ein unbeabsichtigtes, aber hochbedeutsames Ergebnis brachten RUSSELLS Forschungen im Rahmen des Parallaxenprogramms, denn dabei entdeckte er den 1905 und 1907 von HERTZSPRUNG bereits auf anderem Wege gefundenen Zusammenhang zwischen den Spektraltypen und absoluten Helligkeiten der Sterne, einschließlich der Aufspaltung der Sterne der mittleren bis späten Spektraltypen in zwei Gruppen unterschiedlicher absoluter Helligkeiten. Die Untersuchungen an Bedeckungsveränderlichen halfen ihm, diesen merkwürdigen Befund richtig einzuordnen. RUSSELL kannte nämlich aus den Analysen der Lichtkurven von Algol-Sternen die großen Durchmesser dieser Objekte im Verhältnis zu den lichtschwächeren Objekten desselben Spektraltyps. Die geringen Dichten dieser „Roten Riesen“ sah er als eine Bestätigung bereits vorliegender Entwicklungsauffassungen an, wonach die Riesen das Anfangsstadium der Sternentwicklung und die „Roten Zwerge“ deren Endpunkt markieren.
Was HERTZSPRUNG in seinen früheren Arbeiten nur als Vermutung hatte anklingen lassen, gewinnt bei RUSSELL größere Wahrscheinlichkeit. Die wesentlichen Einsichten auf diesem Gebiet trug RUSSELL erstmals 1910 auf einer Tagung der „Astronomical and Astrophysical Society of America“ vor, wo der bei dieser Tagung anwesende SCHWARZSCHILD davon hörte. Er informierte RUSSELL bei dieser Gelegenheit über die weitgehend identischen und bereits wesentlich früher gewonnenen Resultate HERTZSPRUNGS, worauf es zwischen den beiden Forschern zu einem angeregten Briefwechsel kam. Im Unterschied zu HERTZSPRUNG veröffentlichte RUSSELL in seiner Publikation auch eine graphische Darstellung des gefundenen Zusammenhangs zwischen den beiden Zustandsgrößen, die als „Hertzsprung-Russell-Diagramm“ in die Astronomiegeschichte eingegangen ist.
Ab 1921 standen Untersuchungen der Sonne im Vordergrund von RUSSELLS Arbeit, wobei er insbesondere die von dem indischen Astrophysiker SAHA entwickelte Ionisationstheorie auf das Zentralgestirn unseres Planetensystems anwendete. Die Ionisationstheorie von SAHA behandelt den Ionisationsgrad von Atomen in Abhängigkeit von Druck und Temperatur und bringt somit die relativen Intensitäten der Spektrallinien in Zusammenhang mit den physikalischen Zuständen

der Sternatmosphären. RUSSELL untermauerte seine Analysen durch Beobachtungsmaterial und leistete damit einen wichtigen Beitrag zur quantitativen Spektralanalyse und zur Theorie der Atomspektren. In diesem Zusammenhang sind auch RUSSELLS vorwiegend theoretische Studien am Mt.-Wilson-Observatorium zu nennen. Gemeinsam mit SAUNDERS entdeckte er bei den Erdalkalimetallen anomale Terme, die er atomtheoretisch begründen konnte. Dadurch wurde das schwierige Problem der Identifikation von Spektrallinien in Sternspektren spürbar bereichert. Anhand von Messungen, die UNSÖLD an Linienprofilen ausgeführt hatte, gelang RUSSELL 1929 eine absolute Kalibration der Linienintensitäten, indem er die für die Entstehung von Absorptionslinien erforderliche Anzahl von Atomen bestimmte.
Bedeutungsvoll sind auch RUSSELLS grundlegende Erkenntnisse zur Struktur der Sterne im Anschluß an EDDINGTONS Entdeckung, daß die Sterne auch in ihrem Inneren den Gesetzen idealer Gase gehorchen. Das von RUSSELL formulierte Theorem, nach dem ein Stern vollständig durch seine chemische Zusammensetzung und seine Masse gekennzeichnet ist, stellt eine wichtige Grundlage für das Verständnis der Sternevolution dar.
Neben seinen bedeutsamen fachwissenschaftlichen Erkenntnissen ist RUSSELL auch als Verfasser von Lehrbüchern sowie als Autor populärwissenschaftlicher Beiträge hervorgetreten.

Lebensdaten zu HENRY NORRIS RUSSELL

1877	am 25. Oktober in Oyster Bay, New York (USA), geboren
1900	Promotion mit einer Arbeit über die Störungen der Bahn des Kleinen Planeten Eros
1911	Professor für Astronomie an der Universität Princeton
1912	Direktor der Sternwarte in Princeton
1913	Erkenntnisse über die Riesen- und Zwergsterne mit erstmaliger Darstellung des heute sogenannten Hertzsprung-Russell-Diagramms
1929	Absolute Kalibration von Linienintensitäten
1931	Vogt-Russell-Theorem
1957	am 18. Februar in Princeton, New Jersey (USA), gestorben

Literaturverzeichnis zu HENRY NORRIS RUSSELL

[1] Shapley, H.: In: Biographical Memoirs. National Academy of Sciences 32 (1958), S. 354–378
[2] Stratton, F. J. M.: In: Biographical Memoirs of Fellows of the Royal Society 3 (1957), S. 173–191

Der Beitrag von Shapley enthält auch eine Bibliographie der wissenschaftlichen Veröffentlichungen von RUSSELL.

EDWIN POWELL HUBBLE

EDWIN POWELL HUBBLE (1889 bis 1953)

Mit dem Namen HUBBLE verbinden sich mehrere bedeutende Entdeckungen der beobachtenden Astronomie des 20. Jahrhunderts, durch die einerseits das Tor in die Tiefen des Universums jenseits unserer Galaxis aufgestoßen wurde, von denen andererseits wichtige Erkenntnisse über das Universum als Ganzes (Kosmologie) ausgingen.

EDWIN POWELL HUBBLE wurde am 20. November 1889 in Marshfield, Missouri (USA), geboren. Als Sohn eines Juristen zeigte er schon in jungen Jahren gleichermaßen Interesse für Wissenschaften und Sport. An der Universität Chicago wurde er vor allem von dem Physiker R. A. MILLIKAN und dem bedeutenden Astronomen und Wissenschaftsorganisator G. E. HALE beeinflußt. Letzterer entfachte in ihm die Liebe zur Astronomie. Dadurch verzichtete er schließlich auf seine sportliche Laufbahn, die ihm vor allem als Boxer Erfolge verhieß. Der Absicht, sich auf einen Kampf gegen den Weltchampion im Leichtgewicht JACK JOHNSON vorzubereiten, zog HUBBLE die Fortsetzung seiner Studien in Oxford (England) vor. Anschließend war er am Yerkes Observatorium unter Leitung von E. B. FROST tätig. 1917 promovierte er mit der Arbeit „Fotografische Untersuchungen über schwache Nebel". In dieser Untersuchung klassifizierte er bereits verschiedene Nebeltypen nach morphologischen Merkmalen und kam insbesondere zu der Ansicht, daß die planetarischen Nebel innerhalb und die Spiralnebel außerhalb unseres Milchstraßensystems stehen. Um jedoch in dieser Frage Gewißheit zu erlangen, seien größere Instrumente erforderlich.

Während des 1. Weltkrieges befand sich HUBBLE als Major in Frankreich und Deutschland. Anschließend begann er eine Tätigkeit am Mt.-Wilson-Observatorium, das von HALE geleitet wurde. Eine weitere Unterbrechung seiner wissenschaftlichen Arbeit brachte der 2. Weltkrieg mit sich. Nach dem Krieg wirkte er als Chairman des Forschungskomitees der Mt.-Wilson- und Palomar-Observatorien. HUBBLE starb an einem Gehirnschlag plötzlich und unerwartet am 28. September 1953 in San Marino, Kalifornien (USA).

HUBBLES wissenschaftliche Erfolge beruhen vor allem auf einer sinnvollen Anwendung modernster Beobachtungstechnik. Insofern machen gerade HUBBLES bahnbrechende Entdeckungen den engen Zusammenhang zwischen wissenschaftlichem Fortschritt und Produktivkraftentwicklung deutlich. Dies gilt insbesondere für den Nachweis von veränderlichen Sternen des Typs Delta Cephei 1923 bis 1924 in den Randpartien von M 31 (Andromeda-Nebel). Dieser Nachweis war nur möglich, weil HUBBLE das damals gerade fertiggestellte leistungsstärkste Spiegelteleskop der Welt, der 2,5-m-Hooker-Spiegel des Mt.-Wilson-Observatoriums zur Verfügung stand. Wegen des von Miß LEAVITT entdeckten Zusammenhanges zwischen Lichtwechselperiode und absoluter Helligkeit bei Cepheiden konnte HUBBLE aus seinen Beobachtungen erstmals eine wissenschaftlich begründete Entfernungsangabe für M 31 und somit für ein extragalaktisches Objekt ableiten. Er bestimmte die Distanz von M 31 zu 285 kpc (moderner Wert: 675 kpc).
In den folgenden Jahren baute HUBBLE das damit von ihm begründete neue Forschungsfeld der extragalaktischen Astronomie konsequent aus. Von ihm stammt z. B. die bis heute verwendete Einteilung der extragalaktischen Sternsysteme in verschiedene Typen, die auch zur Grundlage von Überlegungen zur Evolution der Galaxien gemacht wurde. Nach umfangreichen Vorarbeiten von V. M. SLIPHER und C. WIRTZ entdeckte HUBBLE im Jahre 1929 den Zusammenhang zwischen den Radialgeschwindigkeiten der extragalaktischen Systeme und deren Entfernungen, die als Expansion des Weltalls („Nebelflucht") gedeutet wird. Die damals abgeleitete „Hubble"-Konstante von $500\,\text{km} \cdot \text{s}^{-1} \cdot \text{Mpc}^{-1}$ ist allerdings inzwischen viel geringeren Werten gewichen (gegenwärtige Werte: zwischen 50 und $100\,\text{km} \cdot \text{s}^{-1} \cdot \text{Mpc}^{-1}$).
Die Entdeckung der Expansion des Weltalls war von fundamentaler Bedeutung für unser Verständnis vom Weltall als Ganzes. Aus der Allgemeinen Relativitätstheorie ALBERT EINSTEINS hatte nämlich der sowjetische Mathematiker A. A. FRIEDMANN das Modell eines evolutionären Universums abgeleitet. Danach konnte es kein statisches Universum geben – wie noch EINSTEIN selbst gefunden hatte – sondern nur ein expandierendes oder kontrahierendes. HUBBLES Beobachtungsbefund und FRIEDMANNS Resultat stimulierten zahlreiche Forschungen auf dem Gebiet der Kosmologie, die bis heute ein wichtiges Feld der modernen Astrophysik darstellen. Von den weiteren Entdeckungen HUBBLES ist die „zone of avoidance" zu erwähnen (nebelfreie Zone). HUBBLE fand dieses Gebiet fehlender extragalaktischer Systeme entlang des galaktischen Äquators bei großangelegten Untersuchungen über die Verteilung der extragalaktischen Systeme. Ihre Erklärung fand die nebelfreie Zone durch die Annahme der Existenz lichtabsorbierender interstellarer Materie nahe dem galaktischen Äquator unseres Milchstraßensystems.

Lebensdaten zu Edwin Powell Hubble

1889	am 20. November in Marshfield, Missouri (USA), geboren
1910	Studium der Rechte in Oxford
1914	Assistent am Yerkes Observatorium
1923	Bestimmung der Entfernung von M 31
1925	Klassifikation von Galaxien (Hubble-Schema)
1929	Entdeckung der „Nebelflucht"
1942–1946	Kriegsbedingte Unterbrechung der astronomischen Forschungen
1946	Einsatzvorbereitungen für das 200-inch-Teleskop (5-m-Spiegel)
1953	am 28. September in San Marino, Kalifornien (USA), gestorben

Literaturverzeichnis zu Edwin Powell Hubble

[1] Adams, W. S. u. Dr. Hubble, Edwin P.: In: Observatory 74 (1954), S. 32–35

[2] Humason, M. L. und Hubble, Edwin: In: Monthly Notices of the Royal Astronomical Society 114 (1954), S. 291–295

[3] Herrmann, D. B.: Edwin Powell Hubble – Pionier der extragalaktischen Forschung. In: Astronomie in der Schule 10 (1973), S. 105–107

[4] Krafft, F.: Edwin Powell Hubble. Die Entwicklung der Astronomie seit Herschel. In: Enzyklopädie „Die Großen der Weltgeschichte", Bd. XI. Kindler Verlag, Zürich 1978

Arthur Stanley
Eddington

Arthur Stanley Eddington (1882 bis 1944)

Eddington war einer der einflußreichsten und erfolgreichsten Astrophysiker der ersten Hälfte des 20. Jahrhunderts. Er hinterließ ein in seiner thematischen Breite und theoretischen Tiefe bedeutsames Werk und leistete vor allem bahnbrechende Beiträge zur Theorie des Sternaufbaus und der Sternentwicklung. Zugleich betätigte sich Eddington als geistreicher Autor populärwissenschaftlicher Literatur seines Fachgebietes.
Arthur Stanley Eddington entstammte einer angesehenen englischen Quäkerfamilie. Er wurde am 28. Dezember 1882 in Kendal (England) geboren. Nach dem frühen Tod seines Vaters (1884) besuchte er in Somerset die Brynmelyn School und absolvierte anschließend mit Hilfe eines Grafschaftsstipendiums in Manchester ein Studium der Mathematik und Physik.
Ab 1906 wirkte er als Hauptassistent am Royal Greenwich Observatory, wo er sich einerseits in die Methoden der praktischen Astronomie einarbeitete, andererseits aber bereits mit seinen bedeutenden theoretischen Untersuchungen begann. 1909 bestimmte er im Rahmen einer Expedition nach Malta die geographische Länge der dortigen geodätischen Station und 1912 weilte er als Mitglied einer Sonnenfinsternisexpedition in Brasilien. 1913 wurde Eddington Professor für Astronomie und Physik sowie 1914 Direktor der Sternwarte in Cambridge. Dieses Amt bekleidete er über drei Jahrzehnte bis zu seinem Tode am 22. November 1944. Das umfangreiche Lebenswerk Eddingtons, das sich in 13 Büchern und mehr als 150 wissenschaftlichen Veröffentlichungen niederschlug, galt drei großen Problemkreisen, die von grundlegender Bedeutung für die Erweiterung unserer Vorstellungen und Kenntnisse astronomischer Objekte und Prozesse waren.
In der ersten Phase seines Schaffens (1909 bis 1913) beschäftigte er sich mit der Frage nach den Bewegungsverhältnissen der Objekte im Milchstraßensystem. Dieses Problem war Gegenstand lebhafter wissenschaftlicher Auseinandersetzungen, wobei insbesondere der holländische Astronom J. J. Kapteyn und der Deutsche Schwarzschild unterschiedliche Positionen vertraten. Da die von beiden

verschieden interpretierten sogenannten Sternströme – wie wir heute wissen – nur vorgetäuscht sind, verlor die Fragestellung ihre Bedeutung. Bleibende Verdienste erwarb sich EDDINGTON hingegen mit seinen Forschungen zur Stellarphysik und Relativitätstheorie.

Besondere Leistungen zeichneten ihn bei der Aufklärung des inneren Aufbaus der Sterne und bei der Erforschung der Quellen stellarer Energiefreisetzung aus. Der enge Zusammenhang beider Probleme wurde von ihm stets betont: Das Ziel der Untersuchungen müsse darin bestehen, meinte EDDINGTON, die beobachtbaren Größen der Sterne mit den Vorstellungen vom inneren Aufbau in Einklang zu bringen. Dabei erkannte er erstmals die Rolle des Strahlungsdruckes (neben dem Gasdruck) für das mechanische Gleichgewicht der Sterne.

Ein wichtiger Beitrag zum Verständnis der Sternphysik war EDDINGTONS theoretische Begründung der von HERTZSPRUNG empirisch abgeleiteten Masse-Leuchtkraft-Beziehung. Danach gehört jeweils zu einer bestimmten Masse ein definierter Betrag freigesetzter Energie im Sterninnern, der letztlich die Leuchtkraft des Sternes bestimmt. Die Ableitung der Masse-Leuchtkraft-Beziehung gelang EDDINGTON ohne Kenntnis der Mechanismen der Energiefreisetzung – ein Problem, dessen Lösung er ebenfalls durch wegweisende Gedanken vorbereitet hatte.

Auf dem Gebiet der Stellarphysik verdanken wir EDDINGTON auch die theoretische Erklärung des Lichtwechsels der Delta-Cephei-Sterne, die er aufgrund seines Standardmodells der Sterne als pulsierende Objekte erkannte. Auch die theoretische Ableitung der Perioden-Helligkeits-Beziehung für Cepheiden (Miß LEAVITT 1912) war auf diesem Wege möglich. Neben einer vielbeachteten Darstellung der Allgemeinen Relativitätstheorie EINSTEINS (1918) war EDDINGTON durch die von ihm geleitete Sonnenfinsternisexpedition 1919 direkt an der empirischen Bestätigung der Theorie beteiligt, indem ihm der Nachweis der von der Theorie geforderten Lichtablenkung im Schwerefeld der Sonne gelang.

Bedeutend sind auch EDDINGTONS Beiträge zur Kosmologie, die er im Anschluß an die Entdeckung ausarbeitete, daß EINSTEINS statisches Universum instabil sei. Im Zusammenhang mit EDDINGTONS Modell eines expandierenden Universums, das in der heutigen Kosmologie allerdings keine Rolle mehr spielt, begann er auch mit der Suche nach Zahlenverhältnissen als Ausdruck einer Verbindung zwischen Makrokosmos und Mikrokosmos. Insbesondere versuchte EDDINGTON in umfangreichen Arbeiten aus den Jahren 1936 und 1946 (posthum) nachzuweisen, daß die Zahlen 136 und 137 im relativistischen Universum eine besondere Bedeutung besitzen. In der Suche nach quantitativen und qualitativen Beziehungen zwischen Mikro- und Makrophysik kommt EDDINGTONS Streben nach einer die gesamte Realität umspannenden einheitlichen Theorie zum Ausdruck, der sich auch EINSTEIN in den letzten Jahrzehnten seines Lebens widmete.

EDDINGTON veröffentlichte zahlreiche philosophische Arbeiten. Seine dort vertretenen Auffassungen, die teilweise Ansätze von Positivismus und Mystizismus erkennen lassen, haben seinerzeit zu fruchtbaren philosophischen Auseinandersetzungen angeregt.

In anderem Sinne gilt dies auch von EDDINGTONS populärwissenschaftlichen Arbeiten, die komplizierte Probleme der damals aktuellen Forschung auf packende Weise und mit sprachlicher Eleganz für ein breites Publikum darstellen.

Lebensdaten zu Arthur Stanley Eddington

1882	am 28. Dezember in Kendal geboren
1906	Assistent am Royal Greenwich Observatory London
1914	„Stellar Movements and the Structure of the Universe“ erscheint
1918–1919	Theoretische Begründung der Perioden-Leuchtkraft-Beziehung bei Delta-Cepheiden
1919	Bestätigung der von der Relativitätstheorie geforderten Lichtablenkung im Schwerefeld anläßlich der von Eddington geleiteten Sonnenfinsternisexpedition
1924	Theoretische Begründung der Masse-Leuchtkraft-Beziehung
1926	„The Internal Constitution of the Stars“ erscheint
1927	„Stars and Atoms“ erscheint
1933	Kosmologische Theorie des expandierenden Universums
1936–1946	Veröffentlichungen über die „Eddingtonschen Zahlen“
1944	am 22. November in Cambridge gestorben

Literaturverzeichnis zu Arthur Stanley Eddington

[1] Douglas, A. V.: Arthur Stanley Eddington. Edinburgh and New York 1956

[2] Slater, N. B.: Eddington's Fundamental Theory. Cambridge 1957

Originalwerke:

[3] Stellar Movements and the Structure of the Universe, London 1914

[4] Space Time and Gravitation, Cambridge 1920

[5] The Internal Constitution of the Stars, Cambridge 1926

[6] Stars and Atoms, Oxford 1933

[7] Fundamental Theory, Cambridge 1946 (posthum)

Cuno Hoffmeister

Cuno Hoffmeister (1892 bis 1968)

Hoffmeister war Gründer und langjähriger Leiter bzw. Direktor der Sonneberger Sternwarte. Er erarbeitete wesentliche Beiträge zur Statistik und Physik der veränderlichen Sterne und war bisher deren erfolgreichster Entdecker. Ferner erforschte er die Meteorströme sowie andere Erscheinungen der interplanetaren Materie.

Cuno Hoffmeister wurde am 2. Februar 1892 in Sonneberg als Sohn einer Kaufmannsfamilie geboren. Wegen wirtschaftlicher Schwierigkeiten seines Vaters mußte Hoffmeister mit 16 Jahren zunächst Kaufmann werden. Zu dieser Zeit war er jedoch längst Amateurastronom. Vor allem fesselten ihn Sternschnuppen und Meteore, zu deren Beobachtung keine besonderen Instrumente nötig waren. So entstand 1912 in Baltimore, USA, wo Hoffmeister bei einer Exportfirma tätig war, eine Beobachtungsreihe der Sternschnuppenhäufigkeit. Von 1915 bis 1918 holte ihn Hartwig nach Bamberg, wo er an der dortigen Sternwarte einen zum Krieg einberufenen Assistenten ersetzen durfte. Hier bearbeitete Hoffmeister hunderte von veränderlichen Sternen. Zu dieser Zeit vertrat er nach seinen eigenen Aussagen bereits die Ansicht, daß veränderliche Sterne keine Zufallserscheinungen unter den Sternen sind, sondern evolutionär bedingte Stadien der Sternentwicklung – eine Ansicht, die unter den Astronomen dieser Zeit noch nicht sehr verbreitet war. Spätestens von der Bamberger Zeit an setzte es sich Hoffmeister zur Lebensaufgabe, die veränderlichen Sterne zu erforschen.

Doch nach Kriegsende mußte Hoffmeister seine Stelle in Bamberg wieder aufgeben. Er besuchte jetzt noch die Oberrealschule in Sonneberg, bestand 1920 im Alter von 28 Jahren das Abitur und ging nach Jena, um Astronomie zu studieren. Ein Jahr vorher, 1919, richtete sich Hoffmeister eine Privatsternwarte ein, die „Keimzelle" der künftigen Sternwarte Sonneberg, die bald als „Bureau central metéorique" eine internationale Funktion erhielt. Dies war die Folge von Hoffmeisters systematischen Sternschnuppenbeobachtungen sowie seinen zahlreichen Bahnberechnungen von Meteorerscheinungen. Hoffmeisters Dissertation, die er

Sternwarte Sonneberg

1927 unter OTTO KNOPF in Jena abschloß, war ebenfalls den Meteoren gewidmet, und zwar der Bestimmung ihrer mittleren heliozentrischen Geschwindigkeit aus der täglichen Variation ihrer Häufigkeit.
Doch schon 1925 hatte HOFFMEISTER mit städtischen Mitteln auf dem 638 m hohen Erbisbühl die Sternwarte Sonneberg gegründet. Er begann sofort mit seinem „Felderplan“, um auf fotografischem Wege die nördliche Milchstraße nach veränderlichen Sternen zu durchmustern. In zahlreichen Veröffentlichungen erschienen bis zu seinem Tode die Listen der von ihm und seinen Mitarbeitern entdeckten veränderlichen Sterne. HOFFMEISTER selbst entdeckte und bearbeitete nahezu 10 000 Veränderliche, wobei er ähnlich wie bei den Meteoren die beobachterisch-statistische Arbeitsweise anwandte und dazu eine mathematische Methode zur Berechnung der Entdeckungswahrscheinlichkeit erarbeitete.
Bald erkannte PAUL GUTHNICK, Direktor der Universitätssternwarte Berlin-Babelsberg, HOFFMEISTERS große wissenschaftliche Fähigkeiten und ließ die Sternwarte Sonneberg mit kurzbrennweitigen Kameras für eine permanente fotografische Himmelsüberwachung ausrüsten. 1930 vollzog GUTHNICK die Eingliederung der städtischen Sternwarte Sonneberg als „Abteilung Sonneberg“ in die Berlin-Babelsberger Sternwarte, dem damals besteingerichteten astronomischen Institut Europas. Damit vermittelte er HOFFMEISTER eine feste Staatsanstellung als Direktor der Sonneberger Abteilung und sicherte deren Entwicklung. HOFFMEISTER betrieb nun Veränderlichen-Forschung auf breiter Basis und mit ständig wachsenden instrumentellen und personellen Hilfsmitteln. Das Sonneberger Plattenarchiv umfaßt inzwischen mehr als 200 000 fotografische Himmelsaufnahmen und ist das zweitgrößte der Welt.
Untersuchte HOFFMEISTER anfangs die Statistik der veränderlichen Sterne, ihre Unterteilung auf verschiedene Typen, so verfolgte er in den letzten beiden Jahrzehnten seines Lebens die Möglichkeit, physikalische Bestimmungsstücke zu erlangen. So bekam die Statistik nach und nach einen astrophysikalischen Inhalt, und es konnte vor allem auf die Verteilung der verschiedenen Typen von Veränderlichen in der Galaxis geschlossen werden. Hierzu war es nötig, daß von der in-

strumentellen Seite her neue Beobachtungsmethoden angewandt wurden, wie z. B. die lichtelektrische Fotometrie.
HOFFMEISTERS Tätigkeit ging jedoch immer wieder über die veränderlichen Sterne hinaus. So befaßte er sich bis zu seinem 60. Lebensjahr häufig mit dem Problem der interplanetaren Materie, erforschte das Meteorphänomen und entdeckte die Ekliptikalströme. HOFFMEISTER stellte seine Meteorbeobachtungen ein, als er um 1950 die Überlegenheit der Radarbeobachtungsmethode erkannte.
HOFFMEISTER hatte schon um 1912 mit der Beobachtung der Leuchterscheinungen des Zodiakallichtes und der hochatmosphärischen Leuchtstreifen als weitere Zeugnisse interplanetarer Materie begonnen. Hierzu stellte er umfangreiche visuelle Fotometrien an und war neben GRAMATZKI der erste, der als Vergleichslichtquelle zur Eichung seiner fotometrischen Messungen radioaktiv angeregte Kristallphosphore benutzte. So konnte HOFFMEISTER aus seinen Beobachtungen und aus Modellrechnungen etwa um 1950 den Staubcharakter des Zodiakallichtes darlegen, was wenige Jahre später durch Satellitenbeobachtungen bestätigt wurde.
HOFFMEISTER führte zur Ausdehnung seiner Beobachtungsmöglichkeiten auf den südlichen Sternhimmel in den Jahren zwischen 1930 und 1959 fünf Expeditionen durch, die ihn nach Süd- und Mittelamerika und nach Südafrika brachten. Auf seiner letzten Expedition 1959 gelang ihm der Nachweis einer intergalaktischen Dunkel-(Staub-)Wolke.
HOFFMEISTERS wissenschaftlichem und wissenschaftsorganisatorischem Weitblick ist es mit zu verdanken, daß die Sternwarte Sonneberg nach 1947 ausgebaut und zu einer modernen Forschungsstätte wurde, deren Direktor er bis kurz vor seinem Tode am 2. Januar 1968 war. Auch trat HOFFMEISTER entschieden für die Popularisierung der Astronomie ein und hatte selbst eine umfangreiche schriftstellerische und Vortragstätigkeit. Er war Mitglied der Akademie der Wissenschaften der DDR, der Sächsischen Akademie der Wissenschaften und der Deutschen Akademie der Naturforscher „Leopoldina".

Lebensdaten zu CUNO HOFFMEISTER

1892	am 2. Februar in Sonneberg geboren
1912	Baltimore, USA, Beobachtungsreihe der Sternschnuppenhäufigkeit
1915–1918	Assistent an der Sternwarte Bamberg
1920	Studium in Jena
1925	Gründung der Sternwarte Sonneberg
1927	Dissertation in Jena
1930	Direktor der Sternwarte Sonneberg
1950	Darlegung des Staubcharakters des Zodiakallichtes
1959	Nachweis einer intergalaktischen Dunkel-(Staub-)Wolke
1968	am 2. Januar in Sonneberg gestorben

Literaturverzeichnis zu CUNO HOFFMEISTER

[1] Hoffmeister, C.: Die Meteore, ihre kosmischen und irdischen Beziehungen. Akademische Verlagsgesellschaft mbH. Leipzig 1937

[2] Hoffmeister, C.: Meteorströme. Verlag J. A. Barth, Leipzig 1948

[3] Hoffmeister, C.: Veränderliche Sterne. Verlag J. A. Barth, Leipzig 1970

[4] Hoffmeister, C.: Sterne über der Steppe. F. A. Brockhaus Verlag, Leipzig 1955

[5] Hoffmeister, W.: Beiträge zur Vor- und Frühgeschichte der Sternwarte Sonneberg. 2 Bde., eigenes Archivmaterial, Sonneberg 1966

[6] Hoppe, J.: Professor Dr. Cuno Hoffmeister zum 70. Geburtstag. In: Die Sterne. Leipzig 38 (1962), S. 120ff.

[7] Richter, N.: Cuno Hoffmeister. 2.2.1892 – 2.1.1968. Sein Werk und seine Persönlichkeit. In: Die Sterne. Leipzig 44 (1968), S. 1–5

Personenverzeichnis

Bildquellennachweis

Archenhold-Sternwarte (Archiv), Berlin: 10, 11, 16, 27, 31, 36, 43, 45, 48, 49 r, 54, 60, 62, 63, 65, 66, 70, 76, 82, 89, 91, 93, 94, 96, 97, 100, 105, 106, 107, 109, 110, 112, 117, 118, 119, 123, 124, 125, 130, 131, 134, 139, 141, 142, 144, 147. Copenhagen University Observatory: 138. J. Hamel (Archiv), Berlin: 26, 55, 56, 57, 83, 84, 85, 88. E. Rothenberg, Berlin: 127, 151. SÄCHSISCHE LANDESBIBLIOTHEK, Abteilung Deutsche Fotothek, Dresden: 21 l. Sternwarte Sonneberg: 150. Volk und Wissen (Archiv), Berlin: 17, 18, 21 r, 32, 33, 34, 37, 42, 49 l, 51, 58, 61, 71.